Rechtsfragen der Einführung des Wertpapierdarlehens in China
aus der Perspektive des deutschen Rechts

Europäische Hochschulschriften

Publications Universitaires Européennes
European University Studies

Reihe II
Rechtswissenschaft

Série II Series II
Droit
Law

Bd./Vol. 4368

PETER LANG
Frankfurt am Main · Berlin · Bern · Bruxelles · New York · Oxford · Wien

Shuwen Huang

Rechtsfragen der Einführung des Wertpapierdarlehens in China aus der Perspektive des deutschen Rechts

PETER LANG
Europäischer Verlag der Wissenschaften

Bibliografische Information Der Deutschen Bibliothek
Die Deutsche Bibliothek verzeichnet diese Publikation in der Deutschen Nationalbibliografie; detaillierte bibliografische Daten sind im Internet über <http://dnb.ddb.de> abrufbar.

Zugl.: Köln, Univ., Diss., 2005

D 38
ISSN 0531-7312
ISBN 3-631-55187-8

www.peterlang.de

Meiner Familie

Vorwort

Die vorliegende Arbeit ist in der Zeit meiner Studien an der rechtswissenschaftlichen Fakultät der Universität zu Köln und am Institut für Bankrecht sowie dem Rechtszentrum für europäische und internationale Zusammenarbeit dieser Universität entstanden. Sie wurde im Wintersemester 2005/2006 als Dissertation angenommen. Für die intensive Betreuung meiner Arbeit und viele hilfreiche Hinweise möchte ich meinem verehrten akademischen Lehrer, Herrn Professor Dr. Norbert Horn herzlich und aufrichtig danken. Besonderer Dank gebührt auch Herrn Professor Dr. Klaus Peter Berger LL.M. für die Übernahme und schnelle Erstellung des Zweitgutachtens.

Mein herzlicher Dank gilt ebenfalls Herrn Thomas Strack und Frau Dr. Irma Resch für die sorgfältige Durchsicht und die hilfreichen Anregungen zur sprachlichen Gestaltung dieser Arbeit; es war hilfreich, dass sie mich diese Arbeit in schwierigen Phasen stets mit viel Geduld ertragen haben.

Meinen Eltern, meinen Schwestern und meinem Bruder danke ich herzlich für die Unterstützung, die sie mir über viele Jahre gewährt haben. Mein ganz besonderer Dank gilt meiner Frau Yi Liu, ohne deren Unterstützung und Geduld ich nicht an dieser Stelle stehen würde. Unserer Tochter Minzhen Huang danke ich für die Freude und Abwechslung, die sie mir nach arbeitsreichen Tagen geschenkt hat. Ihnen allen ist diese Arbeit gewidmet.

Frankfurt a.M., im Januar 2006 Shuwen Huang

Inhaltverzeichnis

Abkürzungsverzeichnis

a.A.	anderer Ansicht
a.E.	am Ende
a.F.	alte Fassung
ABl.	Amtsblatt
Abs.	Absatz
ADHGB	das Allgemeine Deutsche Handelsgesetzbuch
AG	Die Aktiengesellschaft
AGB	Allgemeine Geschäftsbedingungen
AGBG	Gesetz zur Regelung des Rechts der Allgemeinen Geschäftsbedingungen
AktG	Aktiengesetz
AnlV	Kapitalanlageverordnung
Anm.	Anmerkung
AO	Abgabenordnung
Art	Artikel
AT	Allgemeiner Teil
Aufl.	Auflage
BAFin	Die Bundesanstalt für Finanzdienstleistungsaufsicht
BAKred, BAK	Bundesaufsichtsamt für das Kreditwesen
BAV	Bundesaufsichtsamt für das Versicherungswesen
BAWe	Bundesaufsichtsamt für Wertpapierhandel
BB	Der Betriebsberater
BCCI	Richtlinie des Europäischen Parlaments und des Rates zur verstärkten Beaufsichtigung von Finanzunternehmen vom 29.Juni 1995
Bd.	Band
BdB	Bundesverband deutscher Banken
Begr.	Begründer
BFH	Bundesfinanzhof
BGB	Bürgerliches Gesetzbuch
BGBl.	Bundesgesetzblatt
BGH	Bundesgerichtshof
BGHZ	Entscheidungen des Bundesgerichtshofs in Zivilsachen
BKR	Zeitschrift für Bank- und Kapitalmarktrecht
BMF	Bundesministerium der Finanzen
BörsG	Börsengesetz
BörsZulV	Börsenzulassungsverordnung
BRD	Bundes Republik Deutschland
BR-Drucks.	Bundesratsdrucksache
BstBl	Bundessteuerblatt

BT-Drucks.	Bundestagsdrucksache
BuB	Bankrecht und Bankpraxis
bzw.	beziehungsweise
bzgl.	bezüglich
c.a.	circa
CAPM	Capital Asset Pricing Models
CBF	Clearstream Banking AG Frankfurt
CPSS	Committee on Payment and Settlement Systems
CSRC	China Securities Regulatory Commission
d.h.	das heißt
DB	Der Betrieb
DepotG	Depotgesetz
ders.	derselbe
dies	dieselbe
DKV	Deutscher Kassenverein
DTB	Deutsche Terminbörse
e.V.	eingetragener Verein
EGBGB	Einführungsgesetz zum Bürgerlichen Gesetzbuch
Einf	Einführung
EMA	European Master Agreement
EMA-AT	European Master Agreement, Allgemein Teil
EMA-PA	European Master Agreement, Produktanhang
Entw	Entwurf
ErbbauVO	Verordnung über das Erbbaurecht
DstR	Deutsches Steuerrecht
EG	Europäische Gemeinschaft
EstG	Einkommensteuergesetz
EUREX	Euroexchange
EWR	europäischer Wirtschaftsraum
f., ff.	folgende
FAZ, F.A.Z.	Frankfurter Allgemeine Zeitung
FBE	Federation Bancaire de L'union Europeenne (Bankenvereinigung der Europäischen Union)
FiFöG	Finanzmarktförderungsgesetz
Fn.	Fußnote
FS	Festschrift
GI	Grundsatz I zu § 10 KWG
GII	Grundsatz II zu § 11 KWG
GB BAV	Geschäftsbericht, Bundesaufsichtsamt für das Versicherungswesen
gem.	gemäß
GesO	Gesamtvollstreckungsordnung

GG	Grundgesetz
ggf.	gegebenfalls
GmbH	Gesellschaft mit beschränkter Haftung
GoB	Grundsätze ordnungsgemäßer Buchführung
GroMiKV	Großkredit- und Millionenkreditverordnung
GTZ	Gesellschaft für Technische Zusammenarbeit
HausratsVO	Verordnung über die Behandlung der Ehewohnung und des Hausrats
HausTWG	Haustürwiderrufsgesetz
HGB	Handelsgesetzbuch
h.M.	herrschende Meinung
Hrsg.	Herausgeber
i.d.R.	in der Regel
InsO	Insolvenzordnung
InvG	Investmentgesetz
IOSCO	International Organization of Securities Commissions
i.S.d.	im Sinne des
i.S.v.	im Sinne von
i.V.m.	in Verbindung mit
JW	Juristische Wochenschrift
KAGG	Gesetz über Kapitalanlagegesellschaften
KO	Konkursordnung
KStG	Körperschaftsteuergesetz
KWG	Kreditwesengesetz
Kz.	Kennziffer
Lfg.	Lieferung
LG	Landgericht
Lit.	Literatur
Losebl	Loseblatt
LZB	Landeszentralbank
Mio.	Million(en)
Mrd.	Milliarde(n)
m.w.N.	mit weitere Nachweisen
n.F.	neue Fassung
NJW	Neue Juristische Wochenschrift
NJW-RR	NJW-Rechtsprechungs-Report Zivilrecht
Nr.	Nummer
NWB	Neue Wirtschaftsbriefe
OFD	Oberfinanzdirektion
o.g.	oben genannt
OLG	Oberlandesgericht
OTC	Over-the-Counter

OwiG	Gesetz über Ordnungswidrigkeiten
o.V.	Ohne Verfasserangabe
p.a.	Per annum
PFKapAV	Die Pensionsfonds Kapitalanlageverordnung
ProdHaftG	Produkthaftungsgesetz
RegE	Regierungsentwurf
RegBegr	Regierungsbegründung(en)
Repo	Repurchase Agreement
RG	Reichsgericht
RGZ	Entscheidungen des Reichsgerichts in Zivilsachen
Rn.	Randnummer
SachenRBerG	Sachenrechtbereinigungsgesetz
SchuldRAnpG	Schuldrechtsanpassungsgesetz
S.	Seite
sog.	sogenannte(r,s)
Sp.	Spalte
StuW	Steuer und Wirtschaft
Tz.	Textziffer
u.a.	und andere
u.ä.	und ähnliche(s)
UmwG	Umwandlungsgesetz
USA	United States of America
usw.	und so weiter
u.U.	unter Umständen
VAG	Versicherungsaufsichtsgesetz
VerbrKrG	Verbraucherkreditgesetz
VerglO	Vergleichsordnung
VerkProspV	Verkaufprospektverordnung
Vgl.	Vergleiche
VRC-AGZ	Allgemeine Grundsätze des Zivilrechts der VRC
VRC-GG	Chinesisches Gesellschaftsgesetz
VRC-WPG	Chinesisches Wertpapiergesetz
VRC-VG	Chinesisches Vertragsgesetz
WM	Wertpapiermitteilung, Zeitschrift für Wirtschafts- und Bankrecht
WPg	Die Wirtschaftsprüfung
WpHG	Wertpapierhandelsgesetz
WpÜG	Wertpapierübernahmegesetz
WSB	Wertpapiersammelbank
WTO	World Trade Organisation
z.B.	zum Beispiel
ZBB	Zeitschrift für Bankrecht und Bankwirtschaft

Zfkw	Zeitschrift für Kreditwesen
ZGZQB	China Securities Journal (Chinesische Wertpapierzeitung)
ZGR	Zeitschrift für Unternehmens- und Gesellschaftsrecht
ZHR	Zeitschrift für das gesamte Handels- und Wirtschaftsrecht
ZIP	Zeitschrift für Wirtschaftsrecht

§ 1. Wirtschaftliche Bedeutung des Wertpapierdarlehens und Rechtsfragen seiner Einführung

I. Problemstellung, Zielsetzung und Aufbau der Untersuchung

Im Zuge fortschreitender Globalisierung und besonders nach dem Beitritt der VR China zur WTO vollzieht sich eine rasante Öffnung der Finanzmärkte in der VR China. Der Aufbau eines Finanzmarkts mit Währungs-, Devisen-, Aktien- und Terminbörsen- sowie von derivativen Marktsegmenten unterstützt die wirtschaftliche Entwicklung und verhindert zugleich Monopole ausländischer Finanzinstitute im Finanzmarkt der VR China. In diesem Zusammenhang kommt dem Aufbau eines Marktes für Wertpapierdarlehensgeschäfte[1] eine entscheidende Bedeutung zu. Denn Wertpapierdarlehensgeschäfte dienen nicht nur dem professionellen Wertpapierhandel selbst, sondern tragen auch zu einem leistungsfähigen Finanzterminmarkt bei. Somit gewinnen die ursprünglich lediglich zu einer effizienten Abwicklung eingesetzten Wertpapierdarlehensgeschäfte aus heutiger Sicht einen höheren Stellenwert. Besonders vor dem Hintergrund des Wiederaufbaus eines Finanzterminmarktes in der VR China bedarf es der Einführung neuer Finanzinstrumente, wie beispielsweise von Wertpapierdarlehensgeschäften, da sowohl die negativen historischen Erfahrungen von 1992 bis 1995[2] in der VR China, als auch der erfolgreiche Aufbau des Wertpapierdarlehensmarktes bei der Eröffnung der Deutschen Terminbörsen in 1990 bewiesen haben, dass ein Finanzterminmarkt ohne flankierende Maßnahmen zur fristgerechten Erfüllung von Wertpapiergeschäften wie z.B. Wertpapierdarlehensgeschäfte zu einem Marktchaos führen konnte.

Bezogen auf die hierbei erwähnten Wertpapierdarlehensgeschäfte gilt in Deutschland nach allgemeinem Verständnis als anerkannt, dass hiervon solche Überlassungsgeschäfte von Wertpapieren durch einen Darlehensgeber an einen Darlehensnehmer für einen bestimmten oder unbestimmten Zeitraum und nur mit einer Rückgabeverpflichtung des Darlehensnehmers von Wertpapieren gleicher

[1] Eine ausführliche Diskussion bezüglich der Terminologie von „Wertpapierleihe", „Werpapierdarlehen", „Wertpapierleihgeschäfte" sowie „Wertpapierdarlehensgeschäften" und deren genaue Abgrenzung findet sich in § 1 IV.

[2] Die durch eingegangene „Short Position" („Leerverkäufe") ausgelösten Schwierigkeiten bezüglich einer fristgerechten Erfüllung wurden nicht überwunden. Zusätzlich verstärkten die Investoren die ohnehin vorhandene Rechtsunsicherheit durch deren kurzfristige und hochspekulative Orientierung. Als Konsequenz trat ein Marktchaos im damaligen Finanzterminmarkt auf. Dies führte dazu, dass der chinesische Finanzterminmarkt im Jahr 1995 geschlossen werden musste.

Art und Güte erfasst werden.[3] Durch einen Wertpapierdarlehensvertrag, unabhängig von der genauen Vertragsgestaltung, kann der Darlehensnehmer zeitweise ein unbeschränktes Verfügungsrecht über die darlehensweise übernommene Wertpapiere erwerben, um weitere damit verbundene wirtschaftliche Transaktionen zu verfolgen. Der Darlehensnehmer ist nur verpflichtet, am Ende des Wertpapierdarlehensvertrags Wertpapiere gleicher Art und Güte zurückzuliefern.

Seit der Einführung von Wertpapierdarlehensgeschäften in Deutschland in den 90er Jahren haben diese gegenwärtig bereits eine überragende wirtschaftliche Bedeutung für den Finanzplatz erlangt. Sie erlauben höhere Börsenumsätze durch vielfältige Geschäftsmöglichkeiten, wie beispielsweise Arbitragegeschäfte, Hedging und Leerverkäufe, vermeiden aber zugleich deren Erfüllungsrisiken.[4] Zur Beseitigung von Unsicherheiten bezüglich dieser Wirtschaftsaktivitäten bedarf es eines ausgefeilten Regelungssystems, da alle wirtschaftlichen Vorgänge einer rechtlichen Kontrolle unterliegen.[5] Vor der Einführung einer Finanzinnovation ist zuerst die Schaffung eines verlässlichen rechtlichen Rahmens erforderlich, wodurch die Marktteilnehmer hinsichtlich der Kapitalmarktsicherheit einen Vertrauensschutz und Freiheit von unnötigen Beschränkungen erhalten.

Das Instrument der Wertpapierdarlehen[6] existiert in Deutschland seit nunmehr zehn Jahren. Inzwischen ist ein voll entwickelter Markt entstanden. Diese Entwicklung wäre ohne entsprechend vielfältige Rechtsvorschriften nicht möglich gewesen. Die Rechtsvereinheitlichung wurde zugleich von einer aufsichtsrechtlichen Anpassung an EG-Richtlinien[7] begleitet.

Als Grundlage für Vorschläge hinsichtlich entsprechender Modelle bezogen auf den chinesischen Finanzmarkt bietet sich besonders das deutsche Recht an. Zum einen wird die innerstaatliche chinesische Rechtsordnung zunehmend durch deutsche Rechtsberatung seitens der Gesellschaft für Technische Zusammenarbeit (GTZ) geprägt; diese Maßnahmen der Rechtsberatung gehen zwangsläufig mit einer Transformation von chinesischen Rechtsnormen und Rechts-

---

[3] Vgl. Kümpel, WM 1990, 909, 909; Dörge, Rechtliche Aspekte der Wertpapierleihe, S. 24; Acker, Die Wertpapierleihe, S. 2; Beck in: Brunner/Vollath, Handbuch der Finanzdienstleistungen, S. 88.

[4] Kümpel, WM 1990, 909, 909.

[5] Dörge, AG 1997, 396, 396.

[6] Im wirtschaftlichen Bereich in Deutschland werden die Begriffe„Wertpapierdarlehen“ und „Wertpapierleihe“ als nahezu inhaltlich gleich angesehen und verwendet.

[7] Z.B. Umsetzung unterschiedlicher EG-Richtlinien, insbesondere BCCI, Wertpapierdienstleistungsrichtlinie, die Kapitaladäquanzrichtlinie und sog. BCCI-Folge- Richtlinie in KWG-6 Novelle 1998.

gedanken einher.[8] Zum anderen ist die VR China hinsichtlich ihrer Gesetzgebung eher dem kontinentalen und damit auch dem deutschen Rechtskreis als dem angelsächsischen vergleichbar. Davon ausgehend ist die Zielrichtung meiner Untersuchung, unter anderem eine Übertragung der deutschen Wertpapierdarlehenssysteme auf den chinesischen Kapitalmarkt. Des Weiteren erscheint eine solche Übernahme rechtlicher Infrastruktur sowohl für deutsche als auch für chinesische Investoren sinnvoll. Einerseits würde das Vertrauen der deutschen Investoren in den chinesischen Kapitalmarkt besonders in den Wertpapierbereich zukünftig wegen der Ähnlichkeiten der Rechtsregelungen gestärkt werden. Andererseits ist eine schnelle Implementierung der Gesetze im Wertpapierbereich auch in China vorstellbar, da für die Einführung jeder Finanzinnovation in China nur ergänzende vorläufige Verordnungen als Rechtsgrundlage dienen.[9] Daher bildet das deutsche Recht auch die Grundlage für die folgende Untersuchung.

Die zu übertragenden deutschen Gesetze müssten an die chinesischen Gegebenheiten angepasst werden, um in China ein einheitliches Gesetzessystem entstehen zu lassen. Die chinesische Regierung ist bereits seit Ende der 70er Jahre intensiv bemüht, eine moderne, u. a. an europäische Rechtsgrundsätze angelehnte Rechtsordnung zu entwickeln. Ähnliche Maßnahmen wurden sowohl in Deutschland als auch in China und vielen anderen Ländern erfolgreich durchgeführt. Diesbezüglich wies Assmann[10] darauf hin, dass die rechtliche Qualifikation von Wertpapierdarlehensgeschäften, sowie die Beurteilung der mit diesen verbundenen rechtsgeschäftlichen Beziehungen gewiss auf ausländische Regelungsmodelle zurückgreifen könnte. Als ein weiteres Beispiel sei die Gesetzgebung in Japan bezüglich der Ausarbeitung des Wertpapierhandelsgesetzes genannt, bei der die Gesetzgebung der USA hinsichtlich von Wertpapierdarlehen entsprechend mit einbezogen wurde.[11] Im Unterschied zu Japan wurde in

---

[8] Vgl. Schulte-Kulkmann, Der Einfluss westlicher Rechtsberatung auf die Rechtsreformen in der VR China: Zur Rolle von Akteuren und Interessen in der chinesisch-westlichen Rechtsberatung, China Analysis No. 13 (July 2002), abrufbar unter: http://www.chinapolitik.de .

[9] Diese Situation ist bisher trotz des Erlasses des chinesischen Wertpapiergesetzes im Jahr 1998 nahezu unverändert. Bis Ende des Jahres 2000 waren neben dem Wertpapiergesetz in der VR China 57 Verwaltungsrechtsnormen des Staatsrates sowie 306 Regeln und normierende Dokumente der Chinesischen Wertpapieraufsichtskommission (CSRC) erlassen worden, die dem Kapitalmarktrecht zugerechnet werden können; vgl. Pißler, Chinesisches Kapitalmarktrecht, S. 7.

[10] Assmann in: Einleitung zu Dörge, Rechtliche Aspekte der Wertpapierleihe.

[11] Shen, Pei u.a., Forschung für Wertpapierkredit sowie Wertpapierdarlehen beim Wertpapierhandelsgeschäft, S. 23.

Taiwan eine eigene Gesetzgebung im Finanzbereich aufgebaut; hierbei legte Taiwan die Gesetzgebung von Japan und Süd-Korea zugrunde.[12]

Der von mir vorgeschlagene Konzeption in dieser Arbeit liegt vor allem eine ausführliche Untersuchung der Rechtsfragen der Wertpapierdarlehen in Deutschland und des deutschen Wertpapierdarlehenssystems zugrunde. Zuerst wird nach einer Kurzdarstellung bezogen auf den Entstehungshintergrund sowie die wirtschaftliche Bedeutung eine Diskussion hinsichtlich der zivilrechtlichen Begriffsdefinition bezogen auf Wertpapierdarlehen gemacht. Dabei wird die Frage bezogen auf die Bezeichnung dieser Geschäfte als Wertpapierleihe oder Wertpapierdarlehen behandelt (§ 1).

Im Anschluss daran wird in § 2 die Vertragsgestaltung hinsichtlich direkt abgeschlossener Wertpapierdarlehensgeschäfte dargestellt. Die vorliegende Untersuchung beschäftigt sich sowohl mit individuellen Vertragsvereinbarungen als auch mit Vereinbarungen durch standardisierte Rahmenverträge. Als derzeit in Deutschland häufig benutzte Standardvertragswerke werden der Rahmenvertrag für Wertpapierdarlehen sowie das EMA betrachtet. Im Folgenden ist zu untersuchen, ob die rechtlichen Beschränkung hinsichtlich Wertpapierdarlehen bzw. Leerverkäufen nach heutigem deutschen Recht vorliegt (§ 3).

Neben dem direkten Abschluss von einzelnen Wertpapierdarlehen gibt es auch die Möglichkeit in Deutschland, Wertpapierdarlehensgeschäfte in einem Wertpapierdarlehenssystem durchzuführen. Als wichtigstes Wertpapierdarlehenssystem in Deutschland kommt das Wertpapierdarlehenssystem der Clearstream Banking AG Frankfurt (CBF) im Betracht (§ 4). Im Unterschied zu den in § 2 dargestellten direkt abgeschlossenen Wertpapierdarlehen werden hier alle Wertpapierdarlehensgeschäfte durch Clearstream Banking AG Frankfurt vermittelt. Marktteilnehmer in diesem Wertpapierdarlehenssystem können grundsätzlich nur Kredit- und Finanzdienstleistungsinstitute sein. Grundlage der Darstellung sind vor allem die Sonderbedingungen der Wertpapierdarlehen von der CBF.

Im Anschluss daran werden die spezifischen Fragestellungen hinsichtlich Wertpapierdarlehen bezogen auf Aktien untersucht (§ 5). Schließlich werden die bilanz- und steuerrechtlichen Aspekte (§ 6) sowie die aufsichtrechtlichen Aspekte von Wertpapierdarlehen erörtert (§ 7).

Die vorliegende Untersuchung könnte daraus als Vorbild und Orientierungshilfe zur Entstehung einer verlässlichen Gesetzgebung bezüglich Wertpapierdarlehensgeschäften dienen, da in der VR China gegenwärtig keine für die Ein-

[12] Shen, Pei u.a., Forschung für Wertpapierkredit sowie Wertpapierdarlehen beim Wertpapierhandelsgeschäft, S. 29.

führung von Wertpapierdarlehensgeschäften ausreichende Rechtsordnung vorhanden ist (§ 8). Im Gegensatz dazu werden Wertpapierdarlehensgeschäfte in Deutschland immer professioneller durchgeführt. Dies hängt unmittelbar mit der Lockerung von rechtlichen Einschränkungen und zugleich einer verstärkenden Rechtssicherheit in Deutschland zusammen. Somit könnte die entsprechende Übertragung der bestehenden deutschen Regelungen für Wertpapierdarlehensgeschäfte auf den chinesischen Kapitalmarkt ein Lösungsversuch sein. Schließlich werde ich selbst einige Lösungsvorschläge vorstellen (§ 9).

II. Entstehungshintergrund und historische Entwicklung des Wertpapierdarlehens in Deutschland

Die seit Anfang der achtziger Jahre auf den Finanzmärkten wahrnehmbaren Deregulierungs- und Liberalisierungsbemühungen hatten eine zunehmende Verzahnung der internationalen Finanzmärkte zur Folge. Daneben trug vor allem die „Securization" zum raschen Wachstum der Handelsvolumina an den Wertpapiermärkten bei.[13] Die „Securization" erhöhte als Form der Verbriefung die Verkehrsfähigkeit von Wertpapieren. Dadurch wurden der Umlauf und der Handel mit Wertpapieren gefördert. Die neunziger Jahre mit ihren immensen Neuentwicklungen von vielfältigen derivativen Finanzinstrumenten sowie weiteren Marktverflechtungen sorgten nochmals für einen gewaltigen Wachstumsschub an den Finanzmärkten.[14] Die gesteigerte Handelsaktivität führte einerseits zu vermehrten Abwicklungsverzögerungen und andererseits zu Liquiditätsengpässen in bestimmten Märkten.[15] Ein weiterer Grund für Investments in international lukrativere Märkte auf Basis von Chance-Risiko-Abwägungen ist die Vereinfachung von Finanzallokationen.[16] Der Fortschritt im Bereich der Informations- und Kommunikationstechnologie gewährleistet mehr Transparenz und eine bessere Infrastruktur für den Handel und die Abwicklung von Wertpapiergeschäften zwischen den Finanzmärkten. Die Globalisierung von Kapitaltransaktionen war ein unmittelbares Ergebnis dieser Entwicklung. Begleitet wurde dieser Trend von einer ansteigenden Liquidität und Volatilität an den Finanzmärkten. Aufgrund der gestiegenen Liquidität wurden neue Instrumente benötigt, die eine reibungslose Abwicklung von Kapitaltransaktionen gewährleisten sollten.[17] Die rechtzeitige und vollständige Belieferung der Wertpapiergeschäfte ist hierbei eine unbedingte Notwendigkeit, damit Lieferengpässe vermieden werden. Eine fristgerechte Erfüllung von Wertpapier-

[13] Vgl. Acker, Die Wertpapierleihe, S. 5ff.
[14] Technical Committee of the International Organization of Securities Commissions (IOSCO) and Committee on Payment and Settlement Systems (CPSS), S. 11ff.
[15] Fürer, Risk Management im internationalen Bankgeschäft, S. 223.
[16] Gossen/Acker, Zfkw 1999, 1392, 1392.
[17] Acker, Die Wertpapierleihe, S. 7ff.

geschäften ist außerdem Voraussetzung für diverse Handelsstrategien, beispielsweise Hedging- und Arbitragestrategien.

Die Expansion des Derivatehandels, der mit der Gründung der Deutschen Terminbörse (DTB, jetzt EUREX) einsetzte, eröffnete ein breiteres Spektrum von Handelsstrategien für Investoren. Hedging, Arbitrage- und Spekulationsstrategien werden mit Hilfe sog. Leerverkäufe[18] durchgeführt. Zusätzlich verstärkt wurde dies durch den weiteren Ausbau der deutschen Terminbörse (DTB) zur europäischen Terminbörse (EUREX).[19] Dieser Sachverhalt macht deutlich, warum Investoren auf der Suche nach geeigneten Instrumenten waren, die sie in die Lage versetzten entsprechende Handelsstrategien durchzuführen. Das Wertpapierdarlehen ist ein solches Instrument, das die erforderlichen Eigenschaften besitzt, um Leerverkäufe überhaupt zu ermöglichen und Lieferschwierigkeiten problemlos überbrücken zu helfen. Darüber hinaus bietet sich das Wertpapierdarlehen als begleitende Maßnahme für Wertpapiertermingeschäfte an, was sich positiv auf das Volumen von Termingeschäften auswirken kann.[20]

Es war notwendig, einen funktionsfähigen Wertpapierdarlehensmarkt in Deutschland zu begründen, um die Wettbewerbsfähigkeit des Finanzplatzes Deutschland zu gewährleisten. Obwohl die Etablierung eines Marktes für das Wertpapierdarlehen erst durch den Wegfall der Börsenumsatzsteuer für Wertpapierdarlehensgeschäfte im Jahr 1990 ermöglicht wurde, entwickelte sich dieser bereits nach ein paar Jahren zu einem äußerst schnell wachsenden Geschäftszweig.[21] Der insgesamt rasch wachsende Markt für Wertpapierdarlehensgeschäfte in Deutschland machte die Entwicklung eines einheitlichen Standard-Rahmenvertrages notwendig. Im Jahr 1994 ist daher ein einheitlicher „Rahmenvertrag für Wertpapierleihgeschäfte“ (seit 1999 „Rahmenvertrag für Wertpapierdarlehen“) im Interbankenverkehr von dem Arbeitskreis des Bundesverbandes deutscher Banken e.V. erarbeitet worden. Heutzutage sind die Wertpapierdarlehensmärkte ein wesentlicher Bestandteil inländischer und internationaler Finanzmärkte. Seit seiner Einführung in Deutschland hat das Wertpapierdarlehen eine ständige Weiterentwicklung und Professionalisierung erfahren.[22] Wertpapierdarlehensgeschäfte verschaffen Wertpapier-, Geld- und Derivatemärkten mehr Liquidität und größere Flexibilität.[23]

---

[18] Bei Leerverkäufen handelt es sich um den Verkauf von nicht im eigenen Depot des Verkäufers vorhandenen Wertpapieren.
[19] Monetti, Securities Lending und Repurchase Agreements, S. 7.
[20] Vgl. Gesell, Wertpapierleihe und Repurchase Agreement im deutschen Recht, S. 13.
[21] Vgl. Der neue Markt für die Wertpapierleihe wächst rapide, FAZ v.7.11.1992, S.16.
[22] Bruns/Meyer-Bullerdiek, Professionelles Portfoliomanagement, S. 425.
[23] Vgl. Gossen/ Acker, Zfkw 1999, 1392, 1395.

III. Wirtschaftliche Bedeutung von Wertpapierdarlehen

1. Aus Sicht der Marktbeteiligten

Die Wertpapierdarlehensgeschäfte werden von immer mehr Marktteilnehmern als Instrumente im professionellen Wertpapierhandel bzw. Portfoliomanagement eingesetzt. Vor dem Hintergrund der gesetzlichen Lockerungen bezüglich Wertpapierdarlehen für Kapitalanlagegesellschaften und Versicherungen hat die Nutzung von Wertpapierdarlehen zur Vermögensverwaltung stark an Bedeutung zugenommen.[24] Heutzutage werden Wertpapierdarlehensgeschäfte in vielen Gebieten verwendet.

a. Nutzen aus der Sicht von Darlehensgebern

Die potentiellen Darlehensgeber sind in erster Linie große institutionelle Anleger, die über umfangreiche Depotbestände verfügen, wie Pensionskassen, Versicherungen und Kapitalanlagegesellschaften sowie Stiftungen.[25] Durch den Einsatz von Wertpapierdarlehensgeschäften können Darlehensgeber einerseits zusätzliche Erträge für ihre Portfolios erwirtschaften.[26] Die dadurch erzielte höhere Depotrendite beeinflusst das von dem Darlehensnehmer zu entrichtende Darlehensentgelt, den beim Darlehensgeber verbleibenden Zinsertrag sowie zusätzliche Zinserträge durch Anlage des Darlehensentgelts. Andererseits verringern sich die Verwaltungskosten wegen des Wegfalls der Depotgebühren während der Laufzeit des Darlehens.[27]

Darüber hinaus können Kapitalanlagegesellschaften „Value-added Services" bei Investmentfonds anbieten und somit deren Attraktivität für Anleger und ihre Wettbewerbsfähigkeit gegenüber anderen Fonds steigern.[28] Grund hierfür ist, dass sich Wertpapierdarlehensgeschäfte im Bereich des passiven Portfoliomanagements als Instrument zur Erzielung zusätzlicher Einnahmen verwenden lassen. Den Transaktionskosten, die die Performance verringern, stehen durch die darlehensweise Überlassung der im Portfolio befindlichen Wertpapiere

---

[24] Bruns/Meyer-Bullerdiek, Professionelles Portfoliomanagement, S. 416.
[25] Vgl. Weißmann, Die Wertpapierleihe in der Bundesrepublik Deutschland, S. 36; Monetti, Securities Lending und Repurchase Agreements, S. 12.
[26] Acker, Die Wertpapierleihe, S. 9ff.; Wertpapierleihe kommt in Mode, Handelsblatt v. 1.12. 2003, S. 19.
[27] Vgl. Acker, Die Wertpapierleihe, S. 15; Edelmann/Eller, Wertpapierdarlehen und Wertpapierpensionsgeschäfte, S. 21; Monetti, Securities lending und Repurchase Agreements, S.12f.
[28] Dörge, Rechtliche Aspekte der Wertpapierleihe, S. 31.

renditesteigernde Einnahmen gegenüber, die zu einer Angleichung von Benchmark- und Portfolioperformance führen.[29]

b. Nutzen aus Sicht von Darlehensnehmern

Als Darlehensnehmer treten vor allem institutionelle Investoren auf, die sich aktiv im Wertpapierhandel betätigen, wie Market-Maker, internationale Brokerhäuser und ausländische Zentralbanken, sowie internationale Investmenthäuser. Sowohl bei Abwicklungsgeschäften im Back-office, als auch beim Einsatz von Handelsstrategien ist die Erfüllung von ausstehenden Lieferverpflichtungen das Hauptmotiv für die Anwendung von Wertpapierdarlehensgeschäften, um die dadurch zusätzlich eingehenden Geldmittel früher als erwartet verwerten zu können.[30] Hinsichtlich der in der Praxis eingesetzten Unternehmensstrategien werden Wertpapierdarlehensgeschäfte in folgende Kategorien eingeteilt.

aa. Wertpapierdarlehensgeschäfte als technisches Hilfsmittel bei der Abwicklung von Börsengeschäften

Die Wertpapierdarlehensgeschäfte werden zunächst zur Vermeidung eines Verzugs bei der Belieferung von Verkäufen eingesetzt, insbesondere bei grenzüberschreitenden Wertpapiergeschäften.[31] Während also einerseits grenzüberschreitende Handelsvolumina stark zunahmen, bestanden im Bereich der Abwicklung zahlreiche, national unterschiedliche, Clearing- und Settlementusancen fort, so dass Probleme bei der Belieferung von Wertpapiergeschäften nahezu unvermeidbar waren. Das Wertpapierdarlehensgeschäft erwies sich als ideales Instrument, um so genannte „Settlement fails“ zu verhindern.[32] Eine weitere Verzugssituation entsteht, wenn Wertpapiere am gleichen Tag „durchgehandelt“ werden. (Sog. Kettenhandel bzw. „back to back trade“).[33] Aufgrund der großen Anzahl von Kontrakten wird eine Überlastung im Back-office- Bereich verursacht. Dadurch können die Wertpapiere nicht innerhalb der usancengemäßen Erfüllungsfrist beliefert werden.[34]

Seit 1990 haben Wertpapierdarlehensgeschäfte eine neue Bedeutung im Rahmen des Handels an der Deutschen Terminbörse (DTB, jetzt EUREX) gewonnen, da

---

[29] Steiner/Bruns, Wertpapiermanagement, S. 315.
[30] Edelman/Eller, Wertpapierdarlehen und Wertpapierpensionsgeschäfte, S. VIII.
[31] Freytag/Riekeberg, Die Bank 1988, 673, 674; Acker, Die Wertpapierleihe, S. 13.
[32] Gossen/Acker, Zfkw 1999, 1392, 1392.
[33] Frankfurter Finanzmarkt-Bericht, 5/1991, S. 6.
[34] Wegen ungenügenden Einsatzes von Finanzinstrumenten - wie u.a. der Wertpapierleihe - kam es 1987 in HK und London zum Börsencrash, mehr siehe Bertschinger, Rechtsprobleme des Securities Lending and Borrowing, S. 6 Fn 19.

nach deren Clearingbedingungen Verkäufer von Kaufoptionen ihre Verpflichtungen zur Lieferung von Aktien im Falle der Optionsausübung binnen zweier Handelstage zu erfüllen haben; das gleiche gilt für den Käufer einer Verkaufsoption. Das Wertpapierdarlehensgeschäft hilft dem DTB (jetzt EUREX) Vertragspartner, ein nach DTB-Clearingbedingungen drohendes Verzugsentgelt zu vermeiden, da die aus Wertpapierdarlehensgeschäften entstehenden Kosten wesentlich geringer sind als das ansonsten fällige Verzugsentgelt.[35]

bb. Wertpapierdarlehensgeschäfte *als spekulative Leerverkäufe*

Als Leerverkäufe gelten Verkäufe von Wertpapieren, die sich gar nicht im Besitz des Verkäufers befinden. Bisher war der Leerverkauf ein klassisches Instrument, um an fallenden Kursen zu verdienen, z.B. Einsatz bei Hedgefonds.[36] Die Verkäufer veräußerten die darlehensweise überlassenen Wertpapiere an der Börse und spekulierten darauf, sich zu einem späteren Zeitpunkt günstiger eindecken zu können. Falls der Kurs wie erhofft sinkt, profitiert der Verkäufer und Wertpapierdarlehensnehmer von der Differenz zwischen Verkaufs- und Rückkaufkurs nach Abzug der anfallenden Kosten für die Wertpapierdarlehensgeschäfte.[37]

cc. Wertpapierdarlehensgeschäfte *als Arbitragestrategie*

Als Arbitrage bezeichnet man die auf Gewinn abzielende Ausnutzung einer Kursdifferenz, wobei der Kursunterschied zur gleichen Zeit an verschiedenen Märkten bestehen muss.[38] Im engeren Sinne ist Arbitrage als eine nicht kapitalgebundene und risikolose Gewinnerzielung zu verstehen. Grund dafür ist eine ungleiche Preisbildung in verschiedenen Märkten.[39] Mit Wertpapierdarlehensgeschäften werden Arbitrage-Geschäfte zwischen Kassa- und Terminmarkt, sowie zwischen Kassa- und Kassamarkt aufgrund von Bewertungsunterschieden und aufgrund unterschiedlicher Abwicklungsusancen im grenzüberschreitenden Wertpapierhandel ermöglicht.[40] Hierbei sorgen die Wertpapierdarlehensgeschäfte für die durch die Arbitrage-Geschäfte notwendige physische Belieferung mit Wertpapieren. Im Gegensatz zu den oben genannten spekulativen Leerveräufen,

---

[35] Häuselmann, DB 1990, 2129, 2129.

[36] „Die Zulassung von Hedgefonds in Deutschland durch das neue Investmentmodernisierungsgesetz wird zur einer Belebung des Leihgeschäftes hier zu Lande führen", siehe Wertpapierleihe kommt in Mode, in: Handelsblatt v.1.12.2003, S. 19.

[37] Vgl. Kümpel, WM 1990, 909, 909.

[38] Vgl. Acker, Die Wertpapierleihe, S. 14; Limmert, Die Wertpapierleihe, S. 4f.

[39] Gießelbach, Strategien mit Aktienkursindex-Instrumenten, S. 81; Beer/Schäfer, Die Wertpapieleihe, S. 16.

[40] Vgl. Acker, Die Wertpapierleihe, S. 19 ff.

profitiert die Arbitrage von regionalen Preisunterschieden und nicht von zeitlichen Kursveränderungen. Arbitrage ist deshalb im Idealfall risikolos, da die Differenz der Kurse vor der Transaktion bekannt war.[41]

dd. Wertpapierdarlehensgeschäfte *als Hedging*

Eine Hedgingstrategie verfolgt das Ziel, eine gegenläufige Position einzugehen, um Kursverluste durch Kursgewinne ausgleichen zu können.[42] Solche Absicherungsstrategien werden häufig bei Wertpapiertermingeschäften, wie Optionsgeschäften und Futures, eingesetzt, wenn die zugrunde liegenden Wertpapiere zur Belieferung von Geschäften nach Ausübung von Optionen oder Futures vorübergehend benötigt werden.[43] Beispielsweise kann sich ein Verkäufer einer Put-Option, der die zugrunde liegenden Wertpapiere bei Ausübung der Option abnehmen muss, mit Hilfe von Wertpapierdarlehensgeschäften gegen fallende Kurse schützen. Die Wertpapiere können zur Verlustbegrenzung im Kassamarkt vorzeitig verkauft werden, wobei der Kassaverkauf mit den entliehenen Wertpapieren erfüllt wird.[44]

c. Nutzen aus Sicht von Finanzintermediären

Zur Wahrnehmung einer Ausgleichsfunktion zwischen Darlehensgeber und Darlehensnehmer kommen Finanzintermediäre in Betracht, die Wertpapierdarlehensdienstleistungen anbieten können, wie zum Beispiel Zentralverwahrer, Wertpapiersammelbanken oder große Depotbanken. Als Vermittler profitieren sie von der Differenz zwischen dem Entgelt, das sie für die Hingabe der Darlehensmittel erhalten und der Gebühr, die sie für die Aufnahme der Darlehensmittel entrichten müssen.[45]

2. Volkswirtschaftliche Bedeutung

Volkswirtschaftlich betrachtet, sorgen Wertpapierdarlehensgeschäfte für zusätzliche Transaktionen und damit für eine Erhöhung der Liquidität eines Kapitalmarktes. Darüber hinaus erlauben Wertpapierdarlehensgeschäfte die Abwicklung großer Kauforders ohne Verursachung größerer Preisschwankungen am

---

[41] Jiang, Zhaoping/Zheng, Hanjie, Analysieren über Future- und Optionsgeschäften, S. 212.
[42] Edelmann/Eller, Wertpapierdarlehen und Wertpapierpensionsgeschäfte, S. 14.
[43] Kienle in: Schimansky/Bunte/Lwowski, Bankrechts-Handbuch, 2. Aufl., § 105 Rn. 34.
[44] Vgl. Wertpapierleihe in Festverzinslichen, in: Börsen-Zeitung (BRD) vom 7. 08. 1990, Nr.149.5.
[45] Bigger, Anatomie und Risikoaspekte des Securities Lending, S. 22; Gossen/Acker, Zfkw 1999, 1392, 1392.

Markt.[46] In der Liquiditätsverbesserung sieht man eine Möglichkeit, den deutschen Markt für ausländische Investoren interessanter werden zu lassen.[47] Des Weiteren lässt eine verstärkte Globalisierung eine Steigerung der internationalen Wettbewerbsfähigkeit des deutschen Finanzplatzes notwendig erscheinen. In diesem Zusammenhang haben Erfahrungen gezeigt, dass es besser ist, heimisches Geschäft gar nicht erst abwandern zu lassen, weil eine anschließende Repatriierung äußerst schwierig ist.[48] Deshalb ist ein funktionierendes Wertpapierdarlehenssystem für einen Finanzplatz von entscheidender wirtschaftlicher Bedeutung.[49] Schließlich zeigen neuere Erkenntnisse der Kapitalmarkttheorie, dass im Rahmen des so genannten Capital Asset Pricing Models (CAPM) die Möglichkeit zur Durchführung von Leerverkäufen einen höheren Diversifikationseffekt zur Folge hat.[50]

IV. Zivilrechtliche Begriffsbestimmung

1. Vorbemerkung

Für Wertpapierdarlehensgeschäfte, bei denen der Darlehensgeber dem Darlehensnehmer für einen bestimmten oder unbestimmten Zeitraum bestimmte Wertpapiere gegen Entgelt überlässt, wird in der Praxis oft die Bezeichnung „Wertpapierleihe" verwendet. Die Heranziehung dieser aus der Übersetzung der in der internationalen wirtschaftswissenschaftlichen Literatur stammenden Bezeichnung „Securities lending" hat eine gewisse begriffliche Unschärfe zur Folge.[51] Teilweise wird sogar „Wertpapierleihe" als gleichbedeutender Begriff für „Wertpapierdarlehen" verwendet.

Aus wirtschaftlicher Sicht wird die allgemeine Bezeichnung „Wertpapierleihe" im weiteren Sinne als Oberbegriff sowohl für Wertpapierdarlehen als auch für Repo- (Wertpapierpensionsgeschäfte) bzw. Sell/buyback- Geschäfte benutzt,[52] da sie mit Hilfe ähnlicher wirtschaftlicher Vorgänge zu denselben wirtschaftlichen Ergebnissen führen. In einem engeren Sinne stellt eine „Wertpapierleihe" eigentlich ein Wertpapierdarlehen nach § 607 BGB dar. Denn für lediglich zeitweise benötigte Wertpapiere, wie bei der „Wertpapierleihe" üblich, werden im deutschen Kapitalmarkt fast ausnahmslos Sachdarlehensverträge abge-

[46] Bruns/Meyer-Bullerdiek, Professionelles Portfoliomanagement, S. 425.
[47] Weißmann, Die Wertpapierleihe in der Bundesrepublik Deutschland, S. 16.
[48] Beispiel: Erfahrungen bei der Repatriierung von Geschäften, vgl. Limmert, Die Wertpapierleihe, S. 78.
[49] Beer/Schäfer, Die Wertpapierleihe, S. 22; Limmert, Die Wertpapierleihe, S. 77.
[50] Gossen/Acker, Zfkw 1999, 1392, 1392.
[51] Dazu Dietl-Lorenz, S. 477f.; Rettberg/Zwätz, Das kleine Terminhandelslexikon, S. 68.
[52] Vgl. IOSCO-Report, abrufbar unter: http://www.iosco.org, S. 10.

schlossen.[53] Die Sachdarlehensverträge werden auch vom Gesetzgeber anerkannt; diese werden unter § 607 BGB eingeordnet.[54]

Die auf dem angelsächsischen Kapitalmarkt dominierenden Repo-Geschäfte werden in Deutschland in Form von Wertpapierpensionsgeschäften i.S.v. § 340b HGB umgesetzt, jedoch sind die beiden Geschäftsarten nicht deckungsgleich.[55] Somit hängt die Übertragung der für Wertpapierpensionsgeschäfte geltenden gesetzlichen Regelungen auf Repo-Geschäfte von der konkreten Ausgestaltung des einzelnen Geschäftes ab.[56]

Zwar sind Wertpapierpensionsgeschäfte keine Wertpapierdarlehen,[57] jedoch verwischen sich die Grenzen, wenn Wertpapierdarlehen unter Stellung von Barsicherheiten abgewickelt werden.[58] Aufgrund der engen wirtschaftlichen Beziehung zwischen Wertpapierdarlehen und Wertpapierpensionsgeschäften und deren „vergleichbarer Risikostrukturen" behandelt die 6.-Novelle des KWG beide Geschäfte gleich.[59]

Rechtlich betrachtet ist die Bezeichnung „Wertpapierleihe" irreführend. Es stellt sich nämlich die Frage, auf welchen rechtlichen Vorgang durch die Bezeichnung „Wertpapierleihe" hingewiesen werden soll. Des Weiteren ist die Abgrenzung der „Wertpapierleihe" nach § 598 BGB von dem „Wertpapierdarlehen" nach §607 BGB von besonderer Bedeutung; denn in der Praxis werden derartige Wertpapiergeschäfte in der Regel einfach als „Wertpapierleihe" bezeichnet, obwohl ihnen Sachdarlehensverträge zugrunde liegen.[60]

2. Wertpapierleihe oder Wertpapierdarlehen

Wie bereits zuvor erwähnt, sind so genannte Wertpapierleihgeschäfte in Deutschland fast ausschließlich als Sachdarlehen über Wertpapiere nach § 607 BGB ausgestaltet. Insbesondere werden Wertpapierleihgeschäfte regelmäßig nur

---

[53] Häuselmann in: Gerke, Handwörterbuch des Bank- und Finanzwesens, Stichwort „Wertpapierleihe", Sp. 2013, 2014.

[54] Münchener Kommentar zum BGB- Berger, § 607 Rn. 6.

[55] Vgl. Gesell, Wertpapierleihe und Repurchase Agreement im deutschen Recht, S. 149ff.

[56] Kienle in: Schimansky/Bunte/Lwowski, Bankrechts-Handbuch, 2. Aufl., § 105 Rn. 24.

[57] Hartung, BB 1993, 1175, 1175.

[58] Häuselmann, BB 2000, 1289, 1289; Dörge, AG 1997, 396, 404.

[59] § 1 Abs. 12 Satz 2 KWG (Handelsbuch) „Pensions-, Darlehens sowie vergleichbare Geschäfte"; vgl. Begründung des Grundsatzes I des Bundesaufsichtsamts für das Kreditwesen vom 10.05.1996-(I 7- A223-2/93).

[60] Vgl. Münchener Kommentar zum BGB- Berger, § 607 Rn. 6.

gegen eine Gebühr ausgeführt, was gegen eine Anwendung der Vorschriften über die – unentgeltliche - Leihe nach §§ 598 ff. BGB spricht.[61]

Nach der Definition gem. § 598 BGB wird eine „Leihe“ als eine vertragliche, jedoch unentgeltliche, Überlassung einer Sache zum Gebrauch auf Zeit bezeichnet.[62] Eine Leihe i.S.d. § 598 BGB gewährt dem Entleiher dabei lediglich Nutzungsrechte.[63] Dies folgt daraus, dass der Entleiher nur ein Interesse daran besitzt, durch einen Leihvertrag ein unentgeltliches Gebrauchsrecht zu erhalten. Daher hat der Entleiher auch nicht die rechtliche Verfügungsmacht über die Sache erlangt.[64] Daraus ergibt sich, dass die durch einen Leihvertrag nach § 598 BGB das Eigentum an der Sache unberührt bleibt und insbesondere kein Übergang des Eigentums stattfindet.[65] Der Verleiher bleibt daher während der Dauer der Leihe sowohl rechtlicher als auch wirtschaftlicher Eigentümer.[66] Darüber hinaus muss der Entleiher im Rechtssinn dieselbe entliehene Sache an den Verleiher zurückgewähren.[67] Dies widerspricht dem wirtschaftlichen Zweck der an Wertpapierdarlehensgeschäften beteiligten Parteien; gerade der Darlehensnehmer hat ein Interesse an der Verfügungsmöglichkeit bezüglich der darlehensweise überlassenen Wertpapiere.[68]

Dagegen wird der Darlehensnehmer im Sinne einer „Wertpapierleihe“, die eher als Wertpapierdarlehen bezeichnet werden sollte, Eigentümer der Wertpapiere und kann diese wirtschaftlich verwerten und veräußern; denn die darlehensweise hingenommenen Wertpapiere werden regelmäßig zur Erfüllung eigener Lieferverpflichtungen des Darlehensnehmers benötigt.[69] Dies ist eine wichtige Voraussetzung für die notwendige Fungibilität der für Wertpapierdarlehen geeigneten Wertpapiere, da die darlehensweise hingenommenen Wertpapiere i.d.R. weiterveräußert werden und es sich somit juristisch gesehen um einen Verbrauch im Sinne des § 607 BGB und nicht um einen Gebrauch im Sinne des § 598 BGB handelt.[70] Folglich ist die von dem international gebräuchlichen Begriff „Securities Lending“ abgeleitete Bezeichnung der „Wertpapierleihe“

---

[61] Vgl. Staudinger-Reuter, Kommentar zum BGB, vor § 598 Rn. 2.
[62] Esser/Weyers, Schuldrecht Bd. II Besonderer Teil 1, S. 193.
[63] Dörge, Rechtliche Aspekte der Wertpapierleihe, S. 38.
[64] Vgl. Münchener Kommentar zum BGB- Kollhosser, § 598 Rn. 10.
[65] Vgl. Münchener Kommentar zum BGB- Kollhosser, § 598 Rn. 18.
[66] Kümpel, WM 1990, 909, 909.
[67] Gitter, Gebrauchsüberlassungsverträge, S. 152; Palandt-Putzo, 64. Aufl., BGB, Einf. v. §598 Rn. 5.
[68] Münchener Kommentar zum BGB-Berger, § 607 Rn. 6 i.V.m. Münchener Kommentar zum BGB-Kollhosser, § 598 Rn. 23.
[69] Kümpel, Bank- und Kapitalmarktrecht, Rn. 13.8.
[70] Beer/Schäfer, Die Wertpapierleihe, S. 24.

kein Leihvertrag im Sinne des § 598 BGB.[71] Im engeren rechtlichen Sinn bleibt der Darlehensnehmer einer Wertpapierleihe während der Dauer der Leihe sowohl rechtlicher als auch wirtschaftlicher Eigentümer. Die Wertpapierleihe als Bezeichnung ist daher rechtlich mangels typischer Leihemerkmale nicht als Leihe nach § 598 BGB einzuordnen.

Im Gegensatz zu einer „Wertpapierleihe" gem. § 598 BGB ist ein Sachdarlehen nach § 607 Abs. 1 BGB dann gegeben, wenn vertretbare Sachen nach § 91 BGB unter der Bedingung übertragen werden, dass Sachen gleicher Art und Güte zurück gewährt werden müssen.[72] Als Gegenleistung ist der Darlehensnehmer gemäß § 609 BGB zur Zahlung eines Darlehensentgelts verpflichtet.[73]

Gemäß § 607 Abs. 1 BGB wird der Darlehensgeber durch den Sachdarlehensvertrag verpflichtet, dem Darlehensnehmer die vereinbarte vertretbare Sache zu überlassen. Überlassen wird die Sache nicht nur zum Gebrauch, sondern auch zwecks einer Eigentumsübertragung.[74] Der Darlehensgeber hat die Pflicht dem Darlehensnehmer Besitz und Eigentum an den Wertpapieren zu verschaffen,[75] so dass der Darlehensnehmer alle Rechte aus den Wertpapieren -wie Dividenden- und Stimmrechte - erwirbt.[76] Wertpapierdarlehen bedingen – regelmäßig vor dem Hintergrund der verfolgten wirtschaftlichen Zwecke - die Übertragung des Eigentums an den darlehensweise überlassenen Wertpapieren auf den Darlehensnehmer und dessen Verpflichtung, nicht die hingenommenen, sondern nur Wertpapiere gleicher Art und Güte zurück zuliefern.[77]

Nach § 607 BGB erwirbt der Darlehensnehmer gemäß § 609 BGB die umfassende und uneingeschränkte Verfügungsbefugnis, die auch regelmäßig in Anspruch genommen wird; dies führt zu einem Wechsel nicht nur des zivilrechtlichen, sondern auch des wirtschaftlichen Eigentums an den Wertpapieren vom Darlehensgeber auf den Darlehensnehmer.[78] Der Darlehensnehmer hat die darlehensweise überlassenen Wertpapiere erst dann gemäß § 607 Abs. 1 BGB empfangen, wenn diese endgültig seinem Vermögen zugeführt wurden.[79] Als Ei-

---

[71] Kümpel, WM 1990, 909, 909.
[72] Fikentscher, Schuldrecht, S. 514; Häuselmann, Wertpapier-Leihgeschäfte, S. 17; Palandt-Putzo, BGB, 64. Aufl., § 607 Rn. 9.
[73] Dauner-Lieb-Reiff , Anwaltkommentar, § 608 Rn. 1.
[74] Schimmel/Buhlmann, Frankfurter Handbuch zum neuen Schuldrecht, S.620.
[75] Palandt-Putzo, BGB, 64. Aufl., § 607 Rn. 8.
[76] Häuselmann, DB 2000, 495, 495.
[77] Kienle in: Schimansky/Bunte/Lwowski, Bankrechts-Handbuch, 2. Aufl., § 105, Rn. 40.
[78] Häuselmann, DB 2000, 495, 495.
[79] Vgl. Münchener Kommentar zum BGB- Berger, § 607 Rn. 21; Standinger/Hopt/ Mülbert, § 607 Rn. 3.

gentümer kann er die Wertpapiere dann weiter verleihen, veräußern oder verpfänden.

Die Pflicht zur Rückgewähr der Darlehensmittel erstreckt sich auf Sachen gleicher Art, Zahl und Güte unabhängig von möglichen Veränderungen des Wertes. Somit trägt der Darlehensgeber das Kursverfallrisiko,[80] sowie - bei Fehlen von Sicherungsgeschäften oder Zusatzabreden- außerdem das Insolvenzrisiko des Darlehensnehmers.

Zusammenfassend kann folgendermaßen unterschieden werden, ob ein rechtlicher Vorgang als „Wertpapierleihe“ nach § 598 BGB oder als Wertpapierdarlehen nach § 607 BGB bezeichnet werden sollte. Bei einer Leihe nach § 598 BGB findet keine Eigentumsübertragung von Verleiher an dem Entleiher statt. Somit hat der Entleiher nur beschränkte Nutzungsrechte erworben und ist zur Rückgabe derselben Sachen verpflichtet. Hierbei geht es grundsätzlich um einen unentgeltlichen Gebrauch. Im Gegensatz dazu hat der Darlehensnehmer gem. §607 BGB das Eigentum erlangt. Dies hat zur Folge, dass der Darlehensnehmer ein unbeschränktes Verfügungsrecht an den darlehensweise hingenommenen Wertpapieren erwirbt. Als Gegenleistung bezahlt der Darlehensnehmer ein angemessenes Entgelt für das Darlehen und ist zusätzlich verpflichtet Wertpapiere gleicher Art und Gattung am Ende der Laufzeit des Darlehensgeschäftes zurückzugeben. In diesem Zusammenhang liegt grundsätzlich ein entgeltlicher Verbrauch vor.

3. Begriffsbestimmung zu Wertpapierdarlehen

Ausgehend von den oben abgeleiteten Ergebnissen ist es unbedenklich, dass die sog. „Wertpapierleihe“ als Sachdarlehen nach § 607 Abs. 1 BGB qualifiziert wird. Diese Bezeichnung von Wertpapierdarlehen entspricht auch der zivilrechtlichen Einordnung. Dazu zählt auch die folgende Ansicht von Dörge zur Abgrenzung von Wertpapierdarlehen und Wertpapierleihgeschäften.

Nach der Ansicht von Dörge[81] sind Wertpapierdarlehen und Wertpapierleihgeschäfte getrennt zu betrachten; d.h. während der Begriff „Wertpapierdarlehen“ einen rechtlichen Vorgang beschreibt, dient das Wertpapierleihgeschäft nur der Bezeichnung eines wirtschaftlichen Vorgangs. Daraus folgt, dass der Ausdruck „Wertpapierleihgeschäft“ an Stelle von „Wertpapierleihe“ als Oberbegriff sowohl für Wertpapierdarlehensgeschäfte als auch für Repo- (Wertpapierpensionsgeschäfte) bzw. Sell/buyback-Geschäfte verwendet wird. Die

---

[80] BGH in WM 1961, 243, 243; BGH in WM 1963, 315, 316: beiden Urteilen lagen keine reinen Wertpapierleihen zugrunde; BuB-Neuhaus, Rn.7/1150.

[81] Dörge, AG 1997, 396, 397 m.w.N.

sog. „Wertpapierleihe“ beschreibt weder einen rechtlichen noch einen wirtschaftlichen Vorgang.

Zum einen wird ferner in Deutschland seit langem übereinstimmend davon ausgegangen, dass die Bezeichnung „Wertpapierdarlehen“ präziser als „Wertpapierleihe“ einen rechtlichen Vorgang abbildet.[82] Zum anderen zeigt sich in Deutschland als neuere Tendenz, dass der Begriff „Wertpapierdarlehen“ statt der „Wertpapierleihe“ zunehmend in der aktuelleren Literatur verwendet wird.[83]

Demzufolge wird in der vorliegenden Untersuchung der Terminus „Wertpapierdarlehen“ verwendet. Entsprechend werden die Vertragsparteien eines Wertpapierdarlehensvertrags als „Darlehensgeber“ statt Verleiher und als „Darlehensnehmer“ statt Entleiher bezeichnet.

Eine allgemein verwendete Legaldefinition für Wertpapierdarlehen fehlt. Dennoch kann auf Basis der Legaldefinition für Wertpapierdarlehen im Zusammenhang mit Kapitalanlagegesellschaften gemäß § 54 Investmentgesetz (vormals §9a KAGG), sowie der Legaldefinition für Sachdarlehen gemäß § 607 BGB eine solche ansatzweise formuliert werden. Demzufolge wird der Begriff der Wertpapierdarlehen als Überlassung von Wertpapieren durch einen Darlehensgeber an einen Darlehensnehmer für einen bestimmten oder unbestimmten Zeitraum definiert.[84] Die Überlassung von Wertpapieren kann ohne weitere Gegenleistung erfolgen, wie bei einem unentgeltlichen und unbesicherten Wertpapierdarlehen, aber auch entgeltlich, gegen Stellung von Sicherheiten oder gegen Zahlung eines Geldbetrages (Wertpapierpensionsgeschäft oder Repo-Geschäft)[85], sofern dies vertraglich vereinbart ist. Unter Berücksichtigung des wirtschaftlichen Interesses des Darlehensgebers kommen Wertpapierdarlehensgeschäfte jedoch meistens gegen Entgelt zustande.

a. Darlehenspapier

Gegenstand eines Wertpapierdarlehens können grundsätzlich alle Arten von Wertpapieren sein.[86] Die Vertragsparteien unterliegen dabei diesbezüglich kein-

[82] Vgl. BGH WM 1963, 315, 316, unter 1 b; Kümpel, WM-Festgabe Heinsius 1991, 1, 34f.
[83] Vgl. Kienle in: Schimansky/Bunte/Lwowski, Bankrechts-Handbuch §105, in der 2. Aufl. „Wertpapierdarlehen“ ersetzt die Wertpapierleihe in der 1. Aufl.; die Namensveränderung: Der Rahmenvertrag für Wertpapierdarlehen statt „Der Rahmenvertrag für Wertpapierleihgeschäfte im Interbankverkehr; Wertpapierdarlehen in der Steuerbilanz von Häuselmann in 2000; BuB- Neuhaus, Rn. 7/1149.
[84] Vgl. § 54 Investmentgesetz 2004.
[85] Kienle in: Schimansky/Bunte/Lwowski, Bankrechts-Handbuch, 2. Aufl., § 105 Rn. 1.
[86] Berner, Die Bank 1999, 868, 868.

en Beschränkungen und können im Rahmen der allgemeinen Vertragsfreiheit individuelle Vereinbarungen treffen, z.B. Vereinbarung über Art und Gattung, sowie bezüglich des Nominalbetrags von Wertpapieren.

Der Begriff „Wertpapier" wird in Deutschland nicht allgemein verbindlich oder einheitlich definiert. Vielmehr existiert eine Vielzahl unterschiedlicher Begriffsbestimmungen in einzelnen - speziellen - Gesetzen. Dort wird zweckentsprechend nur der jeweilige Teilbereich bestimmt. Dies führt zu einer Vielzahl von teilweisen und durchaus unterschiedlichen Teildefinitionen.[87] So liefert beispielsweise § 1 Abs. 1 DepotG eine Definition für die Verwahrung und Verwaltung von Wertpapieren, während § 2 Abs. 1 WpHG eine Definition speziell für handelbare Wertpapiere aufstellt.

Im rechtlichen Sinn ist nach allgemeiner Ansicht ein Wertpapier eine Urkunde, die ein privates Recht in der Weise verbrieft, dass zu seiner Ausübung die Innehabung des Wertpapiers erforderlich ist.[88] Ausgehend von der Art und Weise der Übertragbarkeit der Wertpapiere spricht man von Inhaber-, Order- und Rektapapieren. In Deutschland kommen Inhaberpapiere am häufigsten vor.[89]

Im Fall von Inhaber- und Orderpapieren gilt der Grundsatz „Das Recht aus dem Papier folgt dem Recht am Papier"; d.h. der Eigentümer der körperlichen Urkunde kann durch Übereignung der Urkunde mittels Einigung und Übergabe nach den §§ 929 ff. BGB auch über das verbriefte Recht verfügen.[90] Bei Rektapapieren ist die Zuordnung des Rechtes oder der Forderung unabhängig von der dinglichen Lage bezüglich der körperlichen Urkunde. Die Urkunde hat lediglich eine klarstellende Funktion. Die Übertragung des verbrieften Rechts erfolgt mittels Abtretung nach §§ 398ff. BGB.[91]

Grundsätzlich handelt es sich bei allen Arten von Wertpapieren um vertretbare Sachen im Sinne des § 607 Abs. 1 BGB (i.V.m. § 91 BGB).[92] Hierunter fallen insbesondere infolge elektronischer Speicherung nicht verkörperte Wertpapiere in Girosammelverwahrung nach § 5 DepotG. Dies gilt auch unabhängig von der dinglichen Übertragung, ob durch Übergabe oder Abtretung.[93] Schließlich hat der Gesetzgeber bei der Neufassung der §§ 607ff. BGB durch das Schuldrechts-

---

[87] Kessler/Appel, Das Wertpapiergeschäft in Recht und Praxis, S. 2.
[88] Baumbach/Hefermehl, Wechselgesetz und Scheckgesetz, Rn. 11; Hueck/Canaris, Recht der Wertpapiere, § 1 I; Brox, Handelsrecht und Wertpapierrecht, Rn. 445.
[89] Kessler/Appel, Das Wertpapiergeschäft in Recht und Praxis, S. 3.
[90] Brox, Handelsrecht und Wertpapierrecht, Rn. 457 i.V. m. Rn. 461.
[91] Brox, Handelsrecht und Wertpapierrecht, Rn. 466.
[92] Palandt-Putzo, BGB, 64. Aufl., § 607 Rn. 5.
[93] Palandt-Putzo, BGB, 64. Aufl., § 607 Rn. 5.

modernisierungsgesetz die Wertpapiere im Rahmen eines Wertpapierdarlehens ausdrücklich als vertretbare Sachen im Sinne der Sachdarlehensvorschriften eingeordnet.[94] Wertpapiere sind als vertretbar anzusehen, wenn sie im Verkehr nach Nennbetrag und Stückzahl bestimmt werden.[95]

Des Weiteren ist zu beachten, dass die in ein öffentliches Schuldbuch eingetragenen Sammelschuldbuchforderungen („Wertrechte")[96] ebenfalls für Wertpapierdarlehen verwendet werden können. Dies gilt, obwohl es sich um keine Wertpapiere handelt. Solche Sammelschuldbuchforderungen werden nämlich kraft Gesetzes Wertpapieren gleichgestellt.[97]

Im wirtschaftlichen Verkehr werden vertretbare und umlauffähige Wertpapiere, die zum Zweck der Kapitalanlage erworben und zumeist auch zum Massenhandel an der Börsen eingesetzt werden, als „Effekten" bezeichnet, z.B. Pfandbriefe, Aktien, Kommunalobligationen und Investmentzertifikate.[98] Wegen ihrer leichten Übertragbarkeit gewährleisten sie eine hohe Liquidität bezogen auf die Kapitalanlage.[99] Rechtlich gesehen sind Effekten bewegliche Sachen, in denen Rechte verbrieft sind und die nach allgemeinen sachenrechtlichen Grundsätzen gem. §§ 929 ff. BGB übertragen werden, nach denen dingliche Einigung und Übergabe erforderlich sind.[100] Somit können die Effekten wirtschaftlich sinnvoll für Wertpapierdarlehen eingesetzt werden, da sie zum einen vertretbar und zum anderen handelbar sind. Dies folgt unter anderem daraus, dass im Rahmen eines Wertpapierdarlehensvertrages Sachen gleicher Art und Güte zurückgewährt werden müssen. Bei fehlender Vertretbarkeit der entsprechenden Wertpapiere wird eine Rückgewähr nicht unerheblich erschwert, da dann dieselben Wertpapiere benutzt werden müssen.[101] Die unterschiedliche Übertragbarkeit der Wertpapiere führt in der wirtschaftlichen Praxis zu einer mehr oder minder häufigen Verwendung von Wertpapierdarlehen.

---

[94] Palandt-Putzo, BGB, 64. Aufl., § 607 Rn. 5; BT Drucks 14/6040, S. 259.

[95] Hagen, Geld-Bank und Börsenwesen: Handbuch, S. 848.

[96] Unter Schuldbuchforderung sind nach Normen des Privatrechts zu beurteilende Verbindlichkeiten der öffentlichen Hand zu verstehen, die durch Eintragung in ein Schuldbuch begründet werden. (Brink, S. 29, ähnlich Büchner, S. 157). Während es sich bei der Schuldbuchforderung um eine staatliche Emission handelt, geht es bei Wertrecht um solche des öffentlichen Emittenten.

[97] § 1 AnleiheG vom 29.3.1951 i.V.m. § 2 Abs. 1 Satz 2 der 1. GleichstellungsVO vom 31.12.1943 ;BGBl.1951 I S. 218; abgedruckt in Heinsius/Horn/Than, Depotgesetz, 681, 684.

[98] Gursky/Karl, Wertpapierrecht, S. 2; Bruns, Einführung in das Effektenwesen, S. 14f.; Lütticke, Elektronische Verbriefung von Effektenrechten, S. 21f., S. 69; Derleder/Kai, Handbuch zum deutschen und europäischen Bankrecht, § 49 Rn. 4.

[99] Holzhammer, Allgemeines Handelsrecht und Wertpapierrecht, S. 398.

[100] Canaris, Bankvertragsrecht, Rn. 2017; Heinsius/Than/Horn, Depotgesetz, § 6 Rn.35.

[101] Siehe oben unter § 1 IV 2: Abgrenzung von Wertpapierleihe und Wertpapierdarlehen.

Folglich kommen Rekta-(Namens-)Papiere wegen deren eingeschränkter Vertretbarkeit für Wertpapierdarlehen kaum in Frage.[102] Das gleiche gilt für Orderpapiere, da deren Handelbarkeit durch die fehlende Bindung des Rechtes aus dem Papier an das Recht am Papier, ebenfalls stark eingeschränkt ist.[103] Somit werden im Rahmen von Wertpapierdarlehen in der wirtschaftlichen Praxis fast ausschließlich Inhaberpapiere benutzt. Besonders die Tatsache, dass der Besitz des Wertpapiers die widerlegbare Vermutung für die materielle Berechtigung aus dem verbrieften Recht vermittelt, bedeutet für Inhaberpapiere eine erheblich vereinfachte Handhabung im Rechtsverkehr.[104]

Zusammenfassend sind grundsätzlich vertretbare und handelbare Wertpapiere und die „Wertrechte“ infolge gesetzlicher Gleichstellung für Wertpapierdarlehen geeignet. Rekta-(Namens-)Papiere sind wegen fehlender Einordnung als vertretbare Sachen von Anfang an ausgeschlossen. Es ergibt darüber hinaus aufgrund der mangelnden Handelbarkeit keinen wirtschaftlichen Sinn, Orderpapiere bei Wertpapierdarlehen einzusetzen. Somit werden die entsprechenden Übertragungsgeschäfte auf Basis der §§ 929ff. BGB abgewickelt.

b. Darlehensgeber

Der Darlehensgeber verpflichtet sich dem Darlehensnehmer das Eigentum an den darlehensweise überlassenen Wertpapieren zu übertragen und für die vereinbarte Laufzeit darlehensweise zu überlassen. Dafür erwirbt der Darlehensgeber gegenüber dem Darlehensnehmer einen schuldrechtlichen Rückübertragungsanspruch auf Wertpapiere gleicher Art, Güte und Menge am Fälligkeitstag.[105] Bei festverzinslichen Wertpapieren bedeutet dies die Rückübereignung von Papieren des gleichen Emissionsdatums, gleichen Nennbetrags, gleicher Laufzeit und gleicher Verzinsung; bei Aktien müssen ebenfalls Emittent und Gattung der Aktien, d.h. Inhaber- oder Vorzugsaktie, identisch sein.[106]

c. Darlehensnehmer

Der Darlehensnehmer ist im Gegenzug zur Entrichtung des Darlehensentgeltes verpflichtet. Bei einer reinen Wertpapierleihe auf Basis der §§ 598 ff BGB erlangt der Entleiher nur die Nutzungsmöglichkeit. Bei einem Wertpapierdarlehen kann der Darlehensnehmer innerhalb der Laufzeit der Wertpapierdarlehen

---

[102] Kessler/Appel, Das Wertpapiergesetz- in Recht und Praxis, S. 5.
[103] Holzhammer, Allgemeines Handelsrecht und Wertpapierrecht, S. 284.
[104] Holzhammer, Allgemeines Handelsrecht und Wertpapierrecht, S. 284.
[105] Vgl. unten § 2 III.
[106] Häuselmann, DB 1990, 2129, 2129.

über die Wertpapiere frei verfügen, insbesondere darf er sie weiterveräußern oder verpfänden, da er Eigentum erlangt hat.[107]

4. Zwischenergebnis

Zivilrechtlich wird ein Wertpapierdarlehen als Sachdarlehen nach § 607 BGB eingeordnet. Dies spricht dafür, dass die Terminologie „Wertpapierdarlehen" statt „Wertpapierleihe" in Deutschland, besonders im rechtlichen Bereich, benutzt werden sollte. Dies ist auch der Grund, warum in der vorliegenden Untersuchung der Begriff „Wertpapierdarlehen" statt „Wertpapierleihe" verwendet wird. Die „Wertpapierleihe" ist nur eine allgemeine Bezeichnung oder ein Sammelbegriff, welcher sprachlich – aber rechtlich unscharf - einer Übersetzung des englischen Begriffes „Securities Lending" entspricht.

V. Abgrenzung zu wirtschaftlich verwandten Geschäften

1. Abgrenzung von Wertpapierdarlehen und Wertpapierpensionsgeschäften

a. Rechtliche Einordnung und Abgrenzung

Eine ausdrückliche gesetzliche Regelung speziell für Wertpapierpensionsgeschäfte fehlt. Allerdings können die Vorschriften über die Pensionsgeschäfte nach § 340b HGB entsprechend herangezogen werden.[108] Es handelt sich um eine Vereinbarung über den Kauf und Rückkauf von Vermögensgegenständen zwischen Pensionsgeber und Pensionsnehmer.[109] § 340b Abs. 2 HGB setzt beim echten Wertpapierpensionsgeschäft eine Verpflichtung des Pensionsnehmers zur Rückübertragung der Vermögensgegenstände zu einem bestimmten oder vom Pensionsgeber zu bestimmenden Zeitpunkt voraus. Nach § 340b Abs. 3 HGB gilt für unechte Wertpapierpensionsgeschäfte, dass der Pensionsnehmer zur Rückübertragung der Vermögensgegenstände zu einem bestimmten oder zu bestimmenden Zeitpunkt nur berechtigt, nicht aber verpflichtet ist. Wegen einer fehlenden Rückgabeverpflichtung bei unechten Wertpapierpensionsgeschäften können hierbei nur echte Wertpapierpensionsgeschäfte mit Wertpapierdarlehensgeschäften verglichen werden.

---

[107] Kümpel, WM 1990, 909, 909.

[108] Vgl. Kienle in: Schimansky/Bunte/Lwowski, Bankrechts-Handbuch, 2.Aufl., §105 Rn.12; § 340b HGB wird als Legaldefinition für Wertpapierpensionsgeschäfte angesehen.

[109] Alternative Betrachtung als Aufnahme eines Geldkredits gegen Hinterlegung eines Wertpapiers als Sicherheit oder als eine Kombination von einem Gelddarlehen und einem Wertpapierdarlehen; vgl. Dörge, Rechtliche Aspekte der Wertpapierleihe, S.42ff; Gesell, Wertpapierleihe und Repurchase Agreements im deutschen Recht, S. 159ff. m.w.N.

Allerdings liegen Wertpapierdarlehensgeschäften Darlehensverträge zugrunde, während Wertpapierpensionsgeschäfte überwiegend auf Kaufverträgen beruhen. Einem ersten Kassakauf folgt ein zweiter Terminkauf über Wertpapiere.[110] Das Bundesministerium der Finanzen (BMF)[111] unterscheidet, ob die Geschäfte entgeltlich (Pensionsgeschäfte) oder unentgeltlich (Wertpapierdarlehen) erfolgen.[112] Es ist zu beachten, dass sich die Unentgeltlichkeit auf das Fehlen eines Gegenwertes für den Übergang des Eigentums an den Wertpapieren bezieht (Darlehensentgelt als „Gegenleistung"). Dies lässt sich auch aus dem Wortlaut des § 340b Abs.1 HGB ableiten („ ...gegen Zahlung eines Betrages..."). Ein weiterer Unterschied zwischen Wertpapierdarlehen und Verkaufs- /Rückkaufs-Vereinbarungen besteht darin, dass der Darlehensgeber für die zeitweise Überlassung nur ein Nutzungsentgelt erhält, während für die Pensions- und Repo-Geschäfte regelmäßig vom Käufer ein Betrag in Höhe des Kurswertes zu zahlen ist.[113] Das an den Darlehensgeber im Rahmen des Wertpapierdarlehensgeschäftes gezahlte Entgelt stellt keinen „Betrag" im Sinne von § 340b Abs. 1 HGB dar, da bei Fälligkeit das Wertpapierdarlehen nicht an den Darlehensnehmer zurückgezahlt wird, sondern dies das Entgelt für die zeitweilige Überlassung der Wertpapiere darstellt.[114]

Es ist umstritten, ob sich beim Wertpapierpensionsgeschäft die Rückübertragungspflicht des Pensionsnehmers auf identische Wertpapiere richtet[115] oder nur auf Wertpapiere gleicher Art und Güte.[116] Ist der Pensionsnehmer nur zur Rückgabe gleichwertiger Wertpapiere verpflichtet, liegt kein Pensionsgeschäft vor,[117] da im klassischen Sinne das Pensionsgeschäft als Sicherungsübertragungsgeschäft eingestuft wird.

Bei Pensionsgeschäften kann im Einzelfall durchaus vereinbart werden, dass der Pensionsnehmer zur Rückübereignung identischer Wertpapiere verpflichtet ist, die er in Pension genommen hat. Mit einer solchen Vereinbarung kann aber nicht das wirtschaftliche Bedürfnis befriedigt werden, das Wertpapierdarlehen

---

[110] Ebenroth/Bader, ZBB 1990, 75, 76; Kienle in: Schimansky/ Bunte/Lwowski, Bankrechts-Handbuch, 2. Aufl., §105 Rn. 40; Staudinger-Hopt/Mülbert, Kommentar zum BGB, Vorbem. § 607 Rn. 709.

[111] BMF, DB 1990, 863, 863.

[112] Kienle in: Schimansky/Bunte/Lwowski, Bankrechts-Handbuch 2. Aufl., § 105 Rn. 31.

[113] Kümpel, Bank- und Kapitalmarktrecht, Rn. 13.15.

[114] Vgl. Stellungnahmen des BdB unter http://www.bd.de/print.asp?channel=175110&art=924

[115] So Bauer, WM 1987, 861, 867; Beer/Schäfer, Die Wertpapierleihe, S. 18; Ebenroth/Bader, ZBB 1990, 75, 75; Häuselmann/Wiesenbart, DB 1990, 2129, 2130.

[116] Bieg, Die externe Rechnungslegung der Kreditinstitute und Finanz-dienstleistungsinstitute, S. 128; Dörge, AG 1997, 396, 402; Waschbusch, BB 1993, 172, 172.

[117] Bieg, Die externe Rechnungslegung der Kreditinstitute und Finanzdienstleistungsinstitute, S.128; Treuberg/Schapf, DB 1991, 1233, 1235; Krumnow/Spißer, § 340 HGB, Rn. 9.

zugrunde liegt.[118] Ob sich diese Verpflichtung auf die Rückgewähr der identischen Wertpapiere[119] des Ursprungsgeschäftes oder nur auf Wertpapiere gleicher Art und Güte[120] wie die empfangenen bezieht, hängt von den getroffenen Vereinbarungen ab.

b. Interessen der beteiligten Parteien

Wertpapierpensionsgeschäfte und Wertpapierdarlehensgeschäfte unterscheiden sich hinsichtlich der Zwecke, die die beteiligten Parteien verfolgen. Wertpapierpensionsgeschäfte dienen hauptsächlich der Liquiditätsbeschaffung.[121] Wertpapierdarlehensgeschäfte werden abgeschlossen, um die entsprechenden Wertpapiere selbst zu beschaffen.[122] Im typischen Fall aber waren nach der bisherigen Praxis die Ziele der Beteiligten eines Wertpapierpensionsgeschäfts und eines Wertpapierdarlehens gegenläufig,[123] d.h. bei Transaktionen bezogen auf Wertpapierdarlehensgeschäfte beabsichtigten Finanzinstitute bestimmte Wertpapiere gegen Sicherheiten darlehensweise zu überlassen, bei geldbezogenen Transaktionen dagegen beabsichtigten sie die Wertpapiere als Sicherheit bei Finanzierungsgeschäften darlehensweise zu überlassen.[124]

Während Wertpapierdarlehen aufgrund der Möglichkeit, Wertpapiere ohne Veränderung ihres Buchwertes darlehensweise zu überlassen, im wesentlichen als Instrument der Renditeverbesserung für langfristig ausgerichtete Investoren gesehen werden, sind Pensionsgeschäfte zunehmend als Geldmarktinstrument zu verstehen.[125]

c. Wirtschaftliche Unterschiede

Bei Wertpapierpensionsgeschäften erhält der Pensionsgeber den Wiederbeschaffungswert der Wertpapiere als Sicherheit in Geld. Dies macht eine Bonitätsprüfung entbehrlich.[126] Ein Darlehensgeber von Wertpapieren dagegen muss das Ausfallrisiko seines Vertragspartners absichern. Allerdings sind Wertpapierdarlehensgeschäfte flexibel bezüglich der Auswahl von Sicherungsmitteln:

---

[118] Kümpel, Bank- und Kapitalmarktrecht, Rn. 13.21.

[119] Bauer, WM 1987, 861, 867; Beer/Schäfer, Die Wertpapierleihe, S. 18; Ebenroth/Bader, ZBB 1990, 75, 75; Häuselmann/Wiesenbart, DB 1990, 2129, 2130.

[120] Bieg, Die externe Rechnungslegung der Kreditinstitute und Finanzdienstleistungsinstitute, S. 128; Dörge, AG 1997, 396, 402; Hinz, BB 1991, 1153, 1153.

[121] Zu weiteren Zwecken siehe Hinz, BB 1991, 1153, 1154.

[122] Oho/Hülst, DB 1992, 2582, 2582.

[123] Oho/Hülst, DB 1992, 2582, 2582.

[124] Heinrich, Zfkw 1999, 1396, 1396.

[125] Edelmann/Eller, Wertpapierdarlehen und Wertpapierpensionsgeschäfte, S. 9.

[126] Vgl. LZB Hessen, Wertpapierleihe, S. 2.

Wertpapiere, Bargeld oder Garantien.[127] Die Rentabilität eines Wertpapierpensionsgeschäftes hängt von der Differenz zwischen Geldmarktzins und Pensionssatz ab. Beim Wertpapierdarlehen ist das Darlehensentgelt entscheidend.

Ein wesentlicher Unterschied liegt jedoch darin, dass bei isolierter Betrachtung (ohne Einbeziehung von Sicherungsgeschäften oder Zusatzabreden) der Darlehensgeber das Ausfallrisiko des Darlehensnehmers als seinem Vertragspartner trägt, während der Pensionsgeber für die hingegebenen Wertpapiere sofort den jeweiligen Kaufpreis erhält.[128]

d. Unterschiede in der Abwicklung

Wertpapierpensionsgeschäfte profitieren von einem geringeren Verwaltungs- und Zeitaufwand. Wertpapierdarlehensgeschäfte erfordern überdies ein zusätzliches Depot bei dem beteiligten Kreditinstitut, während Wertpapierpensionsgeschäfte wie normale Wertpapiertransaktionen auf bestehende Depots zurückgreifen können.[129] Einzelheiten bezüglich der Abwicklung werden bei Wertpapierdarlehensgeschäften in Rahmenverträgen geregelt. Dagegen herrschen bei Wertpapierpensionsgeschäften strengere Vorgaben bezüglich einzuhaltender Termine, weswegen effiziente „Reporting- Systeme" erforderlich sind.[130]

2. Abgrenzung von Wertpapierdarlehen und Effekten-Lombardkrediten

Ein Lombardkredit ist ein Darlehen, das durch Verpfändung oder Sicherungsübereignung von Wertpapieren besichert wird.[131] Der Effektenlombardkredit ist ein gegen Verpfändung von Effekten, d.h. fungiblen Wertpapieren (Aktien, Industrieobligationen, Pfandbriefen, öffentlichen Anleihen u.a.), gewährtes Darlehen. Rechtlich betrachtet, ergibt sich beim Effektenlombardkredit gegenüber Wertpapierdarlehensgeschäften ein Unterschied durch die Verpfändung; d.h. beim Effektenlombardkredit werden dieselben Wertpapiere zurückgegeben (Stückschuld), während beim Wertpapierdarlehen lediglich Wertpapiere gleicher Art und Güte (Gattungsschuld) zurückgeliefert werden.[132] Des Weiteren werden im klassischen Lombardgeschäft zur Sicherung eines Kredits, Wertpapiere verpfändet; beim Wertpapierdarlehensgeschäft findet dagegen ein Eigentums-

---

[127] Limmert, Die Wertpapierleihe, S. 6.
[128] Häuselmann/Wiesenbart, DB 1990, 2129, 2129.
[129] Limmert, Die Wertpapierleihe, S. 6.
[130] LZB Hessen, Wertpapierleihe, S. 2.
[131] Palandt-Putzo, BGB, 64. Aufl., Vorb. v § 488 Rn. 11; Münchener Kommentar zum BGB-Berger, vor § 488 Rn. 59.
[132] Krannich in: Eller, Roland Handbuch Derivativer Instrumente, S. 516; vgl. Hagenmüller/ Jakob, Der Bankbetrieb, S. 49ff.

wechsel der betroffenen Wertpapiere statt.[133] Größere Bedeutung aber besitzt folgender wirtschaftlicher Unterschied: Die als Sicherheit für den Geldkredit zugrunde gelegten Wertpapiere werden beim Effektenlombardkredit nicht in voller Höhe des Sicherungswertes gewährt, sondern beschränken sich nur auf den Beleihungswert (d.h. zwischen 50% und 90% des Kurswertes).[134] Bei Wertpapierdarlehen kommt demgegenüber die Sicherheitsleistung in Höhe des Marktwertes der darlehensweise überlassenen Wertpapiere zum Ansatz.[135]

3. Abgrenzung von Wertpapierpensionsgeschäften und Effekten-Lombardkrediten

Während die Pensionsnehmer beim Wertpapierpensionsgeschäft bedingt durch die Eigentumsübertragung der Wertpapiere sich zumindest zeitweise die alleinige dingliche Verfügungsgewalt über die Wertpapiere verschaffen können, können die Effekten-Lombardkreditgeber lediglich Miteigentümer hinsichtlich der verpfändeten Wertpapiere werden.[136] Die Verzinsung des Effekten-Lombardkredites erfolgt zum Lombardsatz; der Effekten-Lombardkredit selber kann täglich zurückgeführt werden. Im Falle der Sicherungsübereignung von Wertpapieren bestehen Überschneidungen zwischen dem Effektenlombardkredit und echten Wertpapier-Pensionsgeschäften bzw. Repurchase Agreements.[137] Im Gegensatz zum Effekten-Lombardkredit, bei dem Wertpapiere als Sicherheit verpfändet bzw. beim unentgeltlichen Lombardgeschäft sicherungs-übereignet werden, fehlt bei den Wertpapierpensionsgeschäften auch ein auf Erlangung einer Sicherheit gerichteter Geschäftswille.[138]

Zusammenfassend ist festzustellen, dass der Pensionsnehmer Volleigentümer bzw. Inhaber der übertragenen Vermögensgegenstände wird, ohne dabei grundsätzlich treuhänderischen Bindungen aus einer Sicherungsabrede zu unterliegen.[139]

VI. Erscheinungsform von Wertpapierdarlehen

In der Praxis können Wertpapierdarlehensgeschäfte in unterschiedlicher Gestaltung konzipiert werden. Aufgrund der unterschiedlichen Rechtsbeziehung

---

133 Vgl. Bigger, Anatomie und Risikoaspekte des Securities Lending, S. 17.
134 Eilenberger, Betriebliche Finanzwirtschaft, S. 266; Staudinger-Hopt /Mülbert Kommentar zum BGB, vor § 607 Rn. 305.
135 Limmert, Die Wertpapierleihe, S. 4; Eilenberger, Betriebliche Finanz-wirtschaft, S.62.
136 Bigger, Anatomie und Risikoaspekte des Securities Lending, S. 17.
137 Kienle in: Schimansky/Bunte/Lwowski, Bankrechts-Handbuch, 2. Aufl., § 105 Rn. 29.
138 Grimm, Das Vertragsrecht des Wertpapierdarlehens, S. 187.
139 Staudinger-Hopt/Mülbert, Kommentar zu BGB, vor § 607 Rn. 307.

der Vertragsparteien kommen zwei Gestaltungsvarianten in Betracht: zum einen das Prinzipal-Modell, dass mittels eines direkten Wertpapierdarlehens i.S.v. §607 BGB zwischen Darlehensgeber und Darlehensnehmer dargestellt wird, zum anderen das Agent-Modell, das als eine Kombination von Kommissionsgeschäften gemäß §§ 383, 406 HGB und Wertpapierdarlehen verstanden werden kann.[140] Das wesentliche Unterscheidungskriterium ist somit die Art und Weise des Abschlusses des Wertpapierdarlehens: entweder direkt oder über einen Kommissionär als Agent beim Agent-Modell. Auf Basis dieser beiden Ausgangsformen hat sich in Deutschland zusätzlich eine Mischform - das sog. Pool-Modell- entwickelt,[141] z.B. Wertpapierdarlehenssystem der Deutschen Bank AG.

Für sich betrachtet kann bei dem Agent- Modell zwischen institutionellen und nicht- institutionellen Wertpapierdarlehenssystemen unterschieden werden. Ein institutionelles Wertpapierdarlehenssystem, wie beispielsweise das von der Clearstream Banking Frankfurt (CBF) betriebene Wertpapierdarlehenssystem, bietet für alle Teilnehmer einheitliche rechtliche Bedingungen. Dagegen bedarf es im Falle nicht- institutioneller Wertpapierdarlehenssysteme einer intensiven Prüfung der einzelnen Vereinbarungen.[142]

Unabhängig von der Art und Weise der Gestaltung von Wertpapierdarlehen können Wertpapierdarlehensgeschäfte einerseits auf individueller und einzelvertraglicher Basis abgeschlossen werden. Dies wird als gelegentliches Wertpapierdarlehensgeschäft bezeichnet. Andererseits können Rahmenvereinbarungen getroffen werden, die als Grundlage für sog. Automatisierte Wertpapierdarlehensgeschäfte - und damit einer Vielzahl von Wertpapierdarlehensgeschäften - dienen können.[143]

In der nachfolgenden Untersuchung werden die vertragliche Gestaltung von direkt abgeschlossenen Wertpapierdarlehen - das Prinzipal-Modell- (§ 2) einerseits und des CBF-Wertpapierdarlehenssystems als des wichtigsten Wertpapierdarlehenssystems in Deutschland - das Agent-Modell- (§ 4) andererseits näher erläutert.

[140]Knauth/Krüger in: Schwebler/Knauth/Simmert, Einsatz von Finanzinnovation in der Versicherungswirtschaft, S. 200f.
[141] Vgl. Acker, Die Wertpapierleihe, S. 33.
[142] Vgl. Acker, Die Wertpapierleihe, S. 33.
[143] Z.B. Der Rahmenvertrag für Wertpapierdarlehen.

§ 2. Die vertragliche Gestaltung des Wertpapierdarlehens

I. Vorbemerkung

Das zwischen dem Darlehensgeber und Darlehensnehmer direkt abgeschlossene Wertpapierdarlehen wird in der Praxis durch detaillierte vertragliche Vereinbarungen bestimmt, da es keiner standardisierten oder verbindlichen Regulierung unterliegt. Die Vertragsparteien können den Inhalt der einzelnen Wertpapierdarlehen unter Berücksichtigung der Vertragsfreiheit entweder durch im Einzelfall individuell getroffene vertragliche Vereinbarungen oder mittels standardisierter Rahmenverträge steuern.

Ein Einzelwertpapierdarlehensvertrag gilt regelmäßig nur für die dort ausdrücklich benannten Geschäfte, so dass seine Wirkungen grundsätzlich mit vollständiger Abwicklung der einzelnen Wertpapierdarlehensgeschäfte enden.[144] In diesem Zusammenhang ist unerheblich, ob der Inhalt des Einzelwertpapierdarlehensvertrags individuell gestaltet worden oder mit einer ausdrücklichen Bezugnahme des Einzelabschluss auf einen standardisierten Rahmenvertrag zurückgegriffen worden ist. Außerdem verbindet ein Rahmenvertrag im Übrigen eine Vielzahl von Einzelwertpapierdarlehensgeschäften, so dass seine Wirkung erst mit vollständiger Abwicklung von allen dergestalt verbundener Wertpapierdarlehensgeschäfte endet.[145]

Der Vorteil derartiger Rahmenverträge liegt einerseits in der Standardisierung der üblichen und wiederkehrenden Bestimmungen eines Geschäftsabschlusses; auf diese Weise können Rechtsunsicherheiten reduziert werden.[146] Andererseits bieten solche standardisierten Vertragstexte den grundsätzlichen Vorzug, dass sie den Geschäftsabschluss für beide Vertragsparteien vereinfachen und zeit- und kostenaufwendige Dokumentationsarbeiten vermeiden können.[147]

Darüber hinaus ermöglichen derartige Rahmenverträge den Vertragsparteien bezogen auf die Sicherheiten für alle zwischen ihnen getätigten Wertpapierdarlehensgeschäfte den sog. Wertausgleich auf Nettobasis vorzunehmen.[148] Des Weiteren wird durch die Verbindung einer Vielzahl von Einzelgeschäften mit Hilfe eines Rahmenvertrags erst die Möglichkeit für die jeweiligen Vertrags-

---

[144] Kienle in: Schimansky/Bunte/Lwowski, Bankrechts-Handbuch, 2. Aufl., § 105 Rn. 4.
[145] Vgl. Stellungnahme des BdB unter http://www.bdb.de/print.asp?channel=175110&art=937; Kienle in: Schimansky /Bunte/ Lwowski, Bankrechts-Handbuch, 2. Aufl., § 105 Rn. 4.
[146] Vgl. Limmert, Die Wertpapierleihe, S. 46.
[147] Kienle in: Schimansky/Bunte/Lwowski, Bankrechts-Handbuch, 2. Aufl., § 105 Rn. 4.
[148] Siehe unten § 2 VII „Sicherungsvereinbarung bei den Wertpapierdarlehensgeschäften“.

parteien geschaffen, die Marktwerte der einzelnen Geschäfte miteinander zu verrechnen, was insolvenzrechtliche[149] und für Kreditinstitute auch aufsichtsrechtliche[150] Vorteile bedeutet.[151] Daher erscheint es nachvollziehbar, dass die Benutzung standardisierter Rahmenverträge in der Praxis immer mehr an Bedeutung gewinnt.[152]

In Deutschland steht zur Zeit der „Rahmenvertrag für Wertpapierdarlehen" als am häufigsten verwendeter Rahmenvertrags zur Verfügung, der einen Abschluss von Wertpapierdarlehensgeschäften unter Zugrundelegung deutschen Rechts ermöglicht.[153] Dieser Rahmenvertrag wurde ursprünglich als Rahmenvertrag für Wertpapierleihgeschäfte im Interbankenverkehr bezeichnet und ist im Jahr 1994 in Kraft getreten. Dieser wurde im November 1999 durch den von einem verbandsübergreifenden Arbeitskreis erstellten „Rahmenvertrag für Wertpapierdarlehen" abgelöst.[154] Der neue Rahmenvertrag für Wertpapierdarlehen ist wegen seiner auch international üblichen Besicherungstechnik (Wertausgleich) und seiner einfachen Handhabung im deutschen Markt weit verbreitet.[155]

Alternativ hierzu können die Vertragsparteien auch die Geltung des Rahmenvertrags für Finanzgeschäfte (European Master Agreement –EMA) vereinbaren, der jedoch vorwiegend im internationalen Verkehr, besonderes im europäischen Wirtschaftsraum, Anwendung findet.[156] Aber auch bei nationalen Handelsabschlüssen erscheint dieser Rahmenvertrag als Instrument und Ergänzung zur vertraglichen Dokumentation von Wertpapierdarlehen sinnvoll.[157]

Dieses von den europäischen Bankenverbänden (FBE) ausgearbeitete Vertragswerk (EMA) ermöglicht die Dokumentation unterschiedlicher Vertragstypen wie Wertpapierdarlehen, Wertpapierpensionsgeschäfte und mittelfristig auch Finanztermingeschäfte unter einem einheitlichen Rahmenvertrag, wobei eine flexible Rechtswahl ermöglicht wird.[158] Der Rahmenvertrag (EMA) besteht aus Allgemeinen Bestimmungen (EMA-AT), einem Produktanhang (EMA-PA) und einem Sicherheitenanhang. Während der Allgemeine Teil des EMAs (EMA-AT) als

---

[149] Siehe unten § 2 IX „Vereinbarungen bezüglich Liquidationsnetting".
[150] Siehe unten § 7 I 3 „Eigenmittel nach § 10 KWG sowie Grundsatz I zu § 10 KWG".
[151] Derleder/Kai, Handbuch zum deutschen und europäischen Bankrecht, § 48 Rn. 41.
[152] Die Verwendung von Rahmenverträgen wird von Wirtschaftsorganisationen oder Wirtschaftsverbänden, z.B. BdB, empfohlen; vgl. auch Horn, Europäisches Finanzmarktrecht, S.71.
[153] BuB-Neuhaus, Rn. 7/1153.
[154] Vgl. BuB-Neuhaus, Rn. 7/1187.
[155] Berner, Die Bank 1999, 868, 870.
[156]Vgl. Stellungnahme des BdB unter http://www.bdb.de/print.asp?channel=175110&art=937.
[157] Berner, Die Bank 1999, 868, 870.
[158] Zu EMA näher Horn, Europäisches Finanzmarkrecht, S. 71f.

Grundregel für alle unter Verweis auf diesen gefassten Geschäfte gilt, konkretisiert der Produktanhang des EMAs (EMA-PA) spezielle Bestimmungen für verschiedene Geschäftsarten. Mit Hilfe des EMAs können die Vertragsparteien unter Umständen die geschäftsübergreifende Berechnung von Sicherheiten auf Nettobasis vornehmen. Dies hat zur Folge, dass die Netting-Möglichkeiten im Interesse der Reduzierung des Ausfallrisikos geschäftsübergreifend erweitert werden können.[159]

Im Interesse der Darlehensgeber und Darlehensnehmer werden die folgenden Vertragsinhalte sowohl bei einem einzelnen Wertpapierdarlehensvertrag, als auch bei einem Rahmenvertrag, z.B. Rahmenvertrag für Wertpapierdarlehen, festgelegt:

- Eigentumsübergang und die Übertragung der Verfügungsbefugnis auf den Darlehensnehmer;
- Rückgabeverpflichtung der Darlehensmittel durch den Darlehensnehmer;
- Zuordnung der Erträge /Kompensationszahlung;
- Behandlung von Leistungsstörungen;
- Entgelt-Zahlung durch Darlehensnehmer;
- Bestellung, Verwertung, sowie Freigabe von Sicherheiten;
- Beendigung des Wertpapierdarlehensvertrags;
- Sonderregelungen für den Insolvenzfall.

In der vorliegenden Untersuchung werden die oben erwähnten wichtigen Bestimmungen bezogen auf Wertpapierdarlehensverträge nachfolgend ausführlich erläutert. Dabei werden die vertraglichen Vereinbarungen sowohl auf Basis von individuell abgestimmten Wertpapierdarlehensgeschäften als auch auf Basis von standardisierten Rahmenverträgen, z.B. „Der Rahmenvertrag für Wertpapierdarlehen“ sowie des EMAs entsprechend Bezug genommen.

II. Eigentumsübergang

1. Individualvertragliche Vereinbarungen

Im Rahmen eines Wertpapierdarlehens nach § 607 BGB geht das Eigentum an den vom Darlehensgeber auf den Darlehensnehmer während der Vertragslaufzeit darlehensweise überlassenen Wertpapieren über. Die Übereignung der vertraglich vereinbarten Wertpapiere von dem Darlehensgeber an den Darlehensnehmer wird gem. § 607 Abs. 1 BGB als vertragstypische Pflicht des

---

[159] Vgl. Erläuterung zum EMA durch die FBE in 2004, unter http://212.3.246.149/4/HKJLJCHCJFHLOHFGKHOBEAOFBYHTY98OHT878DU3PDBK9DP1A39DW3571KM/EBF/docs/DLS/01erlauterungen-2004-02537-01-E.pdf.

Darlehensgebers in einem Wertpapierdarlehensvertrag vorausgesetzt.[160] Dabei ist der Darlehensgeber kraft Gesetzes grundsätzlich vorleistungspflichtig bezogen auf die Überlassung der Wertpapiere. In der Praxis hingegen wird die Verfügungsgewalt bezogen auf die Wertpapiere regelmäßig erst gegen eine Gewährung entsprechender Sicherheiten übertragen.[161] Somit kann der Darlehensnehmer während der Laufzeit des Wertpapierdarlehens als zivilrechtlicher Eigentümer frei über die Wertpapiere verfügen, sie weiterveräußern oder darlehensweise überlassen.[162] Hierbei ist nicht unbedingt erforderlich, dass die darlehensweise überlassenen Wertpapiere aus dem Vermögen des Darlehensgebers stammen. Der Darlehensgeber kann vielmehr auch einen Dritten anweisen, dem Darlehensnehmer die Wertpapiere zu überlassen.[163]

Wie oben bereits[164] erwähnt, kommen bezogen auf Wertpapierdarlehensgeschäfte grundsätzlich insbesondere girosammelverwahrte Wertpapiere in Betracht. Befinden sich die Wertpapiere in einer Girosammelverwahrung, sind Auslieferung und Versendung der Wertpapiere überflüssig. Statt einer physischen Bewegung der zu übertragenden Wertpapiere erfolgt lediglich eine Umbuchung bezogen auf die Depotkonten der verfügenden Vertragsparteien.

Nach allgemeinen Grundsätzen ist jeder Anteil eines einzelnen Miteigentümers wie echtes Eigentum zu behandeln; daher sind in diesem Zusammenhang alle Vorschriften über das Alleineigentum an Sachen anwendbar.[165] Somit ist die Übereignung der darlehensweise überlassenen Wertpapiere grundsätzlich nach allgemeinen sachenrechtlichen Regeln gemäß §§ 929ff. BGB zu behandeln. Somit sind eine Einigung bezogen auf den Übergang des Girosammelanteils und eine Übergabe zur Verschaffung des für den Eigentumserwerb erforderlichen Besitzes gem. § 929 Satz 1 BGB notwendig.[166]

Durch den Abschluss eines Wertpapierdarlehensvertrages sind sich der Darlehensgeber und der Darlehensnehmer grundsätzlich darüber einig, dass das Eigentum an den betroffenen Wertpapieren von dem Darlehensgeber auf den Darlehensnehmer übergehen soll. Zur Übertragung des Besitzes weist der darlehensgewährende Kontoinhaber die Wertpapiersammelbank an, die Effekten

---

[160] Vgl. Münchener Kommentar zum BGB-Berger, § 607 Rn. 2.
[161] Vgl. Münchener Kommentar zum BGB-Berger, § 607 Rn. 3.
[162] Kümpel, WM 1990, 909, 910.
[163] Münchener Kommentar zum BGB-Berger, § 607 Rn. 21.
[164] Vgl. § 1 IV 3 a.
[165] Münchener Kommentar zum BGB- Schmidt, § 1008 Rn. 29.
[166] Vgl. Horn, WM 2002, Sonderbeilage Nr. 2, S. 9; Einsele, Wertpapierrecht als Schuldrecht, S. 96f.; Kümpel, Bank- und Kapitalmarktrecht, Rn. 11.346; vgl. Canaris, Bankvertragsrecht, Rn. 2018ff.

auf das Konto des Darlehensnehmers umzubuchen, d.h., das bisherige Besitzmittlungsverhältnis zum Darlehensgeber zu beenden und stattdessen ein neues Besitzmittlungsverhältnis (§ 868 BGB) zum Darlehensnehmer zu begründen.[167] Das darlehensgewährende Kreditinstitut gibt diese Umbuchungsanweisung als Einigungserklärung gegenüber der Wertpapiersammelbank als Clearingstelle ab. Die Annahme erfolgt nach einem Teil der Literatur durch die Wertpapiersammelbank als Vertreterin des Erwerbers;[168] anderer Ansicht zufolge fungiert die Wertpapiersammelbank als Empfangsbotin des Erwerbers.[169]

Die gemäß § 929 Satz.1 BGB erforderliche Übergabe geschieht dadurch, dass die Wertpapiersammelbank das von dem darlehensgewährenden Kreditinstitut bei ihr unterhaltene Depotkonto belastet und dem darlehensempfangenden Kreditinstitut eine entsprechende Gutschrift bezogen auf das bei ihr unterhaltene Depotkonto erteilt.[170] Durch diese Umstellung des Besitzmittlungsverhältnisses wird die Übergabe der girosammelverwahrten Wertpapiere an den Darlehensnehmer ersetzt. Indem die Girosammel-Gutschrift erteilt wird, wird die Umstellung des Besitzwillens der WSB in Richtung des Darlehensnehmers (sog. Besitzumstellung) begründet; hierdurch kommt ein neues Besitzmittlungsverhältnis im Sinne des § 868 BGB zum Darlehensnehmer zustande. In diesem Zusammenhang tätigt die Wertpapiersammelbank ein Insichgeschäft, das aufgrund der Kontoverbindung – als Geschäftsbesorgungsverhältnis - zwischen den Vertragsparteien gestattet ist (§§ 688, 164, 181 BGB).[171]

Inhaberaktien, die an der Börse oder OTC gehandelt werden, werden durch ein Blankoindossament im Effektengiro übertragen.[172] Zugleich ist der Darlehensgeber verpflichtet, in eine Umschreibung im Aktionärsregister der Emittentin einzuwilligen; erst mit der Umschreibung geht das Eigentum über.[173]

2. Vereinbarungen durch standardisierte Rahmenverträge

Sowohl Nr. 3 Abs. 2 des Rahmenvertrages für Wertpapierdarlehen, als auch das EMA (Nr. 3 Abs. 2 EMA-AT i.V.m. Nr. 2 Abs. 1 EMA-PA) sehen vor, dass mit der Lieferung der vertraglich vereinbarten Wertpapiere das Eigentum an diesen

---

[167] Vgl. BGH NJW 1971, 1608,1608; BGH in BGHZ92, 280,288 (=WM 1984,1606); Canaris, Bankvertragsrecht, Rn. 2020; Horn, WM 2002, Sonderbeilage Nr. 2, S. 9.
[168] Canaris, Bankvertragsrecht, Rn. 2019; Einsele, WM 2001, 7, 12f.
[169] Kümpel, WM 1976, 942, 953.
[170] Vgl. Kümpel, Bank- und Kapitalmarktrecht, Rn. 11.351.
[171] Canaris, Bankvertragsrecht, Rn. 2020.
[172] Horn, WM Sonderbeilage 2/2002, 3, 8; Einsele, Wertpapierrecht, S. 100; Heinsius/Than /Horn, Depotgesetz, § 5, Rn. 30.
[173] Acker, Die Wertpapierleihe, S. 35.

Wertpapieren auf den Darlehensnehmer übergehen soll. Der Darlehensgeber soll keine Eigentumsrechte zurückbehalten dürfen. (Nr. 3 Abs. 2 a EMA-AT). Die Übertragung von einem „Miteigentumsanteil an einem Sammelbestand von Wertpapieren“ wird als regelmäßiger Anwendungsfall in Nr. 3 Abs. 2 (a) EMA-AT ausdrücklich erwähnt; dies gilt indes nur, sofern der Darlehensnehmer dadurch dieselbe Verfügungsgewalt über die Wertpapiere erhält wie ein Eigentümer.[174] Die Erweiterung bezüglich der Rechtsstellung am Verwahrort der Wertpapiere im Rahmenvertrag für Wertpapierdarlehen ist notwendig, da die Rechtswahlklausel in dem Rahmenvertrag für Wertpapierdarlehen (Nr. 11 Abs.5) - Recht der BRD - u.U. mögliche an einem nicht der deutschen Rechtsordnung unterliegenden Verwahrort geltende zwingende dingliche Vorschriften überwinden könnte. Im Hinblick auf denkbare wirtschaftliche Verluste des Darlehensgebers sollte eine Vereinbarung in Form von Kompensationszahlungen zwischen beiden Vertragsparteien getroffen werden. Dies wird in § 2 IV ausführlich diskutiert.

II. Rückgabeverpflichtung

1. Individualvertragliche Vereinbarungen

Wie schon im vorangegangenen § 1 erwähnt, ist der Darlehensnehmer gemäß §607 Abs. 1 Satz 2 BGB zur Rückgewähr einer vertretbaren Sache im Sinne der § 90, 91 BGB verpflichtet. Diese Verpflichtung bezieht sich auf Wertpapiere gleicher Art, Güte und Menge, indes nicht auf identische Wertpapiere wie die darlehensweise empfangenen.[175] Dabei ist unerheblich, ob die Sache im Zeitpunkt des Vertragsschlusses bereits existiert. Vielmehr reicht es aus, und dies ist etwa für das Wertpapierdarlehen von Bedeutung, dass die zurückzugewährende Sache jedenfalls im Prinzip hergestellt werden könnte.[176] Des Weiteren beeinflussen zwischenzeitliche Kurs- und Wertschwankungen nicht die Rückgabeverpflichtung, da üblicherweise nur eine bestimmte Anzahl von Wertpapieren zurückzugewähren ist.[177] Die Rückgabepflicht des Darlehensnehmers kann vertraglich auf verschiedene Arten ausgestaltet werden. So sind

---

[174] Münchener Kommentar zum BGB-Berger, § 607 Rn. 26.

[175] BGH WM 1963, 315, 316; BMF, DB 90, 863, 863; Baumbach/Hopt, HGB, (7) Bank Geschäft T/1; Kümpel, WM 1990, 909, 910; Staudinger-Hopt/Mülbert, Kommentar zum BGB, § 607 Rn 9.

[176] Begründung zum Fraktionsentwurf eines Gesetzes zur Modernisierung des Schuldrechts, BT-Drucks. 14/6040 v. 14.5.2001, S. 259.

[177] Vgl. Grimm, Das Vertragsrecht des Wertpapierdarlehens, S. 109; Häuselmann/ Wiesenbart, DB 1990, 2129, 2130; Staudinger-Hopt/Mülbert, Kommentar zum BGB, § 607 Rn. 375.

Regelungen möglich, wonach der Darlehensnehmer unter bestimmten Voraussetzungen anstelle der Wertpapiere selbst den Geldbetrag schuldet, der zur Wiederbeschaffung der Wertpapiere erforderlich ist.[178]

Zwar erhält der Darlehensnehmer regelmäßig mittels dinglicher Übertragung der Wertpapiere das zivilrechtliche Eigentum an diesen. Er erlangt eine dinglich rechtlich geschützte Position. Jedoch kann er seine schuldrechtliche Rückgabeverpflichtung gegenüber dem Darlehensgeber nicht entzogen werden. Mit Ablauf der Vertragslaufzeit oder bei einer wirksamen Kündigung hat der Darlehensnehmer Wertpapiere nach § 607 Abs. 1 BGB zurückzugewähren. Im Fall von Aktien müssen Wertpapiere gleicher Emittenten und gleicher Gattung geleistet werden; bei festverzinslichen Wertpapieren müssen Emittent, Emissionsdatum, Nennbetrag, Laufzeit sowie Verzinsung übereinstimmen.[179]

2. Vereinbarungen durch standardisierte Rahmenverträge

Das EMA behandelt in Nr. 3 Abs. 2b EMA- AT i.V.m. Nr.2 Abs. 2 EMA-PA die Rücklieferung von Wertpapieren. Der Darlehensnehmer ist verpflichtet Wertpapiere „von derselben Art" (Emittent, Gattung, Nennwert und verbriefte Rechte) zurückzuliefern. Des Weiteren wird geregelt, unter welchen Bedingungen Wertpapiere als „von derselben Art" eingeordnet werden können. Erwähnt werden beispielsweise Veränderungen der zugrunde liegenden Währungen oder Nennwerte. An dem für die Rücklieferung der Darlehenspapiere vereinbarten Tag (dem „Rücklieferungsdatum") überträgt der Darlehensnehmer Wertpapiere gleicher Art und Menge wie die Darlehenspapiere auf den Darlehensgeber; da der Darlehensgeber bei einem Wertpapierdarlehen weiterhin das wirtschaftliche Risiko bezogen auf die Darlehenspapiere trägt, bestimmt der Rahmenvertrag für Wertpapierdarlehen (Nr. 7 Abs.5) bzw. Nr. 2 Abs. 6 (iii) EMA-PA, dass die Darlehenspapiere bei der Veröffentlichung eines Umtausch-, Abfindungs- oder sonstigen Kaufangebotes an den Darlehensgeber zurückzugewähren sind. Außerdem muss der Darlehensnehmer nach Nr. 10 des Rahmenvertrags für Wertpapierdarlehen (bzw. Nr. 4 EMA-AT bezogen auf Steuern) auch Steuern, Kosten, Gebühren oder Abgaben bezogen auf die Rücklieferung zahlen.

---

[178] BGH WM 1963, 315, 315f.

[179] Häuselmann, Wertpapier-Leihgeschäfte: Fragen der rechtlichen, bilanziellen und steuerlichen Behandlung, S. 9.

IV. Kompensationszahlung

1. Individualvertragliche Vereinbarungen

Zwar wird der Darlehensnehmer zivilrechtlicher Eigentümer der darlehensweise überlassenen Wertpapiere während der Laufzeit des Wertpapierdarlehens, indes sorgen i.d.R. vertragliche Vereinbarungen dafür, dass die während der Laufzeit des Wertpapierdarlehens anfallenden Zinsen, Dividenden, Bezugsrechte sowie die sonstigen Früchte gemäß § 99 BGB bezogen auf die Wertpapiere in Form einer Kompensationszahlung an den Darlehensgeber weitergeleitet werden.[180] Wegen der Abweichung von dem gesetzlichen Modell des § 607 BGB ist hierbei eine genaue vertragliche Vereinbarung über die Behandlung der Erträgen aus den darlehensweise überlassenen Wertpapieren erforderlich. Die Höhe der Kompensationszahlung richtet sich nach den beim Darlehensgeber ohne die Wertpapierdarlehensgeschäfte realisierbaren Erträgen aus den Wertpapieren; diesbezüglich wird hinsichtlich des Darlehensgebers regelmäßig von einer Nachsteuerbetrachtung ausgegangen.[181] Somit sollte die Kompensationszahlung betragsmäßig mit den Erträgen übereinstimmen, die während der Laufzeit des Darlehens anfallen. Hierbei hängt die Höhe der Kompensationszahlung auch von der jeweiligen steuerlichen Situation des Darlehensgebers ab.[182]

Dies deckt sich mit den Ansprüchen des Darlehensgebers gegen den Darlehensnehmer: mit Ablauf der Vertragslaufzeit oder nach einer wirksamen Kündigung hat der Darlehensnehmer bei Rückgabe der überlassenen Sachen auch die Früchte und den Wertzuwachs, sowie die zusätzlich erlangten Wertpapiere im Falle eines Umtausch-, Abfindungs- oder sonstigen öffentlichen Kaufangebotes zurückzugewähren.[183]

Wie oben erwähnt, kann die Behandlung der Erträge oder Früchte im Sinne des § 99 Abs. 2 BGB durch die Vertragsparteien individuell vereinbart werden. Sie können entweder als Nutzungsentgelt oder als Kompensationszahlung im Zusammenhang mit dem Wertpapierdarlehensgeschäft an den Darlehensgeber weitergeleitet werden.[184] Hierbei ist umstritten, ob dem Darlehensgeber durch derartige vertragliche Vereinbarungen von Kompensationszahlungen ebenfalls Stimmrechte aus darlehensweise überlassenen Aktien zustehen könnten.

---

[180] Vgl. Edelmann/Eller, Wertpapierdarlehen und Wertpapierpensionsgeschäfte, S.10; Hamacher, Die Bank 1990, 34, 34; Rahmenvertrag für Wertpapierdarlehen Nr. 6.

[181] Schmittmann/Schäffeler, Finanz Betrieb 2002, 530, 531.

[182] Vgl. Struktur und wesentliche Bestimmungen des Rahmenvertrages durch den BdB, unter http://www.bdb.de/print.asp?channel=175110&art=928.

[183] Schmid/Mühlhäuser, BB 2001, 2609, 2612.

[184] Schmid/Mühlhäuser, BB 2001, 2609, 2609.

Die von Kümpel vertretene Ansicht[185] hält dies für möglich: die Bestimmungen seien so zu verstehen, dass das wirtschaftliche Eigentum an den Wertpapieren während der Laufzeit des Darlehens bei dem Darlehensgeber bleiben solle. Somit solle das Stimmrecht dem Darlehensgeber zustehen.

Nach der Ansicht von Limmert solle eine solche Vereinbarung nicht verhindern, dass das Stimmrecht aus den darlehensweise überlassenen Wertpapieren während der Laufzeit des Darlehens verloren gehe, falls keine Rückübertragung vor der Hauptversammlung vereinbart worden sei.[186]

Meiner Ansicht nach geht das Stimmrecht zumindest an dieser Stelle verloren. Dies folgt daraus, dass das Stimmrecht aus Mitgliedschaftsrechten zum einen keine Frucht i.S.d. § 99 BGB darstellt, sondern vielmehr lediglich als fruchtähnlich verstanden werden kann; daher ist das Stimmrecht als Gebrauchsvorteil gemäß § 100 BGB einzustufen.[187] Zum anderen ist es ebenso wenig mit wirtschaftlichen Erträgen vergleichbar. Das Stimmrecht ist eng mit dem Eigentum an den betroffenen Aktien verbunden. Schließlich erfassen die in Vertragstexten üblicherweise aufgeführten Tatbestände für Kompensationszahlungen nicht das Stimmrecht als solches. Folglich verhindert eine vertragliche Vereinbarung von Kompensationszahlungen nicht, dass das Stimmrecht aus den darlehensweise überlassenen Aktien verloren geht. Sofern der Darlehensgeber sein Stimmrecht nicht durch einen Wertpapierdarlehensvertrag verlieren möchte, so ist eine ausdrückliche Regelung bezogen auf Stimmrechte ähnlich der Regelungen von Erträgen und Kompensationszahlungen zu empfehlen. Ob der Darlehensnehmer durch einen Wertpapierdarlehensvertrag berechtigt wird, das aus darlehensweise übernommenen Aktien entstammende Stimmrecht auszuüben, wird noch unten in § 5 ausführlich diskutiert.

2. Vereinbarungen durch standardisierte Rahmenverträge

Rahmenverträge enthalten ebenso wie individualvertragliche Vereinbarungen eingehende Regelungen über die Behandlung von Erträgen. Wie die üblicherweise individuell vereinbarten Wertpapierdarlehensverträge sieht der Rahmenvertrag für Wertpapierdarlehen abweichend von dem gesetzlichen Leitbild des Sachdarlehens gem. § 607 BGB folgende Regelung vor: sämtliche während der

---

185 Vgl. Kümpel/Peters, AG 1994, 525, 530; Kümpel, Bank- und Kapital-marktrecht, Rn.13.11ff. i.V.m. Rn. 13.55ff; Gesell, Wertpapierleihe und Repurchase Agreement im deutschen Recht, S. 128ff.

186 Limmert, Die Wertpapierleihe, S. 22.

187 RGZ 118, 266, 268f.; Hübner, Allgemeiner Teil des Bürgerlichen Gesetzbuches, S.176; Soergel-Mühl, BGB, § 99, Rn. 12; Staudinger-Dikher, Kommentar zum BGB, § 100 Rn. 6; Westermann-Michalski, § 100 Rn. 2.

Laufzeit des Wertpapierdarlehens bezogen auf die Darlehenspapiere anfallenden Zinsen, Gewinnanteile oder sonstige Ausschüttungen sollen dem Darlehensgeber zustehen (Nr. 6 Rahmenvertrag für Wertpapierdarlehen). Diese Bestimmung aus dem Rahmenvertrag für Wertpapierdarlehen stimmt ebenfalls mit dem EMA-PA überein.

Sowohl Nr. 3 Abs.1 EMA-PA („Barausschüttungen“) als auch Nr. 6 („Kompensationszahlung“) des Rahmenvertrags für Wertpapierdarlehen sehen ausdrücklich eine Verpflichtung des Darlehensnehmers vor, sämtliche Zinsen, Gewinnanteile oder sonstige Ausschüttungen an den Darlehensgeber abzuführen. Diese Leistungsverpflichtung wird als „Kompensationszahlung" bezeichnet und im Rahmenvertrag für Wertpapierdarlehen (Nr. 6 Abs. 2 bis 4) hinsichtlich Schuldverschreibungen, Berechtigungsaktien und Bezugsrechten konkretisiert.

V. Leistungsstörungen

1. Individualvertragliche Vereinbarungen

Unstreitig ist, dass Wertpapierdarlehen i.S.v. § 607 BGB im Regelfall gegenseitige Verträge darstellen. Folglich sind die §§ 320ff. BGB bezüglich der Leistungsstörungen grundsätzlich anwendbar.[188] Bei besicherten Wertpapierdarlehen ist der Darlehensnehmer vorleistungspflichtig.[189] Außerdem ist zu beachten, dass nur die Überlassung der Darlehenspapiere durch den Darlehensgeber und die Zahlung des Darlehensentgeltes durch den Darlehensnehmer im Gegenseitigkeitsverhältnis der §§ 320ff. BGB stehen, nicht jedoch die Rückgewähr der Darlehenspapiere durch den Darlehensnehmer.[190] Stellt der Darlehensnehmer nicht die vertraglich vereinbarten Sicherheiten, hat der Darlehensgeber ein Zurückbehaltungsrecht nach § 320 Abs. 1 Satz 1 BGB.

Ab 2002 steht im Mittelpunkt des Leistungsstörungsrechts der Begriff der Pflichtverletzung gemäß § 280 BGB.[191] Die Rechte des Gläubigers wegen einer Leistungsstörung sollen nunmehr auf einem einheitlichen Grundtatbestand aufbauen.[192] Der Begriff der Pflichtverletzung deckt alle Leistungsstörungen ab: Unmöglichkeit, Verzögerung, mangelhafte Leistung sowie die Verletzung

---

188 Vgl. Palandt-Putzo, BGB, 64. Aufl., § 607 Rn. 8; Schäfer in: Haas, Das neue Schuldrecht, S.326.

189 Vgl. Münchener Kommentar zum BGB-Berger, § 607 Rn. 3.

190 Palandt- Putzo, BGB, 64. Aufl., § 607 Rn. 8 u. Rn. 9.

191 Vgl. Zimmer, NJW 2002, 1, 2.

192 Amann/Kallrath, Die Schuldrechtsreform in der Vertragspraxis, S. 8.

Leistungsbezogener oder leistungsbegleitender Nebenpflichten.[193] Die verschiedenen Tatbestände kann man in drei Gruppen aufteilen:
a. Nichtleistung wegen Unmöglichkeit oder Verzug;
b. Abweichungen der tatsächlichen von der vereinbarten Leistung/ Schlechtleistung;
c. Verletzung von vertraglichen Nebenpflichten.

a. Nichtleistung wegen Unmöglichkeit oder Verzug

In der ersten Fallgruppe stellt jeweils die aufgrund von Unmöglichkeit oder Verzug verursachte Nichtleistung eine Pflichtverletzung dar. Unmöglichkeit und Verzug schließen sich gegenseitig aus: bei Verzug kann die Leistung grundsätzlich noch erbracht werden, während dies im Fall der Unmöglichkeit nicht mehr möglich ist.

Im Rahmen der Darlehensverpflichtung handelt es sich bezogen auf Wertpapiere allerdings um Gattungsschulden.[194] Daher tritt Unmöglichkeit nur dann ein, wenn die gesamte Gattung untergeht. Wegen des Eigentumsübergangs an den Darlehensnehmer trägt der Darlehensnehmer das Risiko des Untergangs der übertragenen Wertpapiere.[195] Hinsichtlich der Gattungsschuld bei Rückgabe dürfte eine aufgrund des Untergangs einer Wertpapiergattung ausgelöste Nichtleistung des Darlehensnehmers in der Praxis eher selten vorkommen, beispielsweise bei einer Liquidation oder Fusion eines Emittenten.[196]

Auf der Seite des Darlehensgebers liegt bezüglich der Pflicht zur Überlassung der darlehensweise hingegebenen Wertpapiere eine aufgrund von Unmöglichkeit oder Verzug verursachte Nichtleistung selten vor, da die an Wertpapierdarlehensgeschäften interessierten und beteiligten Darlehensgeber üblicherweise über umfangreiche Depotbestände verfügen.[197] Grundsätzlich dient nach der Schuldrechtsreform § 280 Abs. 3 BGB als Grundtatbestand für den Schadensersatz statt der Leistung. Danach findet eine Bestimmung der genauen Voraussetzungen nach den Vorschriften der §§ 281 oder 283 BGB statt.

Falls ein Darlehensgeber ausnahmsweise geschuldete Wertpapiere nicht rechtzeitig liefern könnte, wäre dieser gegenüber dem Darlehensnehmer zur Leistung von Schadensersatz gemäß §§ 280 Abs. 3 BGB i.V.m. 281 BGB verpflichtet. In

---

[193] BT-Drucks 14/6040, S. 92 und Begründung zur Neufassung der § 280-288, BT-Drucks 14/6040, S. 133 f.; Medicus in: Haas, Das neue Schuldrecht, S. 85.
[194] Vgl. oben § 1 V 2.
[195] Staudinger-Hopt/Mülbert, Kommentar zum BGB, § 607 Rn. 375.
[196] Kienle in: Schimansky/Bunte/Lwowski, Bankrechts-Handbuch, 2. Aufl., § 105 Rn. 54.
[197] Vgl. Gesell, Wertpapierleihe und Repurchase Agreement im deutschen Recht, S. 41.

den Fällen einer anfänglichen Unmöglichkeit – eine Leistung ist bereits bei Vertragsschluss nicht erbringbar - ist § 311a Abs. 2 BGB allein als Regelung für den Schadensersatz heranzuziehen. Bei nachträglicher Unmöglichkeit greift §§ 280 Abs. 3 i.V.m. 283 BGB.[198]

Auf der Seite des Darlehensnehmers kommt bezüglich der Pflicht zur Rückgabe der hingenommenen Wertpapiere, sowie bezüglich des geschuldeten Entgelts im gesetzlichen Regelfall vor allem der Verzug als Leistungsstörung in Betracht. Liefert der Darlehensnehmer bei Fälligkeit die hingenommenen Wertpapiere nicht zurück, so befindet er sich bei Vorliegen der gesetzlichen Voraussetzungen im Schuldnerverzug und macht sich schadensersatzpflichtig (§§ 280 Abs. 2 i.V.m. 286 BGB).[199]

b. Abweichungen von der vereinbarten Leistung

Nach der Schuldrechtsreform stellt eine Schlechterfüllung auch eine Pflichtverletzung dar, die gemäß § 280 Abs. 1 BGB einen Schadenersatzanspruch auslöst. Im Fall der mangelhaften Lieferung der Wertpapiere beispielsweise i.S.v. § 434 Abs. 3 BGB durch den Darlehensgeber (z.B. gefälschte, für kraftlos erklärte oder -wegen menschlichen Versagens- falsch gelieferter Wertpapiere) hat der Darlehensnehmer das Recht, Schadensersatz wegen Pflichtverletzung gemäß § 280 Abs. 1 BGB oder aufgrund der kauf-rechtlichen Vorschriften der §§ 437 ff. BGB geltend zu machen.[200] Bezogen auf Sachdarlehensverträge liegt der Grund für die entsprechende Anwendbarkeit der §§ 434 ff. BGB darin, dass bei einem Sachdarlehen in Übereinstimmung mit § 433 Abs. 1 BGB dem Darlehensnehmer das Eigentum an der darlehensweise überlassenen Sache übertragen wird. Es gilt daher der kaufrechtliche und im Ausgangspunkt subjektive Sachmangelbegriff des § 434 BGB.[201]

Der Darlehensnehmer ist nach der Beendigung des Darlehensvertrages zur Rückgewähr der Darlehensmittel in Form von Sachen gleicher Art und Güte verpflichtet.[202] Aufgrund von im Kaufrecht vergleichbaren Übertragungs- und

---

[198] Vgl. Zimmer, NJW 2002, 1, 8.

[199] Vgl. Coester-Waltjen, Jura 2002, 675,676; Palandt-Putzo, BGB, 64. Aufl., § 607 Rn. 10.

[200] Oetker/Maulzsch, Vertragliche Schuldverhältnisse, § 3 F II; Coester-Waltjen, Jura 2002, 675, 676.

[201] Münchener Kommentar zum BGB-Berger, § 607 Rn. 34 i.V.m. Münchener Kommentar zum BGB-Westermann, § 434 Rn. 5.

[202] Zimmer, NJW 2002, 1, 9.

Eigentumsverhältnissen können die §§ 433ff. BGB – insbesondere §§ 434-442 BGB und § 377 HGB - als Sachmangelgewährleistungsrecht entsprechend angewendet werden. Dies gilt – mangels entgegenstehender Regelung – auch nach Aufhebung des § 493 BGB a.F.[203]

c. Verletzung von vertraglichen Nebenpflichten

Schließlich zählen als dritte Gruppe die nicht leistungsbezogenen Nebenpflichtverletzungen auch zu den Pflichtverletzungen i.S.v. § 280 Abs. 3 i.V.m. §§282, 241 Abs. 2 BGB. Der Begriff der Nebenpflichten richtet sich nach § 241 Abs. 2 BGB. Im Falle einer vorvertraglichen Nebenpflichtverletzung ist statt § 241 Abs. 2 BGB auf § 311a Abs. 2 und Abs. 3 BGB abzustellen. Anknüpfend an Wertpapierdarlehensgeschäfte kommt als Nebenpflichtverletzung ein Stimmrechtsmissbrauch besonders bei Darlehensgeschäften im Zusammenhang mit Aktien in Betracht.

Nach der von Kümpel vertretenen Meinung[204] wird eine Nichtausübung von Stimmrechten seitens des Darlehensnehmers als vertragliche Nebenpflicht angesehen.[205] Deshalb stellt die Ausübung des Stimmrechts aus den überlassenen Wertpapieren eine Vertragsverletzung infolge einer Nichtbeachtung dieser Nebenpflicht dar. Somit kann der Darlehensgeber gegenüber dem Darlehensnehmer Schadenersatz gemäß §§ 280 Abs. 3 i.V.m. 282, 241 Abs. 2 BGB verlangen.

2. Vereinbarungen durch standardisierte Rahmenverträge

Das EMA sieht in Nr. 6 EMA-AT ein abgestuftes System von Rechtsfolgen bei Leistungsstörungen vor. Dies geschieht durch die Festlegung von verschiedenen Tatbeständen, die eine „Vertragsverletzung“ darstellen können (Nr. 6 Abs. 1 a des EMA-AT). Eine solche Vertragsverletzung berechtigt zur Beendigung des Gesamtvertrages durch die verletzte Vertragspartei (Nr. 6 Abs. 1 b des EMA-AT) nach einer wirksamen Kündigungserklärung. Durch die Beendigung wird eine Ausgleichszahlung fällig (Nr. 6 Abs. 4 des EMA-AT). Die genaue Bestimmung und Abwicklung der Ausgleichszahlung ist in Nr. 7 des EMA- AT geregelt. Vertragsverletzungen, die zu einer Beendigung führen können, sind beispielsweise unterlassene Zahlung, unterlassene Rückgewähr von Sicherheiten, unrichtige Zusicherungen oder Erfüllungsverweigerung.

---

[203] Palandt-Putzo, BGB, 64. Aufl., § 607 Rn. 9f.
[204] Vgl. Kümpel/Peters, AG 1994, 525, 530; Kümpel, Bank- und Kapitalmarktrecht, Rn.13.59.
[205] Vgl. Kümpel/Peters, AG 1994, 525, 530.

Der Verzug als Säumnis einer Vertragspartei findet sich in Nr. 3 Abs. 5 EMA-AT. Bei Säumnis einer Vertragspartei mit einer Leistungspflicht ist ein Verzugszins zu zahlen. Die Höhe dieses Zinssatzes richtet sich entweder nach dem individuellen - nachweisbaren - Finanzierungsaufwand der geschädigten Vertragspartei, oder hilfsweise nach dem „Interbankensatz". Der EMA-PA verweist in Nr. 2 Abs. 5 des EMA-PA auf die Bestimmungen des EMA-AT bezüglich Vertragsverletzungen und Nichtleistung. Es wird dabei zwischen Verzug des Darlehensnehmers und des Darlehensgebers unterschieden. Sofern keine „Maßnahmen zur unverzüglichen Beseitigung der Säumnis" zwischen den Vertragsparteien vereinbart wurden, kann bei einem Verzug des Darlehensgebers der Darlehensnehmer vom Vertrag zurücktreten. Bei einem Verzug des Darlehensnehmers kann der Darlehensgeber dann ebenfalls die Zahlung einer Ausgleichszahlung statt einer Lieferung der darlehensweise überlassenen Wertpapiere verlangen.

Der Rahmenvertrag für Wertpapierdarlehen sieht für Leistungsstörungen mehrere Regelungen vor. Hierbei ist eine Abweichung von den gesetzlichen Reglungen im Bezug auf Leistungsstörungen nicht vorgesehen. Die Nichtleistung durch den Darlehensgeber bezogen auf die Verschaffung von Wertpapieren (Nr. 3 Abs. 3 des Rahmenvertrags für Wertpapierdarlehen) führt zu einem Anspruch des Darlehensnehmers auf Schadensersatz wegen Nichterfüllung gegen den Darlehensgeber. Allerdings setzt dieser Anspruch eine vorherige Benachrichtigung und Fristsetzung durch den Darlehensnehmer, sowie den Ablauf der gesetzten Frist voraus. Bezogen auf einen Verzug hinsichtlich der Rückgewähr der Wertpapiere durch den Darlehensnehmer schreibt Nr. 8 des Rahmenvertrags für Wertpapierdarlehen vor, dass der Darlehensgeber neben dem Verzögerungsschaden und Verzugszinsen zusätzlich einen Anspruch auf Aufwendungsersatz für die Eindeckung mit Wertpapieren besitzt. Falls der Darlehensnehmer den Verzugsschaden nicht innerhalb eines Bankarbeitstages nach Erhalt der Abrechnung in voller Höhe geleistet hat, so liegt gem. Nr. 8 Abs. 3 des Rahmenvertrags für Wertpapierdarlehen wiederum ein wichtiger Grund zur außerordentlichen Kündigung des Gesamtvertrages vor.[206]

Zusammenfassend kann festgelegt werden, dass die Bestimmungen der standardisierten Rahmenverträge, sowohl des EMA als auch des Rahmenvertrags für Wertpapierdarlehen nicht wesentlich von den Regelungen des deutschen Rechts abweichen. Darüber hinaus ist besonders zu beachten, dass die Vertragsverletzungen möglicherweise eine Beendigung des Gesamtvertrags verursachen, sofern eine schwerwiegende oder dauerhafte Vertragsverletzung

[206] Vgl. BuB-Neuhaus, Rn. 7/1200.

vorliegt. Nach der Beendigung des Gesamtvertrags werden alle Schadenersatzansprüche mit Hilfe eines einheitlichen Ausgleichsanspruchs zusammengefasst.

VI. Darlehensentgelt

1. Individualvertragliche Vereinbarungen

Obwohl unentgeltliche Wertpapierdarlehen im Rahmen der allgemeinen Vertragsfreiheit gemäß § 311 Abs. 1 BGB zulässig sind, kommen solche Fälle aufgrund wirtschaftlicher Interessen kaum vor. Das Wertpapierdarlehen stellt nach dem gesetzlichen Regelfall gemäß § 607 Abs. 1 Satz 2 BGB ein entgeltliches Sachdarlehen dar.[207] Gemäß § 607 Abs. 1 Satz 2 BGB schuldet der Darlehensnehmer als Gegenleistung dem Darlehensgeber beim Wertpapierdarlehensgeschäft das auf die Laufzeit bezogene vertragliche Entgelt, und zwar zum vereinbarten Zeitpunkt, spätestens aber bei Rückgewähr der darlehensweise überlassenen Wertpapiere gemäß § 609 BGB.[208] Das Entgelt als Darlehensprovision für die Überlassung der Wertpapiere schwankt je nach Höhe des im Darlehensvertrag vereinbarten Prozentsatzes.[209] Üblicherweise werden zwischen 0,2% und 0,75% p.a. des Kurswertes vereinbart.[210] Die Pflicht zur Zahlung des Entgelts steht im Gegenseitigkeitsverhältnis gemäß §§320ff. BGB.[211] Werden die Wertpapiere bei Fälligkeit nicht zurückgewährt, soll mangels einer fortbestehenden vertraglichen Vereinbarung keine weitergehende Verpflichtung des Darlehensnehmers zur Zahlung des Entgelts bestehen; der Darlehensnehmer macht sich aber schadensersatzpflichtig.[212] Wenn das Sachdarlehen für beide Parteien ein Handelsgeschäft ist, kann gem. §§ 353, 354 HGB auch ohne Vereinbarung ein Entgelt verlangt werden.[213] Haben die Vertragsparteien die Höhe des Entgelts nicht festgelegt, steht das Bestimmungsrecht nach § 316 i.V.m. § 315 BGB hinsichtlich der Höhe des Entgelts im Zweifel dem Darlehensgeber zu.[214] Das Entgelt wird im Regelfall in Form eines Geldbetrages entrichtet. („Zahlung“) Stattdessen kann das Entgelt indes auch in anderer Form zulässigerweise geleistet werden: wenn z.B. Darlehensgeber und

---

[207] Palandt-Putzo, BGB, 64. Aufl., § 607 Rn. 8.
[208] Dauner-Lieb/Lepa/Ring, Anwaltkommentar, S. 742.
[209] Grundsätzlich sollte das Entgelt sich aus der Differenz zwischen dem Geldmarktsatz und der entsprechenden Repo Rate für die Anleihe ergeben; Bruns/Meyer-Bullerdiek, Professionelles Portfoliomanagement S. 426 m.w.N.; Limmert, Die Wertpapierleihe, S. 22.
[210] BuB-Neuhaus, Rn. 7/1194.
[211] Palandt-Putzo, BGB, 64. Aufl., § 607 Rn. 8.
[212] Staudinger-Hopt/Mülbert, Kommentar zum BGB, § 608 Rn. 18f. m.w.N.
[213] Münchener Kommentar zum BGB-Berger, § 607 Rn. 32.
[214] Palandt-Putzo, BGB, 64. Aufl., § 609 Rn. 3 a.E.

Darlehensnehmer vereinbart haben, dass der Darlehensnehmer eine höhere Anzahl als die vom Darlehensgeber überlassenen Sachen zurückzuerstatten hat.[215]

2. Vereinbarungen durch standardisierte Rahmenverträge

Sowohl das EMA als auch der Rahmenvertrag für Wertpapierdarlehen sehen vor, dass der Darlehensnehmer dem Darlehensgeber ein angemessenes Darlehensentgelt für die zeitweise Überlassung der Wertpapiere entrichten muss. Bezogen auf die Bestimmung und Berechnung des Darlehensentgelts bestehen zwischen den beiden Rahmenverträgen (EMA und Rahmenvertrag für Wertpapierdarlehen) grundsätzlich keine Unterschiede. Die Festlegung erfolgt jeweils als Prozentsatz bezogen auf den im jeweiligen Einzelabschluss zu vereinbarenden Marktpreis der Darlehenspapiere und wird entsprechend ausgewiesen. Vorbehaltlich einer anderweitigen Vereinbarung in dem jeweiligen Einzelabschluss ist das Darlehensentgelt (Nr.5 Abs. 3 des Rahmenvertrags für Wertpapierdarlehen; Nr. 4 des EMA-PA) auf Basis von Kalendermonaten zu berechnen und wird jeweils am zweiten Bankarbeitstag nach Zugang der Abrechnung fällig.

VII. Sicherungsvereinbarung bei den Wertpapierdarlehensgeschäften

Bei Wertpapierdarlehensgeschäften werden grundsätzlich Sicherungsvereinbarungen sowohl zur Absicherung von Rückgabe- und Entgeltverbindlichkeiten der Darlehensnehmer als auch zur Vermeidung von Preis- und Kursveränderungsrisiken der darlehensweise überlassenen Wertpapiere während der Laufzeit des Darlehens getroffen. Somit steht die Sicherungsvereinbarung beim Wertpapierdarlehensvertrag im Mittelpunkt, besonders bezüglich der Bestellung und Verwertung von Sicherheiten.[216] Eine Sicherungsvereinbarung enthält die folgenden Bestandteile, nämlich Bestellung, Bewertung und Verwertung von Sicherheiten.

1. Bestellung von Sicherheiten

In Betracht kommen grundsätzlich Geldguthaben, Wertpapiersicherheiten sowie Garantien oder Bürgschaften von dritter Seite.[217] Bezogen auf Sicherheiten von Geldguthaben sowie Wertpapiere können wiederum zwei Methoden unterschieden werden. Klassischerweise wurde durch den Darlehensgeber regelmäßig

---

[215] Staudinger-Hopt/Mülbert, Kommentar zum BGB, § 607 Rn. 5; vgl. Münchener Kommentar zum BGB- Berger, § 607 Rn. 32.

[216] Kienle in: Schimansky/Bunte/Lwowski, Bankrechts-Handbuch, 2. Aufl., § 105 Rn. 64.

[217] Kienle in: Schimansky/Bunte/Lwowski, Bankrechts-Handbuch, 2. Aufl., § 105 Rn. 64.

ein Pfandrecht bestellt.[218] Diese traditionelle Sicherungsmethode durch ein Pfandrecht kann weiterhin wie bisher für Einzelabschlüsse von Wertpapierdarlehen sinnvoll angewendet werden. Ein anderer Weg der Sicherung für Wertpapierdarlehensgeschäfte, der als „Wertausgleich" bezeichnet wird, ist in dem Rahmenvertrag für Wertpapierdarlehen von 1999 vorgesehen. Dieser an international gebräuchliche Sicherungsregelungen angelehnte Weg kann häufig für eine Vielzahl von wechselseitigen Wertpapierdarlehen zwischen identischen Vertragsparteien sinnvoll eingesetzt werden; Anwendungsgebiet ist also in erster Linie der Interbankenverkehr. Im Folgenden findet nach Form der Sicherheiten sowie der angewendeten Sicherungsmethode eine nähere Erläuterung statt.

a. Garantie oder Bürgschaften von dritter Seite

Wie oben erwähnt ist es möglich, durch eine Bürgschaft oder Garantie von dritter Seite die Rückübertragungspflicht des Darlehensnehmers abzusichern. Kommt der Darlehensnehmer seiner Verpflichtung bei Fälligkeit nicht nach, ist der Garant bzw. Bürge verpflichtet, die von dem Darlehensnehmer darlehensweise übernommenen Wertpapiere selbst an den Darlehensgeber zu liefern.[219]

Bei der Sicherung durch Garantie oder Bürgschaften steht dem Darlehensnehmer nur ein wechselnder Bestand aus dem Vermögen des Garanten bzw. Bürgen als Sicherheit zur Verfügung. Denn dieses Vermögen kann auch zur Sicherung für andere Geschäfte dienen und andere Gläubiger des Bürgen oder Garanten könnten die gleichen Zugriffsmöglichkeiten darauf haben. Im Fall einer Vermögensverschlechterung können die Bürgschaft oder die Garantie wirtschaftlich wertlos werden. Damit verbleibt das Eindeckungsrisiko.[220] Eine tägliche Bewertung ist in der Praxis kaum durchführbar. Sicherheiten in Form einer Bürgschaft oder einer Garantie sind sowohl in dem Rahmenvertrag für Wertpapierdarlehen als auch im Produktanhang für Wertpapierdarlehen des EMAs (EMA-PA) nicht vorgesehen. Davon ausgehend wird eine derartige Sicherungsmethode in der Praxis bezogen auf Wertpapierdarlehensgeschäfte nicht häufig verwendet.

b. Pfandrecht für Einzelabschlüsse von Wertpapierdarlehen

Grundsätzlich sollte der Darlehensnehmer zur Stellung von Sicherheiten im Wege einer Bestellung von Pfandrechten gem. §§ 1204 BGB für jedes einzelne

---

[218] Vgl. § 6 des Rahmenvertrags für Wertpapierleihgeschäfte im Interbankenverkehr von 1994 sowie Nr. 18. 2 der Sonderbedingungen der CBF.

[219] Kienle in: Schimansky/Bunte/Lwowski, Bankrechts-Handbuch, 1. Aufl., § 105 Rn. 69.

[220] Vgl. BuB-Wagenknecht, Rn. 4/1000-1001; Kienle in: Schimansky/Bunte/Lwowski, Bankrechts-Handbuch, 1.Aufl., § 105 Rn. 69.

Wertpapierdarlehen verpflichtet werden; es sei denn, dass die Vertragsparteien ausdrücklich in der Einzelbestätigung eine Stundung der Sicherheitsleistung vereinbaren.[221] Zum Zweck einer vollständigen Absicherung der darlehensweise überlassenen Wertpapiere zu jedem Zeitpunkt fordert der Darlehensgeber von dem Darlehensnehmer regelmäßig einen Gesamtwert der Sicherheiten, der mindestens dem Kurswert der darlehensweise überlassenen Wertpapiere am Tag ihrer Überlassung zuzüglich einer Sicherheitsmarge, die ca. 2-5% des Marktwertes entspricht.[222] Soweit Sicherheiten in Form von Wertpapieren gestellt werden, wird bei diesen regelmäßig ein Abschlag vom Marktwert vorgenommen.[223]

Wird ein sog. irreguläres oder unregelmäßiges Pfandrecht zwischen dem Darlehensgeber und Darlehensnehmer vereinbart, ist der Darlehensnehmer als Pfandgläubiger ermächtigt, dem Darlehensgeber die zu Sicherungszwecken übertragenen Sachen (z.B. Geld oder Wertpapiere) für sich selbst durch Verbrauch oder Veräußerung zu verwenden und lediglich gleichartige Sachen zurückzugewähren.[224] Zwar handelt es sich nicht um ein echtes Pfandrecht; die Vorschriften der §§1204 ff. BGB können aber ggf. entsprechend angewendet werden.[225] In diesem Fall erwirbt der Darlehensgeber jedoch nicht das Eigentum an den zu Sicherungszwecken hingegebenen Sachen; an dieser Tatsache ändert auch die vertragliche Vereinbarung einer beschränkten Verfügungsmacht nichts.[226]

Die Besicherung durch Pfandrechte ist insbesondere für Kapitalanlagegesellschaften sowie Versicherungsunternehmen von Bedeutung; denn die Bestellung von Sicherheiten durch Pfandrechte ist in § 54 Abs. 2 InvG zwingend vorgeschrieben.

c. Der von standardisierten Rahmenverträgen vorgesehene Wertausgleich

Neben der Verpfändung kann die Bestellung von Sicherheiten durch Darlehensnehmer im Wege einer Vollrechtsübertragung erfolgen. Sie wird als Finanzsicherheit in Form einer Vollrechtsübertragung anerkannt.[227] Die Sicherheits-

---

221 § 1 Abs. 1 S. 1 i.V.m. § 5 sowie § 7 des Rahmenvertrags für Wertpapierleihe im Interbankverkehr in 1994, der zurzeit durch den Rahmenvertrag für Wertpapierdarlehen abgelöst wird.
222 Gesell, Wertpapierleihe und Repurchase Agreement im deutschen Recht, S. 28.
223 Schäfer in: Schwintowski/Schäfer, Bankrecht, § 22 Rn. 24.
224 Staudinger-Wiegand, Kommentar zu BGB, § 1204 Rn. 54.
225 BGH NJW 1994, 3287, 3287.
226 Vgl. Derleder/Kai, Handbuch zum deutschen und europäischen Bankrecht, § 2 Rn. 8.
227 Horn, Europäisches Finanzmarktsrecht, S. 87.

leistung erfolgt daher durch die Übertragung von Sicherheiten (Wertausgleichsleistungen) entsprechend des vollen Eigentumsrechts des Sicherungsnehmers (Darlehensgebers).[228] Die Technik der Besicherung durch Vollrechtübertragung[229] ist auch in anderen national oder international gebräuchlichen Rahmenverträgen vorgesehen, z.B. Rahmenverträge für Pensions- und Repogeschäfte. Eine durch Vollrechtsübertragung erfolgte Sicherheitsbestellung bezieht sich nicht nur auf ein einzelnes Wertpapierdarlehensgeschäft, sondern erstreckt sich auf alle zwischen den Vertragsparteien abgeschlossenen Wertpapierdarlehensgeschäfte. Somit erfolgt eine Besicherung des Gesamtkreditrisikos, das sich nach Saldierung der jeweiligen Marktwerte aller zwischen den Vertragsparteien abgeschlossenen Wertpapierdarlehen ergibt.[230] Insbesondere im Interbankenbereich besteht zwischen den Marktteilnehmern häufig eine Vielzahl von wechselseitigen Wertpapierdarlehen.[231] Vor diesem Hintergrund sieht der Rahmenvertrag für Wertpapierdarlehen von 1999 eine neue Sicherungstechnik im Wege des sog. „Wertausgleichs" vor.

Häufig tätigen die Vertragsparteien wechselseitige Wertpapierdarlehensgeschäfte. Die gleiche Vertragspartei kann Darlehensgeber in einem Wertpapierdarlehensgeschäft und wiederum Darlehensnehmer in einem anderen Wertpapierdarlehensgeschäft sein. Durch Verrechnung der Marktwerte aller darlehensweise hingegebenen und empfangenen Wertpapiere erfolgt ein „Netting", das nur noch eine Besicherung des Differenzwerts erforderlich macht. Vorbehaltlich eines in Nr. 11 Abs. 7 des Rahmenvertrags für Wertpapierdarlehen zu vereinbarenden Mindestbetrages bedarf dieser Differenzwert eines Wertausgleichs.

Die Wertausgleichsleistung in der Form von Wertpapieren stellt ein Gegengeschäft zum Ausgleich des Gesamtrisikos aus dem Vertrag dar; somit also eine für die Dauer des Kreditrisikos befristete Finanzleistung in der Form eines Wertpapierdarlehens. Der Empfänger des Wertausgleichs ist für die Dauer der Leistung auch nicht treuhänderisch gebunden und bleibt zur Rückgewähr des ihm übertragenen Vermögenswertes in gleicher Art, Güte und Menge verpflichtet.[232] Dabei gelten als Wertausgleichsleistungen regelmäßig auf Euro

---

[228] Vgl. Rahmenvertrag für Wertpapierdarlehen Nr. 4 .

[229] Vgl. dazu auch Jahn in: Schimansky/Bunte/Lwowski, Bankrechts-Handbuch, 1. Aufl., §114, Rn. 54.

[230] Vgl. Rahmenvertrag für Wertpapierdarlehen Nr. 4.

[231] BuB-Neuhaus, Rn. 7/1191.

[232] Berner, Die Bank 1999, 868, 868.

lautende Schuldverschreibungen der Bundesrepublik Deutschland, sofern sich die Parteien nicht ausdrücklich auf eine andere Leistung verständigen.[233]

Zusammenfassend betrachtet, erfolgt grundsätzlich in diesem Zusammenhang keine Besicherung einzelner Wertpapierdarlehen. Stattdessen werden die Marktwerte aller wechselseitig darlehensweise überlassenen Wertpapiere miteinander verrechnet, d.h. der Vertrag sieht ein Netting für die wechselseitigen Darlehenspositionen vor.[234] Im Fall einer Vertragsverletzung oder der Insolvenz einer Vertragspartei wandeln sich die wechselseitigen Rücklieferungsansprüche in entsprechende Schadensersatzansprüche, die miteinander zu verrechnen sind; deren Summe bildet dann eine einheitliche Ausgleichsforderung.[235]

d. Vor- und Nachteile des Wertausgleichs im Vergleich mit dem Pfandrecht

Der Vorteil einer Pfandrechtsbestellung ist zwar ein erhöhtes Maß an Sicherheit für den Pfandgeber (Darlehensnehmer), da er Eigentümer der Pfandgegenstände bleibt und der Pfandnehmer (Darlehensgeber) daher im Regelfall auch nicht weiter über diese verfügen darf.[236] Indes sind damit höhere Kosten für den Darlehensnehmer verbunden, da die Sicherung durch Pfandrechte sich nur auf ein bestimmtes Wertpapierdarlehen auswirkt. Für zusätzliche Wertpapierdarlehen muss der Darlehensnehmer wiederum zusätzliche Sicherheiten leisten. Des Weiteren entstehen auch dem Darlehensgeber Kostennachteile; denn er kann wegen fehlender Verfügungsmacht über die Pfandgegenstände die vom Darlehensnehmer geleisteten Sicherheiten nicht für weitere Geschäfte verwerten. Eine derartige Vertragsgestaltung ist für Darlehensgeber und Darlehensnehmer gleichermaßen ungünstig.[237]

Bei der Sicherung im Wege des Wertausgleiches liegt der Vorteil vor allem darin, dass der Sicherungsnehmer die erhaltenen Wertpapiere für die Besicherung von Verpflichtungen aus anderen Rahmenverträgen verwenden kann, ohne dass der Sicherungsgeber seine Ansprüche auf Rücklieferung der geleisteten Sicherheiten verliert. Darüber hinaus kann der Sicherungsnehmer diese aber auch für andere Darlehens- oder Repogeschäfte nutzen.[238] Jedoch ist ein solcher Wertausgleich nur beschränkt anwendbar; ein Wertausgleich ist nur

233 Vgl. Rahmenvertrag für Wertpapierdarlehen Nr.4, Abs. 3; Berner, Die Bank 1999, 868, 868.
234 Nr. 4 des Rahmenvertrags für Wertpapierdarlehen.
235 Nr. 4 und 9 des Rahmenvertrages für Wertpapierdarlehen.
236 Dörge, Rechtliche Aspekte der Wertpapierleihe, S. 40.
237 Dörge, Rechtliche Aspekte der Wertpapierleihe, S. 40.
238 Berner, Die Bank 1999, 868, 868.

möglich, wenn eine wechselseitige Geschäftsbeziehung zwischen den Vertragsparteien besteht. Solche wechselseitigen Geschäftsbeziehungen sind häufig nur im Interbankenverkehr vorhanden.

2. Bewertung von Sicherheiten

a. Bewertung von Sicherheiten bezogen auf Pfandrechte

Da sowohl die überlassenen Wertpapiere als auch etwaige als Sicherheit geleistete Wertpapiere Kursschwankungen unterliegen, wird auf der Grundlage täglicher Bewertungen („Marking to Market") ein Mechanismus zur Verstärkung und Freigabe von Sicherheiten vorgesehen; dieser weist Ähnlichkeiten mit dem bei börslichen Derivategeschäften üblichen „Variation Margin System" auf.[239]

Danach wird eine Bewertung (sog. „Marking to Market") in der Regel täglich durchgeführt. Unterschreitet der Wert der Sicherheiten einen Mindestbetrag, so hat der Darlehensnehmer in Höhe der Differenz weitere Sicherheiten zu leisten. Im Gegenzug hat der Darlehensnehmer einen Anspruch auf Freigabe von Sicherheiten in Höhe des überschießenden Betrages gegen den Darlehensgeber.[240]

b. Bewertung von Sicherheiten bezogen auf den „Wertausgleich"

Rahmenverträge sehen üblicherweise eine derartige Bewertung unter Einbeziehung und Berücksichtigung sämtlicher unter dem Rahmenvertrag abgeschlossener Wertpapierdarlehensgeschäfte vor; auf dieser Basis wird der oben genannte „Wertausgleich" ermittelt.[241] Bezogen auf jede Vertragspartei werden die Marktwerte der noch nicht vollständig abgewickelten Einzelabschlüsse zuzüglich der jeweils vereinbarten Aufschläge für Kursänderungsrisiken addiert. In diese Berechnung wird der Wert der Leistungen aus eventuell angefallenen Zinsen einbezogen. Als Endergebnis wird die sog. „Darlehenssumme" angesehen.[242] Die Differenz zwischen den Darlehenssummen wird als „Wertausgleich" bezeichnet. In der Praxis wird die Ermittlung von „Wertausgleich" täglich durchgeführt. Sofern an einem Bankarbeitstag die Darlehenssumme der einen Vertragspartei unterschritten wird, ist die andere Vertragspartei jederzeit berechtigt, von der einen Vertragspartei einen Wertausgleich zu verlangen. Dies

---

[239] Hopt, Vertrags- und Formularbuch, S. 1303.
[240] Vgl. Gesell, Wertpapierleihe und Repurchase Agreement im deutschen Recht, S. 29.
[241] Vgl. Rahmenvertrag für Wertpapierdarlehen Nr. 4.
[242] Vgl. Rahmenvertrag für Wertpapierdarlehen Nr. 4 , Abs. 2.

gilt allerdings nur unter der Voraussetzung, dass der Differenzbetrag, d.h. der Wertausgleich den zuvor vereinbarten Mindestbetrag[243] erreicht.

3. Verwertung von Sicherheiten

a. Verwertung von Sicherheiten bezogen auf Pfandrechte

Kommt der Darlehensnehmer seiner Pflicht zur Rückgabe der Darlehensmittel nicht nach, dann kann der Darlehensgeber als Sicherungsnehmer grundsätzlich die Sicherheiten verwerten und sich aus dem Erlös befriedigen. Während der Laufzeit des Darlehens bleiben die Sicherheiten indes grundsätzlich ungenutzt.

b. Verwertung von Sicherheiten bezogen auf den Wertausgleich

Die Verwertung der Wertausgleichsleistungen im Falle einer Kündigung des Gesamtvertrages oder bei Insolvenz einer Vertragspartei erfolgt durch die rechnerische Einbeziehung der Vermögenswerte in die einheitliche Ausgleichsforderung;[244] in diesem Zusammenhang ist die Höhe ihres Marktwertes zum Zeitpunkt der Vertragsbeendigung des Gesamtvertrages maßgeblich.[245]

4. Zwischenergebnis

Sowohl das EMA als auch der Rahmenvertrag für Wertpapierdarlehen sehen vor, dass nur die „Nettoforderung“ zwischen den Vertragsparteien abgesichert wird. Dabei wird die Bestellung von Sicherheiten in Form von Vollrechtsübertragungen anerkannt. Diese „Nettoforderung“ ergibt sich aus der Saldierung der Marktwerte aller in den Rahmenvertrag einbezogener wechselseitigen Geschäfte zwischen den gleichen Vertragsparteien; in dem Rahmenvertrag für Wertpapierdarlehen wird dies als sog. „Wertausgleich“ bezeichnet. Diese moderne Sicherungsmethode erscheint sinnvoll und praktikabel bei Vorliegen einer wechselseitigen Geschäftsbeziehung, z.B. im Interbankenverkehr. Der Vorteil liegt vor allem darin, dass sich der Aufwand für die Bestellung von

Sicherheiten dadurch wesentlich reduziert. Indes ist die Absicherung durch traditionelle Pfandrechte weiterhin für Einzelabschlüsse von Wertpapierdarlehen sinnvoll. Dies ist insbesondere von Bedeutung, wenn mindestens eine Vertragspartei den Regelungen des KAGG unterliegt oder ein Versicherungsunternehmen beteiligt ist; denn die Bestellung von Sicherheiten durch Pfandrechte ist in § 54 Abs. 2 InvG für diese Marktteilnehmer zwingend vorge-

[243] Vgl. Rahmenvertrag für Wertpapierdarlehen Nr. 11, Abs. 7.
[244] Bei Barsicherheiten in Höhe ihres Nominalwertes, ggf. umgerechnet in Euro.
[245] Rahmenvertrag für Wertpapierdarlehen Nr. 9.

schrieben. Unabhängig von der Sicherungsmethode müssen die Sicherheiten den Marktentwicklungen angepasst werden; denn die laufzeitbedingten Kursveränderungsrisiken bei den darlehensweise überlassenen Wertpapieren bleiben. Schließlich ist es notwendig, eine Vereinbarung bezogen auf die Verwertung von Sicherheiten durch die Vertragsparteien zu treffen.

VIII. Beendigung von Wertpapierdarlehensgeschäften

Wertpapierdarlehensgeschäfte enden grundsätzlich nach Ablauf der vereinbarten Laufzeit oder durch eine wirksame Kündigung. Die §§ 608, 609 BGB enthalten dispositive Regelungen hinsichtlich eines beiderseitigen, ordentlichen Kündigungsrechts bei unbefristeten Sachdarlehensverträgen, sowie des letztmöglichen Fälligkeitszeitpunkts für die Zahlung des Entgelts durch den Darlehensnehmer nämlich zum Rückgabezeitpunkt der Sache.[246] In Wertpapierdarlehensverträgen ist zumeist im Einzelnen geregelt, wie die Rückabwicklung zu erfolgen hat. Häufig enthalten Verträge auch Regelungen, wonach bei außerordentlicher Beendigung des Gesamtvertrages die einzelnen Wertpapierdarlehen ebenfalls enden.

1. Durch Fristablauf

Befristete Wertpapierdarlehensgeschäfte enden im Regelfall mit Ablauf der vereinbarten Laufzeit des Darlehens. Dies setzt eine ordnungsgemäße Erfüllung sämtlicher Pflichten sowohl durch den Darlehensnehmer, als auch durch den Darlehensgeber voraus. Der Rahmenvertrag für Wertpapierdarlehen sieht eine regelmäßige maximale Laufzeit von einem Jahr vor; für unbefristete Wertpapierdarlehen beginnt diese Frist ein Jahr nach dem Valutierungstag. Daher beträgt die Laufzeit von Wertpapierdarlehensverträgen in der Praxis häufig höchstens ein Jahr.[247]

2. Durch ordentliche Kündigung

a. Individualvertragliche Vereinbarungen

Wertpapierdarlehensgeschäfte können grundsätzlich auch durch eine Kündigung beendet werden. Unbefristete Wertpapierdarlehen können grundsätzlich nach §608 Abs. 2 BGB jederzeit ganz oder teilweise sowohl vom Darlehensgeber, als auch vom Darlehensnehmer gekündigt werden. Mit der Kündigung wird die Pflicht zur Rückgewähr der Wertpapiere nach § 608 Abs. 1 BGB fällig.

---

[246] Vgl. BT-Drucks 14/6040, S. 259; Dauner-Lieb-Reiff, Anwaltkommentar, § 608 Rn.1;
[247] Vgl. Rahmenvertrag für Wertpapierdarlehen, Nr. 7 Abs. 3.

b. Vereinbarungen durch standardisierte Rahmenverträge

In Nr. 7 Abs. 1 bis 3 des Rahmenvertrags für Wertpapierdarlehen sind die formellen Voraussetzungen einer Kündigung geregelt. Insbesondere werden für Darlehensgeber (drei Tage) und Darlehensnehmer (ein Tag) inkongruente Kündigungsfristen vorgesehen. Die unterschiedlichen Kündigungsfristen tragen dem Umstand Rechnung, dass der Darlehensnehmer häufig nicht über die zurückzuliefernden Wertpapiere verfügt, sondern sich diese erst noch beschaffen muss.[248] In Verbindung mit Nr. 11 Abs. 3 und 4 Rahmenvertrag muss eine Kündigung - wie alle anderen Erklärungen ebenfalls - möglichst in schriftlicher und notfalls „in sonstiger Weise“ erklärt werden. Solche Kündigungsfristen werden weder im EMA-AT noch im EMA-PA deutlich konkretisiert.

3. Durch außerordentliche Kündigung

a. Auf Basis der Einzelabschlüsse von Wertpapierdarlehen

Bei einer Befristung des Wertpapierdarlehens ist lediglich eine außerordentliche Kündigung aus wichtigem Grund aufgrund des Dauerschuldcharakters unter den Voraussetzungen des § 314 BGB möglich.[249]

b. Außerordentliche Beendigung aller Wertpapierdarlehensgeschäfte durch standardisierte Rahmenverträge

Nr. 9 des Rahmenvertrags für Wertpapierdarlehen ist wiederum in weiten Teilen der Nr. 7 des EMAs (EMA-AT) nachempfunden. Da es sich bei dem Rahmenvertrag einschließlich sämtlicher unter Verweis auf diesen getätigter Einzelabschlüsse um einen einheitlichen Vertrag handelt, ist eine außerordentliche Kündigung einzelner Wertpapierdarlehen ausgeschlossen; der gesamte Vertrag kann nur einheitlich und vollständig gekündigt werden.

Alle Wertpapierdarlehen sowohl befristete als auch unbefristete können aus wichtigem Grund fristlos gekündigt werden. Ein in der Praxis bedeutsamer Anwendungsfall für eine außerordentliche Kündigung ist die Eröffnung eines Insolvenzverfahrens bei Vorliegen von dazu berechtigenden Umständen. Der Rahmenvertrag für Wertpapierdarlehen sieht vor, dass nur eine gleichzeitige Beendigung sämtlicher unter dem Rahmenvertrag geschlossenen Wertpapierdarlehensgeschäfte zulässig sein soll.[250] Außerdem bestimmt der Rahmenvertrag für Wertpapierdarlehen in Nr. 9 Abs. 2, dass alle Wertpapierdarlehen automat-

---

[248] BuB-Neuhaus, Rn. 7/1198.
[249] Palandt-Putzo, BGB, 64. Aufl., § 608 Rn. 3.
[250] Vgl. Rahmenvertrag für Wertpapierdarlehen Nr. 9.

isch ohne eine Kündigung enden, wenn ein Insolvenzverfahren über das Vermögen einer Vertragspartei beantragt wird. Danach bestehen keine Ansprüche bezogen auf Wertpapierdarlehensgeschäften mehr. An dieser Stelle sieht der Rahmenvertrag für Wertpapierdarlehen in Nr. 9 Abs. 3 bis 5 sog. „Ausgleichsforderungen" vor, die auch als „Netting" bezeichnet werden.[251] Diese im Rahmenvertrag einheitlich ausgestaltete Ausgleichsforderung ergibt sich aus einer Saldierung aller Forderungen aus dem Rahmenvertrag als Summe der damit verbundenen Einzelabschlüsse.[252]

4. Zwischenergebnis

Zusammenfassend erscheint eine Vereinbarung von Kündigungsfristen für Wertpapierdarlehen, die auf unbestimmte Zeit eingegangen werden, als unbedingt notwendig. Ansonsten kann es gerade für Darlehensnehmer aufgrund der sofortigen Fälligkeit des Rückgewähranspruches zu Härten kommen. Formalien und Zugangserfordernisse sollten ebenfalls im Vorfeld klargestellt werden, um späteren Beweisschwierigkeiten vorzubeugen. Des Weiteren ist besonders zu beachten, dass eine Teilkündigung in Bezug auf Einzelabschlüsse sowohl durch das EMA, als auch durch den Rahmenvertrag für Wertpapierdarlehen ausgeschlossen ist. Falls die Vertragsparteien nur für einen Einzelabschluss eine außerordentliche Kündigung eröffnen möchten, bleibt nur die Möglichkeit, einen Einzelvertrag für ein bestimmtes Geschäft abzuschließen. Schließlich ist in beiden Rahmenverträgen vorgesehen, dass die Wertpapierdarlehensgeschäfte bei Umtausch-, Abfindungs- oder sonstigen veröffentlichten Kaufangeboten vorzeitig beendet werden können.

IX. Wirksamkeit von Liquidationsnetting-Klauseln im Insolvenzverfahren

1. Grundsätze des „Netting"

Der aus dem angelsächsischen Vertragswesen übernommene Begriff des „Netting" („Verrechnung") beschreibt einen komplexen rechtlichen Vorgang. Das Netting mittels einer solchen Liquidationsklausel wird als „Liquidationsnetting", als „Netting by close out", „default-Netting" oder auch als „ großes

[251] Im Zusammenhang mit der Leistung von Schadensersatz als Leistungsstörung; vgl. § 2 IV.
[252] Berner, Die Bank 1999, 868, 870.

Netting" bezeichnet.[253] Eine solche Liquidationsklausel bewirkt, dass der Gesamtvertrag insgesamt bei Eintritt von Leistungsstörungen oder der Insolvenz einer Vertragspartei entweder automatisch endet oder durch Kündigung beendet werden kann; die wechselseitigen vertraglichen Ansprüche der Vertragsparteien werden dann miteinander verrechnet. Folglich wird nur der Saldo der positiven und negativen Marktwerte der noch nicht fälligen Kontrakte zum Zeitpunkt der Insolvenz herangezogen.[254] Der Vorteil dieses Netting liegt darin, dass hierdurch die Anzahl der offenen Marktpositionen reduziert wird, um das Risiko der nicht vereinbarungsgemäßen Erfüllung wegen mangelnder Leistungsfähigkeit der Gegenpartei zu reduzieren. Darüber hinaus soll durch Nettingvereinbarungen aber auch das Liquiditätsrisiko vermindert werden.[255]

Allerdings könnte eine Verrechnung meist daran scheitern, dass die wechselseitigen Forderungen nicht gleichartig sind oder nicht gleichzeitig fällig werden.[256] Bezogen auf Wertpapierdarlehensgeschäfte würden gegenseitige Forderungen grundsätzlich wegen einer Verpflichtung zur Leistung von Wertpapieren aus unterschiedlichen Gattungen nicht verrechnet werden können, sofern diese nicht in einem Rahmenvertrag zusammengefasst und als einheitlich angesehen werden könnten.[257]

Bedingt durch den Abschluss von Rahmenverträgen mit Nettingklauseln gewinnt die Aufrechnung im Bereich von Wertpapierdarlehens- und Wertpapierpensionsgeschäften immer mehr an Bedeutung.[258] Indes setzen solche Nettingklauseln in den Rahmenverträgen eine vorrangige Anwendung vor dem zwingenden Insolvenzrecht voraus. Denn eine dem Insolvenzrecht widersprechende Vertragsvereinbarung kann gemäß § 119 InsO unwirksam sein. Daher ist fraglich, ob das Liquidationsnetting im Rahmen des deutschen Rechts durchsetzbar ist, ob zwischen dem Liquidationsnetting und dem Insolvenzrecht ein Konflikt besteht und inwiefern die Nachteile einer selektiven Wahl-

---

[253] Zu den verschiedenen Begriffen: Lehnhoff, WM-Festgabe für Theodor Heinsius vom 25. September 1991, 42, 42; Fülbier, ZIP 1990, 680, 683; Berger, Der Aufrechnungsvertrag, S. 3; Vollrath, Die Endgültigkeit bargeldloser Zahlungen, S. 166; Zobl/Werlen, Rechtsprobleme des bilateralen Netting, S. 5f; Kübler/Pütting, InsO, §114 Rn. 41.

[254] Lehnhoff, WM-Festgabe für Theodor Heinsius vom 25.September 1991, 42, 42; Schulte-Mattler, Die Bank 1994, 302, 306; Horn, ZBB 1994, 130, 140; Berner, Die Bank 1996, 753, 753.

[255] BIZ, Bericht Ausschuss, S. 16; Patrikis in: Hadding, Rechtsprobleme der Auslandsüberweisung, S. 391, 393, 394 bzw. 425, 429; Zobl/Werlen, Rechtsprobleme des bilateralen Netting, S. 2.

[256] Bosch, WM 1995, 365, 368.

[257] Bosch in: Kölner Schrift zur InsO, S.1029.

[258] Jahresbericht der Bafin 1999 abrufbar unter: http://www.bafin.de/frame_bak.de.

rechtsausübung nach §103 InsO mit Hilfe des Liquidationsnetting ausgeschaltet werden können.

2. Wahlrecht des Insolvenzverwalters gem. § 103 InsO

a. Voraussetzungen für die Ausübung des Wahlrechts gem. § 103 InsO

§ 103 InsO verlangt zunächst einen wirksamen gegenseitigen Vertrag. Eine weitere Voraussetzung liegt darin, dass der Vertrag zum Zeitpunkt der Insolvenzeröffnung auf beiden Seiten noch nicht vollständig erfüllt sein darf, d.h. Vorliegen eines schwebenden Geschäfts. Die Vorschrift soll sowohl dem Schutz der Vertragsparteien als auch dem der Insolvenzmasse dienen.[259] Werden die Voraussetzungen i.S.v. § 103 InsO erfüllt, besteht daher die Gefahr des sog. „Cherry Picking". d.h. der Insolvenzverwalter kann entscheiden, welche Geschäfte weiter erfüllt oder beendet werden sollen. Dies führt dazu, dass der Insolvenzverwalter sein Wahlrecht zwangsläufig zum Nachteil des Gläubigers ausübt.[260] Daher ist zu prüfen, ob das aus § 103 InsO folgende Wahlrecht durch den Insolvenzverwalter auch im Bezug auf Wertpapierdarlehensgeschäfte anwendbar ist.

b. Wahlrecht bezogen auf die einzelnen abgeschlossenen Wertpapierdarlehensgeschäfte

Wie oben erwähnt stellt ein Wertpapierdarlehen selbst grundsätzlich einen gegenseitigen Vertrag dar. Damit ist § 103 InsO anwendbar. Beim Wertpapierdarlehensgeschäft ist die Forderung des Darlehensgebers auf Rückgabe der darlehensweise überlassenen Wertpapiere gerichtet und gewährt kein Aussonderungsrecht. Sie würde grundsätzlich zu den Insolvenzforderungen gehören, sofern derarlehensnehmer in Konkurs geht.[261] Indes stellt das Wertpapierdarlehen kein schwebendes Geschäft im Sinne von § 103 InsO dar, wenn es individuell betrachtet wird. Denn die Verpflichtung bezüglich der Übertragung der Wertpapiere an den Darlehensnehmer wird in der Regel nach dem Abschluss des Wertpapierdarlehensvertrags unverzüglich erfüllt.[262] Eine Insolvenzeröffnung vor der Übertragung der Wertpapiere an den Darlehensnehmer ist grundsätzlich unwahrscheinlich.[263] Daher hat der Insolvenzverwalter bezogen auf Wertpapierdarlehen regelmäßig kein Wahlrecht nach § 103 InsO, soweit der Darlehensgeber seine Verpflichtung bezüglich der Übertragung der

[259] Wimmer, Frankfurter Kommentar zur InsO, § 103 Rn. 1.
[260] Bosch in: Kölner Schrift zur InsO, S. 1029.
[261] Obermüller, Insolvenzrecht in der Bankpraxis, Rn. 8.150.
[262] Bosch, WM 1995, 365, 421.
[263] Vgl. Gesell, Wertpapierleihe und Repurchase Agreement im deutschen Recht, S. 43ff.

Wertpapiere vor einer Insolvenzeröffnung erfüllt[264]; dies ergibt sich daraus, dass sich die vom Schuldner nicht oder nur teilweise, vom Gläubiger aber vollständig erfüllten Verträge nicht im Anwendungsbereich des § 103 InsO befinden. Folglich ist das Wahlrecht gem. § 103 InsO bezogen auf die jeweiligen einzelnen Wertpapierdarlehensgeschäfte ausgeschlossen, falls der Darlehensnehmer in Insolvenz gefallen ist. Problematisch ist, dass das oben genannte Nettingsverfahren, wie oben dargestellt, damit nicht durchsetzbar wäre, wenn die Wertpapierdarlehensgeschäfte individuell betrachtet würden.

c. Wahlrecht bezogen auf die durch den Rahmenvertrag verbundenen Wertpapierdarlehensgeschäfte

Um das Nettingverfahren durchzuführen, werden die Wertpapierdarlehensgeschäfte in der Praxis durch einen Rahmenvertrag verbunden und damit einheitlich konzipiert; nach dem Willen der Vertragsparteien werden durch den Rahmenvertrag alle Einzelabschlüsse untereinander zu einem einheitlichen Schuldverhältnis zusammengefasst.[265] Ein solcherart konzipierter Rahmenvertrag gibt daher dem Insolvenzverwalter eine Möglichkeit wegen der Erfüllung der Voraussetzungen i.S.v. § 103 InsO sein Wahlrecht auszuüben; dies folgt daraus, dass die Pflichten der Vertragsparteien nicht bei allen durch den Rahmenvertrag verbundenen Wertpapierdarlehensgeschäften vollständig erfüllt werden. Dieses Wahlrecht i.S.v. § 103 InsO wird durch § 104 InsO bezogen auf die durch einen standardisierten Rahmenvertrag miteinander verbundenen Wertpapierdarlehensgeschäften nicht mehr anwendbar; dies folgt daraus, dass das Liquidationsnetting nach § 104 InsO bei Eintritt des vereinbarten Auflösungstatbestands, z.B. Insolvenzeröffnung zur vorzeitigen Beendigung des Gesamtvertrags führt. Deshalb darf der Insolvenzverwalter kein Wahlrecht ausüben. Somit sind die Nachteile des sog. „Cherry Picking“ ausgeschlossen.

3. Netting kraft Gesetzes gem. § 104 Abs. 2 InsO

a. Voraussetzungen nach § 104 Abs. 2 InsO

Ein Netting nach § 104 Abs. 2 InsO ist bei vorliegen der folgenden Voraussetzungen möglich:

- es muss sich um Finanzleistungen i.S.v. § 104 Abs. 2 Satz 1 und Satz 2 InsO handeln;
- für die Finanzleistungen gem. § 104 Abs. 2 Satz 1 und Satz 2 InsO muss eine bestimmte Zeit für die Leistung oder eine bestimmte Frist vereinbart sein;

---

[264] Bosch in: Kölner Schrift zur InsO, S. 1028.
[265] Hopt, Vertrags- und Formularbuch, S. 1302.

- für die Finanzleistungen ist ein Markt- oder Börsenpreis feststellbar;
- es muss ein Rahmenvertrag mit einer Gesamtbeendigungsklausel als gegenseitiger Vertrag vorliegen.

Somit ist im Folgenden zu prüfen, inwiefern ein Netting bezogen auf die Wertpapierdarlehen gem. § 104 Abs. 2 InsO durchgeführt werden kann.

b. Netting bei Wertpapierdarlehensgeschäften nach § 104 Abs. 2 InsO

§ 104 Abs. 2 InsO ermöglicht nicht nur ein Netting kraft Gesetzes, sondern stellt auch eine Ausnahme von § 103 InsO dar.[266] Hinsichtlich Finanzleistungen i.S.v. § 104 Abs. 2 InsO, z.B. der Lieferungen von Wertpapieren, regelt § 104 Abs. 2 Satz 1 und Satz 2 InsO, dass derartige Geschäfte mit Eröffnung des Insolvenzverfahrens beendet werden; § 104 Abs. 2 Satz 3 InsO will nämlich sicherstellen, dass im Insolvenzfall alle noch nicht erfüllten Ansprüche, die aufgrund von zwischen zwei Vertragsparteien bestehenden Finanzgeschäften existieren, saldiert werden können („Liquidationsnetting“).[267] Hierbei ist zu beachten, dass in der Praxis die sog. Saldierung einzelner Ansprüche und Gegenansprüche, die juristisch exakter ausgedrückt im Grunde eine Aufrechnung (§§ 387 BGB, 94 ff. InsO) der verschiedenen Ansprüche darstellt, allerdings in § 104 InsO nicht ausdrücklich geregelt wird. Vielmehr führt die Rechtsfolge in § 104 Abs. 2 InsO nur zur Schaffung einer Aufrechnungslage.[268] Somit wird quasi ein „Liquidationsnetting“ kraft Gesetzes ermöglicht, ohne dass es einer vertraglichen Vereinbarung bedarf.[269] Fraglich ist allerdings, ob Wertpapierdarlehensgeschäfte im Rahmen eines Rahmenvertrags die Voraussetzungen des §104 Abs. 2 InsO erfüllen.

§ 104 Abs. 2 InsO gilt für alle Geschäfte über Finanzleistungen, die sich auf marktpreisorientierte, fristgebundene Finanzleistungen beziehen, sofern sie zu einem Rahmenvertrag verbunden worden sind. Daher werden sowohl alle börsengehandelten als grundsätzlich auch die außerbörslichen Finanzinstrumente von § 104 Abs. 2 InsO erfasst.[270] Wertpapierdarlehensgeschäfte werden grundsätzlich als Finanzleistungen angesehen, bei denen es sich außerdem i.d.R. um börsenpreisorientierte Geschäfte handelt.[271]

---

[266] Bosch in: Kölner Schrift zur InsO, S. 1012; Vgl. Braun-Kroth, Insolvenzordnung, § 104, Rn. 1.
[267] Zimmermann, Insolvenzrecht, S. 80.
[268] Ehricke, ZIP 2003, 273, 277.
[269] Obermüller, Insolvenzrecht, Rn. 8.314; Heemann/Nägele, Zfkw 1996, 841, 843.
[270] Bosch in: Kölner Schrift zur InsO, S. 1018; Smid-Meyer, InsO, § 104 Rn. 10.
[271] Bosch in: Kölner Schrift zur InsO, S. 1029; Smid-Meyer, InsO, § 104 Rn. 28.

Des Weiteren setzt § 104 Abs. 2 InsO voraus, dass der Rahmenvertrag eine Gesamtbeendigungsklausel enthält, da der Rahmenvertrag für Wertpapierdarlehen diese Voraussetzung erfüllt, gilt er folglich auch als einheitlicher Vertrag.[272] Bei befristeten Wertpapapierdarlehensgeschäften ist zweifellos auch eine Fristbindung gegeben.

Folglich kann bei befristeten Wertpapierdarlehensgeschäften, die über den oben genannten Rahmenvertrag für Wertpapierdarlehen oder EMA abgeschlossen werden, das Netting-Verfahren bereits kraft Gesetzes i.S.v. § 104 Abs. 2 InsO angewendet werden. Dies hat zur Folge, dass § 103 InsO nicht mehr angewendet werden kann. Im Insolvenzfall wird das Verfahren des Netting gemäß § 104 Abs. 2 InsO beendet.[273] Die oben erwähnte Nettingvereinbarung ist somit kraft Gesetzes wirksam.

4. „Netting" kraft vertraglicher Vereinbarung

Bei der Vorschrift des § 104 InsO handelt es sich gemäß § 119 InsO um zwingendes Recht. Die Vertragspartner können daher für den Fall der Insolvenz eines Vertragsteils keine wirksamen Abweichungen hinsichtlich der Bestimmungen des § 104 InsO vereinbaren.[274] Fraglich ist, ob ein „Netting" neben dem Netting von Finanzgeschäften, z.B. Wertpapierdarlehensgeschäfte, kraft Gesetzes gem. § 104 Abs. 2 InsO zusätzlich auch bei einer vertraglichen Vereinbarung wirksam sein könnte.

Durch § 104 Abs. 2 InsO haben sich vertragliche Beendigungs- und Saldierungsregelungen nicht erübrigt.[275] Besonders für Geschäfte, die die Voraussetzungen des § 104 Abs. 2 InsO nicht erfüllen, sind die vertraglichen Nettingklauseln von Bedeutung. Zu nennen sind in diesem Zusammenhang etwa unbefristete Wertpapierdarlehen, die wegen fehlender Fristbindung nicht unter §104 Abs. 2 InsO gefasst werden können. Die in der Praxis übliche Vereinbarung einer auflösenden Bedingung für den Fall einer Insolvenz[276] bleibt wirksam, weil sie die Rechtsfolgen der InsO nicht ändert.[277] Vertragliche Netting-Vereinbarungen, die eine Vertragsbeendigung wegen Überschuldung, Zahlungsunfähigkeit oder Stellung eines Insolvenzantrags vorsehen, sind eben-

---

[272] Zustimmend Wimmer/Wegener, Frankfurter Kommentar zur InsO, § 104 Rn. 21; Köndgen in: Kübler/Prütting, InsO, § 104 Rn. 26; im Ergebnis auch Smid-Meyer, InsO, § 104, Rn. 28.
[273] Bosch in: Kölner Schrift zur InsO, S. 1013.
[274] Jaeger- Henkel, KO, § 18 Rn. 27; Kilger/Schimidt, KO, § 18 Rn. 4.
[275] Bosch in: Kölner Schrift zur InsO, S. 1030.
[276] Dazu Fülbier, ZIP 1990, 680, 680ff.
[277] Obermüller/Hess, InsO, § 104 Rn. 928.

falls wirksam.[278] Zum einen ist die Zulässigkeit der vertraglichen Vereinbarung eines Netting in der Insolvenz durch § 119 InsO gewährleistet. Zum anderen stellt sie keine unzulässige Umgehung der Regelung des § 103 InsO dar.[279] §104 Abs. 2 InsO hat in beiden Fallgestaltungen - vertraglichem und gesetzlichem Netting - Klarheit geschaffen: Bei Vertragsklauseln, die eine Beendigung vor oder bei Insolvenzeröffnung mit weitgehend den gleichen Rechtsfolgen wie §104 InsO vorsehen.[280] Somit ist „Netting" kraft vertraglicher Vereinbarung wirksam.

5. Zwischenergebnis

Es besteht kein Widerspruch zwischen Liquidationsnetting-Klauseln und der geltenden Insolvenzordnung nach dem deutschen Recht. Die Durchsetzbarkeit von Liquidationsnetting kann auch gem. § 104 InsO unbedenklich sein. Ferner kann auch das Wahlrecht des Insolvenzverwalters gem. § 103 InsO durch § 104 InsO ausgeschlossen werden. Individuell betrachtet, befinden sich die Wertpapierdarlehensgeschäfte in einem Insolvenzfall nicht in dem Anwendungsbereich von § 103 InsO, sofern der Darlehensgeber seine Verpflichtungen bezüglich der Übertragung der Wertpapiere vor einer Insolvenzeröffnung erfüllt. Indes ist Netting bei der individuellen Betrachtung auch unmöglich, da die wechselseitigen Forderungen nicht gleichartig sind. Zur Durchsetzung eines vorteilhaften Liquidationsnetting werden viele Wertpapierdarlehensgeschäfte mittels eines Rahmenvertrags zu einem einheitlichen Vertrag verbunden. Ein solcherart konzipierter Rahmenvertrag gibt zwar dem Insolvenzverwalter eine Möglichkeit i.S.v. § 103 InsO sein Wahlrecht auszuüben, ist die Ausübung der Wahlrechte durch den Insolvenzverwalter wegen der Ausschlusswirkung von §104 InsO bezogen auf § 103 InsO nicht mehr anwendbar.

[278] Ausschussbericht BT-Drucks. 12/7302, S. 170; Hess, InsO, § 104 Rn. 79.
[279] Fülbier, Swap-Verträge, ZIP 1990, 680, 685.
[280] Bosch in: Kölner Schrift zur InsO, S. 1031.

§ 3. Wirksamkeit bzw. Durchsetzbarkeit von Wertpapierdarlehensgeschäften

I. Die Nichtigkeit von Wertpapierdarlehensgeschäften

Es existiert kein allgemeines gesetzliches Verbot, Wertpapierdarlehensgeschäfte abzuschließen, durch das die zugrunde liegenden vertraglichen Vereinbarungen nach § 134 BGB nichtig werden könnten.[281] Es kommen lediglich Sonderfälle für eine solche Unwirksamkeit von Wertpapierdarlehensverträgen in Betracht. Nach von Kümpel vertretener Ansicht kann eine „Aktienleihe" (Darlehen über Aktien) bei einem gleichzeitigen Stimmrechtsmissbrauch[282] und Erfüllung des Tatbestands von § 405 Abs. 3 Nr. 2 und Nr. 3 AktG wegen § 134 BGB infolge des Verstoßes gegen das AktG unwirksam sein.[283]

II. Die beschränkte Wirksamkeit von Wertpapierdarlehensgeschäften

Neben der Nichtigkeit eines Vertrages, etwa aufgrund der Vorschrift des § 134 BGB, existiert im deutschen Recht auch das Modell einer beschränkten Wirksamkeit von Rechtsgeschäften, die sog. Naturalobligationen, um unerfahrene Vertragspartner vor den Folgen besonders riskanter Geschäfte - wie beispielsweise solche mit Totalverlusten - zu schützen.[284] Eine Naturalobligation liegt vor, wenn zwischen Gläubiger und Schuldner ein Schuldverhältnis besteht, der Gläubiger aber keinen durchsetzbaren Rechtsanspruch gegenüber dem Schuldner besitzt. Allerdings kann der Schuldner die aufgrund dieses Schuldverhältnisses erbrachten Leistungen nicht kondizieren, da die Naturalobligation einen Rechtsgrund im Sinne von § 812 BGB für die Bewirkung der Leistung darstellt.[285] Wegen dieser Besonderheiten der Naturalobligation kann die Rechtswirkung solcher Schuldverhältnisse gegenüber wirksamen Vertragsverhältnissen als eingeschränkt bezeichnet werden. Somit erscheint die Rechtswirkung einer Naturalobligation einem unwirksamen Schuldverhältnis nicht unähnlich.

Vor dem 01.07.2002 waren dabei insbesondere die Vorschriften bezüglich des Differenz- und Spieleinwands i.S.d. §§ 762, 764 BGB a.F. und bezüglich des

---

[281] Dörge, Rechtliche Aspekte der Wertpapierleihe, S. 49.

[282] Eine ausführliche Erläuterung über die Behandlung auf die Berechtigung der Stimmrechtsausübung von Darlehensnehmer wird unter § 5 I dargestellt.

[283] Vgl. Kümpel, Bank- und Kapitalmarktrecht, Rn. 13.54.

[284] Gesell, Wertpapierleihe und Repurchase Agreement im deutschen Recht, S. 31; Beer/Schäfer, Die Wertpapierleihe, S. 26; Kümpel/Peters, AG 1994, 525, 526f. m.w.N.

[285] Vgl. Esser/Schmidt, § 7 III 1, S. 125; Palandt-Heinrichs, BGB, 54. Aufl., (a.F.) Einl. v. §241 Rn. 15.

Termineinwands i.S.d. §§ 50 ff. BörsG a.F. zu beachten.[286] Nach dem vierten Finanzmarktförderungsgesetz (4. FiFöG) wurde das Recht der Börsentermingeschäfte grundlegend reformiert und zugleich der Anwendungsbereich der §§762, 764 BGB neu geregelt. Bezogen auf Wertpapierdarlehensgeschäfte, insbesondere im Hinblick auf solche zu Leerverkäufen mit Spekulationsabsicht eingesetzten Wertpapierdarlehensgeschäfte, ergeben sich folgende Fragestellungen:

1. Inwiefern Naturalobligationen und Termineinwand – gegebenenfalls in anderer Form – für Wertpapierdarlehensgeschäfte von Bedeutung sind; insbesondere, ob §§ 50ff. BörsG a.F. bzw. § 764 BGB a.F. „fortwirken" oder wann ein Rückgriff auf § 764 BGB a.F. (Differenzeinwand) möglich ist.

2. Unter welchen Voraussetzungen Wertpapierdarlehensgeschäfte als Finanztermingeschäfte einzuordnen sind; insbesondere bezogen auf Leerverkäufe, die auch als „Short Sales" bezeichnet werden.

3. Wie sich weitere Veränderungen bei Finanztermingeschäften auf Wertpapierdarlehen auswirken.

Zur Beantwortung der oben aufgeworfenen Fragen bedarf es in erster Linie eines Überblickes und einer Erläuterung der entsprechenden Veränderungen durch das 4. FiFöG hinsichtlich Differenz-, Spiel und Termineinwand, da diese darüber entscheiden, ob und wie Wirksamkeit und Durchsetzbarkeit bezogen auf Wertpapierdarlehen – besonders bei Leerverkäufen mit spekulativer Absicht - zu überprüfen sind.

1. Die Veränderungen durch das 4. FiFöG bezüglich Differenz-, Spiel– und Termineinwand

a. Fortfall des Differenzeinwandes durch Abschaffung des § 764 BGB bei Finanztermingeschäften ab dem 01.07.2002

Durch das 4. FiFöG wurde § 764 BGB aufgehoben. Die mit § 764 BGB verbundene Schutzfunktion wird durch die in § 37 d WpHG enthaltene Aufklärungspflicht und die korrespondierende Schadensersatzpflicht umgesetzt.[287] Die Abschaffung des § 764 BGB durch das 4. FiFöG mit Wirkung ab dem

[286] Gesell, Wertpapierleihe und Repurchase Agreement im deutschen Recht, S. 31; Beer/ Schäfer, Die Wertpapierleihe, S. 26; Kümpel/Peters, AG 1994, 525, 526f. m.w.N.; Kümpel, WM 1997, 49, 49.

[287] Reuschle, Viertes Finanzmarktförderungsgesetz: Beck'sche Gesetzesdokumentation, S.380.

01.07.2002 führte somit zu einer größeren Rechtsklarheit. Eine Unwirksamkeit von Finanztermingeschäften wegen einer Bezeichnung der Transaktionen als Differenzgeschäft ist nicht mehr möglich.[288] Daher hat die Einordnung eines Terminhandels als Finanztermingeschäft eine große Bedeutung.

b. Kein Rückgriff auf den Spieleinwand des § 762 BGB bei Finanztermingeschäften

Vor dem 4. FiFöG gab es neben dem Differenzeinwand gemäß § 764 BGB a.F. auch die Möglichkeit mittels des sog. Spieleinwandes nach § 762 BGB zumindest einer Verpflichtung des Anlegers zur Erfüllung seiner Verbindlichkeiten aus „Börsentermingeschäften" zu entgehen.[289] Bei Börsentermingeschäften konnte es sich nämlich um Verträge mit einem Spielcharakter und damit um eine sog. unvollkommen zweiseitige Verbindlichkeit nach § 762 BGB handeln. Dies führte dazu, dass die Vereinbarung zwar als Rechtsgrund für eine bereicherungsrechtliche Rückforderung bereits erbrachter Leistungen, nicht jedoch als Anspruch auf Erfüllung dienen konnte.[290]

Ein solcher Rückgriff auf § 762 BGB wird aber durch § 37e WpHG weitgehend eingeschränkt. § 37e WpHG setzt voraus, dass bei dem Finanztermingeschäft mindestens auf einer Seite ein „Unternehmen" tätig wird, das derartige Finanztermingeschäfte gewerbsmäßig abschließt. Dabei ist es bereits ausreichend, wenn der Umfang der Finanztermingeschäfte so groß ist, dass zu deren Abwicklung die Einrichtung eines in kaufmännischer Weise eingerichteten Gewerbebetriebes erforderlich werden würde.[291] Damit knüpft diese Regelung an §58 BörsenG a.F. an.[292] Dies gilt unabhängig von Problemen bezüglich der Anwendbarkeit des § 37e WpHG auf ausländische Finanzdienstleistungsunternehmen.[293]

c. Schadensersatz statt Unwirksamkeit bei Finanztermingeschäften nach §§ 37d-37g WpHG

Wie bereits oben gezeigt, sind nach der Neuregelung des Vierten Finanzmarktförderungsgesetzes sog. Finanztermingeschäfte grundsätzlich als wirksam anzusehen. Im Unterschied zu den früher geltenden Vorschriften sind nunmehr

---

[288] Samtleben, ZBB 2003, 69, 70.
[289] Casper, WM 2003, 161, 161; Samtleben, ZBB 2003, 69, 73.
[290] Palandt-Sprau, BGB, 64. Aufl., § 762 Rn. 5.
[291] Schäfer/Lang, BKR 2002, 197, 210; Samtleben, ZBB 2003, 69, 73.
[292] Casper, WM 2003, 161, 161; Schäfer/ Lang, BKR 2002, 197, 210; Kümpel, WM 1997, 49, 53.
[293] Samtleben, ZBB 2003, 69, 73.

anstelle der Unwirksamkeit lediglich Schadensersatzansprüche denkbar. Vereinzelt wird hierbei vertreten, dass ein solcher Anspruch auf Schadensersatz auch in einem Anspruch auf Rückabwicklung des Finanztermingeschäftes bestehen kann.[294]

Unabhängig von Art und Umfang von möglichen Schadensersatzansprüchen bedarf es zunächst einer genaueren Betrachtung des persönlichen Anwendungsbereichs und des Begriffs des „Finanztermingeschäftes".

d. Persönlicher Anwendungsbereich- Abschaffung des „Informationsmodells" - Neuregelung in § 37d WpHG

Gemäß § 37d Abs. 1 WpHG sind Unternehmen, die in kaufmännischem oder gewerblichen Umfang Finanztermingeschäfte betreiben gegenüber Verbrauchern –mangels einer Definition im WpHG gemäß der allgemeinen Regelung nach §13 BGB– zu einer Information über die Risiken von Finanztermingeschäften verpflichtet.[295] § 37d Abs. 3 Satz 1 WpHG stellt klar, dass bei einer Stellvertretung des Verbrauchers der Vertreter die Informationsschrift zu unterzeichnen hat. Die Rechtsprechung hatte auf Basis des Börsengesetzes in der damaligen Fassung eine höchstpersönliche Natur der Börsentermingeschäftsfähigkeit angenommen und daher eine Stellvertretung ausgeschlossen.[296] Folglich ist in Fragen der Stellvertretung - ähnlich wie bei dem Verbraucherbegriff - eine Anlehnung an die allgemeinen Vorschriften des Schuldrechts erkennbar.

Die 1989 durch die Novelle des Börsengesetzes eingeführte Wirksamkeit durch Termingeschäftsfähigkeit kraft Information gem. § 53 Abs. 2 BörsG a.F.[297], was auch als sog. zweistufiges Informationssystem bezeichnet wurde,[298] ist grundlegend verändert worden. Hinsichtlich des Umfangs der Informationspflicht übernehmen die § 37 Abs. 1 Satz 1 Nr. 1 bis Nr. 4 WpHG fast vollständig die früher geltenden Bedingungen des § 53 Abs. 2 BörsG a.F.[299] Eine Verletzung der Informationspflichten - ganz gleich auf welcher Stufe - führt nur noch zu einer Schadensersatzverpflichtung gegenüber dem Anleger. Das Finanztermingeschäft ist grundsätzlich wirksam.

In einer ersten Stufe, muss der Verbraucher - oder sein Stellvertreter - eine allgemeine Informationsschrift bezüglich der Risiken von Finanztermingeschäften

---

[294] Melzer, BKR 2003, 366, 366; Casper, WM 2003, 161, 166.
[295] Camper, WM 2003, S. 164 m.w.N.
[296] BGHZ 133, 82, 87; Casper, WM 2003, 161, 165 m.w.N.
[297] Vgl. Horn, ZIP 1990, 1, 5ff.; Assmann in: Festschrift Für Theodor Heinsius, 1, 2f und 5f.
[298] Samtleben, ZBB 2003, 69, 74.
[299] Casper, WM 2003, 161, 165 m.w.N.; Samtleben, ZBB 2003, 69, 74.

unterzeichnen. Eine fehlende Unterzeichnung bedeutet für den Verbraucher aber lediglich einen Vorteil bezüglich der Beweislastverteilung.[300] In einer zweiten Stufe ist eine individuelle Aufklärung des Verbrauchers über die spezifischen Risiken der konkret abgeschlossenen Geschäfte erforderlich.[301]

Nach der Neuregelung gemäß § 37d Abs. 1 Satz 3 WpHG muss diese Information des Verbrauchers alle zwei Jahre wiederholt werden. Problematisch ist hierbei, dass der Wortlaut der Vorschrift nicht erkennen lässt, ob eine Wiederholung der Information vor Ablauf der Zwei-Jahres-Frist eine neue zweijährige Wirksamkeit entfaltet.[302]

e. Begriff des Finanztermingeschäftes nach §§ 37d-37g i.V.m. § 2 Abs. 2a WpHG

Die Bezeichnung „Finanztermingeschäft" wird in § 2 Abs. 2a WpHG für ein Derivat gemäß § 2 Abs. 2 WpHG bzw. für Optionsscheine verwendet.[303] Durch diesen neuen Begriff ist die im Börsengesetz gebräuchliche Anknüpfung an Börsentermingeschäfte aufgegeben worden. Allerdings muss weiterhin auf den Begriff des Termingeschäftes zurückgegriffen werden. Dieser wird bei der Definition des Derivates als Vorstufe des Derivates in § 2 Abs. 2 WpHG benutzt, ohne dass eine Definition gegeben wird. Somit ist die zum Begriff des Termingeschäfts - wenn auch unter dem Vorzeichen „Börsen-Termingeschäft" - geführte Diskussion und - mangels einer klaren gesetzgeberischen Vorgabe - entwickelte Rechtsprechung teilweise aufgenommen worden.[304] So hat sich der Regierungsentwurf zum Vierten Finanzmarktförderungsgesetz auf die von der Literatur zur Bestimmung von „Termingeschäften" vertretene Definition anhand einer „Typisierung" bezogen, indem dieser drei Typenmerkmale in der Begründung vorschlug:[305]

"a) Die Möglichkeit mit verhältnismäßig geringem Kapitaleinsatz überproportional an auftretenden Preisveränderungen zu partizipieren;
b) das über das generell bestehende Insolvenzrisiko des Emittenten bzw. Kontrahenten hinausgehende Risiko eines Totalverlustes der eingesetzten Geldmittel und

---

[300] Samtleben, ZBB 2003, 69, 74.
[301] Samtleben, ZBB 2003, 69, 74.
[302] Casper, WM 2003, 161, 165.
[303] Casper, WM 2003, 161, 165.
[304] Kümpel, Bank- und Kapitalmarktrecht, Rn. 15.78 m.w.N.
[305] BT-Drucks. 14/8017, S. 85; Samtleben, ZBB 2003, 69, 71; Kümpel, Bank- und Kapitalmarktrecht, Rn. 15.146.

c) das Risiko, zusätzlicher Geldmittel zur Erfüllung einer eingegangenen Verbindlichkeit entgegen der ursprünglichen Absicht aufbringen zu müssen.“ [306]

Dagegen versuchte eine andere Ansicht die vormaligen Börsentermingeschäfte mittels einer - subsumtionsfähigen Definition - als Rechtsbegriff zu beschreiben.[307] Allerdings ist selbst die Rechtsprechung, nachdem anfänglich eine Orientierung an einem möglichen Rechtsbegriff zu beobachten war, in Jüngster Zeit eher zu einer Einordnung anhand der o.g. Typenmerkmale übergegangen.[308]

Indem der Gesetzgeber eine „typologische Gesamtbetrachtung“ anhand der o.g. Kriterien empfiehlt,[309] ist somit von einer typenbezogenen Bestimmung der Finanztermingeschäfte auszugehen. Ein solches Bekenntnis zu einer typisierenden Betrachtungsweise war auch schon bei der Begründung zum 2. FiFöG erkennbar.[310] Dies trägt auch der Tatsache Rechnung, dass nur durch eine typisierende Betrachtung dieses grundlegenden Begriffes und damit der Anwendbarkeit der Schadensersatzvorschriften des WpHG eine zeitnahe Reaktion auf Finanzinnovationen möglich ist. Starre Definitionen würden hier nur zu einer schwer kalkulierbaren Kasuistik führen. Hinsichtlich der praktischen Durchführung erscheint der Ansatz von Casper mittels einer zweistufigen Prüfung äußerst brauchbar.[311]

In einer ersten Stufe ist zu ermitteln, ob § 2 Abs. 2 Nr. 1 WpHG und damit ein Derivat gegeben ist. Hiefür sind zuerst drei Kriterien maßgeblich: hinausgeschobener Erfüllungszeitpunkt + Bezug des Preises zum Marktpreis des Basiswertes + Hebelwirkung. Danach ist eine Einordnung als „Termingeschäft“ gemäß der o.g. „typologischen Gesamtbetrachtung“ vorzunehmen. Danach ist in einer zweiten Stufe die Bestimmung als Finanztermingeschäft durch eine Festlegung, ob ein Fest- oder Optionsgeschäft vorliegt, vorzunehmen. Die zusätzliche Erwähnung der Optionsscheine in § 2 Abs. 2a WpHG wäre allerdings überflüssig, da diese bereits als Derivate anzusehen seien.[312]

---

[306] BT-Drucks. 14/8017, S. 85; Samtleben, ZBB 2003, 69, 71; Kümpel, Bank- und Kapitalmarktrecht, Rn. 15.146.
[307] Casper, WM 2003, 161, 162 m.w.N.
[308] BGH NJW 1999, 720, 720ff.; Casper, WM 2003, 161, 162 m.w.N.; Kümpel, Bank- und Kapitalmarktrecht, Rn.15.103.
[309] BT-Drucks. 14/8017, S. 85; Samtleben, ZBB 2003, 69, 71.
[310] BT-Drucks. 11/4177, S. 18; Kümpel, Bank- und Kapitalmarktrecht, Rn.15.105.
[311] Casper, WM 2003, 161, 164 m.w.N.
[312] Casper, WM 2003, 161, 164 m.w.N.

Problematisch könnte hierbei allerdings sein, dass grundsätzlich bei Finanztermingeschäften, bei denen lediglich Privatpersonen beteiligt sind, ein Rückgriff auf den Spieleinwand des § 762 BGB und damit eine teilweise Unwirksamkeit des Rechtsgeschäfts als Naturalobligation möglich erscheint. In der Praxis werden Wertpapierdarlehensgeschäfte, die auch als Termingeschäfte und damit Finanztermingeschäfte angesehen werden könnten, fast ausschließlich unter Beteiligung von Depotbanken oder Wertpapierdarlehenssystemen ausgeführt.[313] Diese sind aufgrund ihrer Unternehmenseigenschaft regelmäßig bereits als Kaufleute anzusehen. Jedenfalls erfordern die von ihnen abgewickelten Wertpapiergeschäfte in jedem Fall die Einrichtung eines in kaufmännischer Weise eingerichteten Gewerbebetriebes.

Daher ist im Zweifel von einer Gewerblichkeit des Vertragspartners des Anlegers auszugehen. Für § 762 BGB ist infolge von § 37e WpHG praktisch kein Anwendungsbereich gegeben. Die Begründung des Regierungsentwurfes, die sich auf Finanzgeschäfte zwischen Privatpersonen und Wertpapiergeschäfte, die keine Finanztermingeschäfte sind, bezieht, betont ebenfalls, dass die entsprechenden Voraussetzungen für den Spieleinwand nach § 762 BGB gegeben sein müssen.[314] Die Begründung sagt nichts darüber aus, ob es abgesehen von den theoretischen Erwägungen überhaupt einen praktischen Anwendungsfall als Beispiel gebe.

2. Einordnung der reinen Wertpapierdarlehen als Finanztermingeschäfte

Wertpapierdarlehen sind als Sachdarlehen gemäß § 607 BGB grundsätzlich jederzeit kündbar und damit jederzeit erfüllbar. Damit ist grundsätzlich eine Verschiebung des Fälligkeitszeitpunktes, die für ein Finanztermingeschäft erforderlich ist, nicht möglich.[315] Des Weiteren werden Wertpapierdarlehen, wie oben erläutert, normalerweise zur Belieferung von anderen Wertpapiergeschäften eingesetzt; damit fehlt die für ein Termingeschäft notwendige Spekulationsabsicht. Dies hat zur Folge, dass keine Voraussetzungen für den Spiel- und Differenzeinwand i.S.v. §§ 762 BGB vorhanden sind und somit Wertpapierdarlehen regelmäßig als rechtswirksam anzusehen sind.[316]

3. Einordnung von Leerverkäufen als Finanztermingeschäfte

Leerverkäufe oder „short sales" stellen einen in der Praxis häufigen Anwendungsfall für Wertpapierdarlehensgeschäfte dar. Diese Geschäftsform wur-

---

[313] Vgl. CBF-Wertpapierdarlehenssystem und bankeigene Wertpapier-darlehenssysteme.
[314] BT-Drucks. 936/01, S. 267f.
[315] Dörge, Rechtliche Aspekte der Wertpapierleihe, S. 51.
[316] Vgl. Dörge, Rechtliche Aspekte der Wertpapierleihe, S. 51.

de bereits oben[317] ausführlich dargestellt, so dass ich auf die dortigen Ausführungen verweise.

Ob zu Leerverkäufen mit spekulativer Absicht eingesetzte Wertpapierdarlehen als Termingeschäfte und damit als Finanztermingeschäft zu qualifizieren sind, ist wie vormals bei einer Begründung hinsichtlich von Börsentermingeschäften weiter streitig. Dies gilt insbesondere, da Wertpapierdarlehen in verschiedenen Formen ausgestaltet werden können. Dies zieht unter Umständen auch unterschiedliche Rechtsfolgen nach sich. Leerverkäufe werden grundsätzlich im Kassamarkt getätigt. Aufgrund der festgelegten zweitägigen Erfüllungsfrist fehlt es auf den ersten Blick an dem für ein Termingeschäft erforderlichen hinausgeschobenen Fälligkeitszeitpunkt.[318]

Auf Basis dieser isolierten Betrachtung will eine Ansicht den Leerverkäufen auch die Termingeschäftseigenschaft absprechen. Es fehle an einer strukturellen Beziehung zum Terminmarkt.[319] Dem ist aber entgegenzuhalten, dass in der Praxis zur Erfüllung von Leerverkäufen auf Wertpapierdarlehensgeschäfte mit einer längeren Laufzeit zurückgegriffen wird. Dies führte bei einer Gesamtbetrachtung der zusammenhängenden Geschäfte des Leerverkaufes und des - notwendigen - Wertpapierdarlehens zu einem hinausgeschobenen Fälligkeitszeitpunkt, der von dem Wertpapierdarlehen abhängt. Wirtschaftlich gesehen handelt es sich nämlich um die Ausübung einer Verkaufsoption.[320]

Unter Verwendung dieser Argumentation und unter Verweis auf die mit der Novelle des Börsengesetzes von 1989 eingeführte Vorschrift des § 50 Abs. 1 Satz 2 BörsG a.F. sind Leerverkäufe als Termingeschäfte einzuordnen.[321] Dies folge im Übrigen daraus, dass solche Leerverkäufe dem gleichen wirtschaftlichen Zweck wie Options- und Futuregeschäfte als Termingeschäfte dienten.[322] Schließlich sah der Gesetzgeber in der entsprechenden Begründung 1989 vor, dass Leerverkäufe als Termingeschäfte im Sinne des Börsengesetzes gelten sollten.[323]

---

[317] § 1 III „Wirtschaftliche Bedeutung der Wertpapierleihe".
[318] Kümpel, Bank- und Kapitalmarktrecht, Rn. 15.164, 15.165.
[319] Die Anforderung des Bezugs zu einem Terminmarkt besteht aktuell wegen des 4. FiFöG nicht mehr. Vielmehr greifen die Finanztermingeschäfte auf den Derivatbegriff zurück; Melzer, BKR 2003, 366, 366; Kümpel, WM 1997, 49, 50 m.w.N.
[320] Lenenbach, Kapitalmarkt- und Börsenrecht, Rn. 5.88.
[321] Kümpel, Bank- und Kapitalmarktrecht, Rn. 15.90; Lenenbach, Kapitalmarkt- und Börsenrecht, Rn. 5.88; Horn, ZIP 1990, 2, 4; Kienle in: Schimansky/Bunte/Lwowski, Bankrechts-Handbuch, 2. Aufl., §105 Rn. 68.
[322] Lenenbach, Kapitalmarkt- und Börsenrecht, Rn. 5.88; Immen in: Geibel/Schäfer, vor §§50-70 BörsG Rn. 88ff m.w.N.
[323] BT-Drucks. 11/4177, S. 18; Kümpel, Bank- und Kapitalmarktrecht, Rn. 15.90.

Hinsichtlich der Einordnung als Finanztermingeschäft im Sinne des 4. FiFöG kann teilweise auf diese Argumentation zurückgegriffen werden. Wie oben dargelegt können die Ausführungen zum Begriff des „Termingeschäftes" berücksichtigt werden. In diesem Zusammenhang ist darauf hinzuweisen, dass der Gesetzgeber im 4. FiFöG (dort in § 4a Entw-WpHG) eine Untersagung von Leerverkäufen bezogen auf Aktien von Unternehmen mit Sitz im Inland und deren Handel an einer inländischen Börse für maximal zehn Tage einführen wollte. Diese Maßnahme sollte die BAFin im Einvernehmen mit dem BMF und unter Anhörung der Deutschen Bundesbank vornehmen dürfen. Diese Vorschrift ist indes auf Widerstand des Bundesrates aus dem 4. FiFöG ersatzlos gestrichen worden, da es sich um einen einzigartigen nationalen Sonderweg gehandelt habe.[324]

Aufgrund dieser ersatzlosen Streichung einer Beschränkungsmöglichkeit hinsichtlich der Durchführung von Leerverkäufen kann davon ausgegangen werden, dass Leerverkäufe unbeschränkt durchgeführt werden können und insbesondere nicht wegen einer Nicht- Einordnung als Finanztermingeschäft im Sinne des WpHG unter den Einwand des § 762 BGB nur beschränkt wirksam werden sollen.

Natürlich ist darauf hinzuweisen, dass – ausnahmsweise – auch Leerverkäufe unter Verwendung von Wertpapierdarlehensgeschäften nicht als Termingeschäfte gelten können. Wenn nämlich die spekulative Absicht und/oder das für Termingeschäfte typische Risiko fehlt:[325] der Darlehensnehmer als Leerverkäufer ist in diesen – praktisch seltenen – Fällen nämlich nicht dem Risiko ausgesetzt neue und nicht überschaubare Verbindlichkeiten zur Erfüllung seiner Verpflichtungen aufzunehmen.

Als zweite Ausnahme von der Einordnung von Leerverkäufen als Termin- und damit auch Finanztermingeschäfte sind bestimmte Dreiecksverhältnisse zu nennen. Sofern sich nämlich ein Leerverkäufer gegenüber dem Kreditinstitut A aus einem Leerverkauf verpflichtet und zur Erfüllung beim Kreditinstitut B ein Wertpapierdarlehen aufnimmt, liegt nur ein Geschäft im Kassamarkt und kein Termingeschäft bzw. Finanztermingeschäft vor.[326] Allerdings könnte mangels eines Finanztermingeschäftes und damit mangels Sperrwirkung des § 37 e WpHG ein Rückgriff auf den Differenzeinwand des § 762 BGB möglich sein. Indes ist das gutgläubige Kreditinstitut B schutzbedürftiger als der Leerverkäufer. Dieser wusste, auf welches Risiko er sich einließ und muss daher auch die Folgen tragen. Der Gesetzgeber hat diese stärkere Belastung des

---

[324] Kümpel, Bank- und Kapitalmarktrecht, Rn. 15.169f.
[325] BT-Drucks. 14/8017, S. 85; vgl. Samtleben, ZBB 2003, 69, 71.
[326] Kümpel, Bank- und Kapitalmarktrecht, Rn. 15.171f.

„mündigen“ Anlegers auch durch Aufhebung des § 764 BGB mit dem 4. FiFöG gezeigt.[327] Somit könnte der Leerverkäufer höchstens – bei Verletzung von Aufklärungs- und Informationspflichten – Schadensersatzansprüche geltend machen. Die Wirksamkeit der Wertpapiergeschäfte bleibt jedenfalls bestehen.

III. Wirksamkeit der Wertpapierdarlehengeschäfte gemäß DepotG

§ 15 Abs. 3 DepotG schreibt für Wertpapierdarlehen, die zwischen einem Depotkunden und seiner Depotbank abgeschlossen werden, die Einhaltung der gemäß § 15 Abs. 2 DepotG geregelten gesetzlichen Form vor.[328] Mit dieser Vorschrift soll der Darlehensgeber davor gewarnt werden, dass er sein Eigentum an den Wertpapieren verliert und stattdessen nur einen schuldrechtlichen Anspruch hat.[329] Andernfalls sind die Wertpapierdarlehen wegen Verstoßes gegen §15 Abs. 2 DepotG i.V.m. § 125 Satz 1 BGB nichtig. Von den Formvorschriften des § 15 Abs. 2 DepotG kann nur unter den Voraussetzungen der § 16 Nr. 1 bis 3 DepotG befreit werden, wenn der Hinterleger als Kaufmann eine der dort genannten Voraussetzungen erfüllt. Insbesondere private Verbraucher sind als Hinterleger also regelmäßig durch § 15 Abs. 3 DepotG geschützt.

Sofern es sich um eine inländische Verwahrung von Wertpapieren handelt, hat das Eigentum an den Wertpapieren bei dem Depotkunden zu bleiben.[330] Häufig liegt indes ein unregelmäßiger Verwahrvertrag nach § 700 Abs. 1 BGB i.V.m. § 5 Abs. 1 DepotG vor, bei dem das Eigentum an den Wertpapieren auf die Depotbank übergeht. Hierbei ist weder ein Darlehensvertrag i.S.v. § 607 BGB noch ein Verwahrvertrag i.S.v. § 688 BGB, sondern vielmehr ein unregelmäßiger Verwahrvertrag als ein Schuldverhältnis eigener Art anzunehmen.[331]

Des Weiteren ist zu beachten, dass die Depotbank zwar grundsätzlich gemäß §13 Abs. 1 Satz 1 DepotG ausdrücklich und schriftlich für jeden Einzelfall vom Depotkunden ermächtigt werden kann, Verfügungen vorzunehmen. Insbesondere darf die Depotbank ermächtigt werden, sich die Wertpapiere anzueignen. Allerdings kann dies nach Ansicht der BAFin nicht mit Hilfe von Allgemeinen Geschäftsbedingungen (AGBs) erreicht werden.[332] Die Ermächtigung hat schriftlich für den konkreten Einzelfall zu erfolgen.[333]

---

[327] Kümpel, Bank- und Kapitalmarktrecht, Rn. 15.171f.
[328] Canaris, Bankvertragsrecht, Rn. 2140.
[329] Scherer in: Ebenroth/Boujong/Joost, Handelsgesetzbuch, Rn. VI 421.
[330] Staudinger-Reuter, Kommentar zum BGB, § 700 Rn. 2.
[331] Palandt-Sprau, BGB, 64. Aufl., § 700 Rn. 1.
[332] Lenenbach, Kapitalmarkt- und Börsenrecht, Rn. 5.89.
[333] Kienle in: Schimansky/Bunte/Lwowski, Bankrechts-Handbuch, 2. Aufl., § 105 Rn. 70.

Indes ist fraglich, ob die im Rahmen dieser Untersuchung behandelten Wertpapierdarlehen von den Formvorschriften des § 15 DepotG erfasst werden. Vergleichbar sind die Fälle, in denen der Depotkunde seiner Depotbank Wertpapiere zur Erfüllung eigener Lieferverpflichtungen überlässt. Davon strikt zu unterscheiden, ist die Situation, in der der Depotkunde die Depotbank ausdrücklich mit „der Überlassung“ von Wertpapieren in Form von Wertpapierdarlehen beauftragt und entweder bereits die entsprechenden Wertpapiere in seinem Depot hält oder gerade zu diesem Zweck einliefert. Die Depotbank ist dann als Kommissionärin nach § 383 HGB einzuordnen, da sie zwar in ihrem eigenen Namen, aber für Rechnung des Auftraggebers handelt.[334] § 15 Abs. 3 DepotG soll auf ein derartiges Schuldverhältnis nicht anwendbar sein.[335]

§ 15 Abs. 3 DepotG regelt nämlich die unregelmäßige Verwahrung in Form von Wertpapierdarlehen. Dadurch soll vermieden werden, dass die strengen Formvorschriften der §§ 13, 15 DepotG in diesem Fall umgegangen werden.[336] Diese unregelmäßige Verwahrung in Form von Wertpapierdarlehen findet hauptsächlich mittels depotmäßiger Verwahrungsverhältnisse statt. Im Unterschied zu Verwahrverträgen steht bei einem - im Zusammenhang mit Wertpapierdarlehen üblichen Kommissionärsvertrag - die Aufbewahrungspflicht nicht im Vordergrund. Für eine Anwendbarkeit des DepotG muss aber gerade die Verwahrung die Hauptpflicht der Vereinbarung darstellen. Folglich sind die §§ 13, 15 DepotG nach Ansicht der herrschenden Lehre grundsätzlich nicht auf Wertpapierdarlehen anzuwenden.[337] Ebenso wenig sollen die Formvorschriften des §15 Abs. 2 DepotG im Rahmen von Geschäften auf Basis des Wertpapierdarlehenssystems im CBF gelten.

Dies folgt daraus, dass der darlehensgewährende Kunde nicht sein Eigentum bezogen auf die Wertpapiere dadurch verliert, dass er einen Auftragsvertrag zum Zweck der Durchführung eines Wertpapierdarlehens gem. § 607BGB mit einer Depotbank lediglich abschließt. Wird dieser Auftrag von der beauftragten Depotbank allerdings ausgeführt, verliert der darlehensgewährende Kunde sein Eigentum bezogen auf die Wertpapiere durch die Depotbank an den Darlehensnehmer.[338]

---

[334] Kümpel/Peters, AG 1994, 525, 525.

[335] Kümpel, Bank- und Kapitalmarktrecht, Rn. 13.37.

[336] Vgl. Kienle in: Schimansky/Bunte/Lwowski, Bankrechts-Handbuch, 2. Aufl., § 105 Rn.70; Gesell, Wertpapierleihe und Repurchase Agreement, S. 105.

[337] Kienle in: Schimansky/Bunte/Lwowski, Bankrechts-Handbuch, 2. Aufl., § 105 Rn. 70; Kümpel, Bank- und Kapitalmarktrecht, Rn. 13.37.

[338] Grimm, Das Vertragsrecht des Wertpapierdarlehens, S. 70; Beer/ Schäfer, Die Wertpapierleihe, S. 43.

Diese Neufassung des § 16 DepotG soll der Umsetzung der EG- Wertpapierdienstleistungs-Richtlinie (Umsetzungsfrist bis 01.06.1996) dienen und die Ausführung von Wertpapierdarlehensgeschäften in der Praxis erleichtern. Insbesondere professionelle Marktteilnehmer ohne Bankeigenschaft sollen hierdurch verstärkt deutsche Wertpapierdarlehenssysteme benutzen. Bis zu dieser Regelung waren die deutschen Formvorschriften im internationalen Vergleich verhältnismäßig streng.[339]

---

[339] Amtliche Begründung des 2. FiFöG, BT-Drucks. 12/6679, S. 88.

§ 4. Wertpapierdarlehenssysteme am Beispiel der Clearstream Banking Frankfurt (CBF)

Neben dem direkten Abschluss von einzelnen Wertpapierdarlehen mittels eines individuellen Vertrags oder durch einen standardisierten Rahmenvertrag gibt es auch die Möglichkeit, Wertpapierdarlehensgeschäfte mit Hilfe eines Wertpapierdarlehenssystems durchzuführen. Es gibt viele Wertpapierdarlehenssysteme in Deutschland. Sie werden jeweils von Großbanken nach dem Pool-Modell betrieben. Als das wichtigste und umsatzstärkste Wertpapierdarlehenssystem in Deutschland besitzt allerdings das der CBF nach dem Agent-Modell einen entscheidenden Stellenwert.[340] Daher wird das Model der CBF als Beispiel zur Erläuterung eines Wertpapierdarlehenssystems im folgenden näher dargestellt.

I. Überblick der Wertpapierdarlehenssysteme der CBF

1. Entstehungsgeschichte der CBF

Wie oben beschrieben[341] verlangte die Entstehung der Deutschen Terminbörse DTB (heute Eurex) nach einem funktionierenden Markt für Wertpapierdarlehen.[342] Der DKV (Deutsche Kassenverein), der 1989 durch einen Zusammenschluss der damaligen sechs deutschen Wertpapiersammelbanken[343] gegründet worden ist, als Vorgänger der Clearstream Banking AG Frankfurt (CBF) konnte dies durch ein institutionelles Wertpapierdarlehenssystem 1990 gewährleistet werden. Daher existiert in Deutschland seit 1990 ein institutionelles Wertpapierdarlehenssystem, welches auf Basis des Agent-Modells besteht. Ende 1997 firmierte die „Deutsche Kassenverein AG“ in „Deutsche Börse Clearing AG“ um. Im Herbst 1999 fusionierten die Deutsche Börse Clearing AG und die luxemburgische Cedel Bank S.A. zu der „Clearstream International S.A.“, Luxemburg. Die CBF ist dann als ein Tochterunternehmen dieser luxemburgischen Gesellschaft entstanden.[344] Mit Wirkung ab dem 1.1.2000 fand schließlich der Umbau zur heutigen Deutschen Clearstream Banking AG, Frankfurt (CBF) statt.[345] Träger dieses deutschen Wertpapierdarlehenssystems ist heute die Deutsche Clearstream Banking AG, Frankfurt am Main (im folgenden

---

[340] Vgl. oben § 1 VI „Erscheinungsform von Wertpapierdarlehen“.
[341] Vgl. oben § 1 II.
[342] Blitz/Illhardt, Die Bank 1990, 142, 142.
[343] Bayerischer Kassenverein AG, München; Berliner Kassenverein AG, Berlin; Frankfurter Kassenverein AG, Frankfurt am Main; Norddeutscher Kassenverein AG, Hamburg; Wertpapiersammelbank Baden-Württemberg AG, Stuttgart; Wertpapiersammelbank Nordrhein-Westfalen AG, Düsseldorf.
[344] Ruland, Effekten, S. 168.
[345] Schäfer in: Schwintowski/Schäfer, Bankrecht, § 22 Rn. 27.

„CBF").[346] Die CBF ist seit dem 01.01.2000 die einzige Wertpapiersammelbank und einzige Zentralverwahrerin in Deutschland.[347]

2. Rechtsstellung der CBF in ihrem eigenen Wertpapierdarlehenssystem

Wie zuvor ihre Vorgänger in der DKV wird die CBF gemäß § 1 Abs. 3 DepotG als Spezialkreditinstitut qualifiziert. Somit besteht ihre Hauptaufgabe in der Durchführung der Girosammelverwahrung und der technischen Abwicklung des Effektengiroverkehrs für die ein Wertpapierkonto bei ihr unterhaltenden Institute.[348]

Die CBF stellt in Deutschland ihren Kunden[349] sowohl gelegentliche, als auch automatisierte Wertpapierdarlehensgeschäfte als Angebote zur Verfügung.[350] Am Wertpapierdarlehenssystem der DKV konnten sich bis 1997 nur solche Kreditinstitute sowie Wertpapiermakler und -handelsfirmen als Teilnehmer bzw. Kontoinhaber beteiligen, die entweder eine Depotprüfung nach § 29 KWG oder eine vergleichbare Prüfung vorweisen konnten.[351] Dies schränkte den Kreis möglicher Teilnehmer stark ein. Die CBF lässt sowohl sämtliche in Deutschland ansässigen Kreditinstitute nach § 1 Abs. 1 Satz 1 KWG, als auch gemäß § 1a KWG Finanzdienstleistungsinstitute als Teilnehmer zu.[352] Dies ist insofern unbedenklich, als dass Finanzdienstleistungsinstitute der Kontrolle des § 29 KWG unterliegen.

Die CBF vermittelt und bearbeitet als Betreiberin des Wertpapierdarlehenssystems sämtliche Wertpapierdarlehensgeschäfte im Auftrag und Namen sowohl der Institute, die als Darlehensgeber, als auch der Institute, die als Darlehensnehmer bezogen auf Wertpapierdarlehen, tätig werden.[353] Dies führt dazu, dass sowohl die Wertpapierdarlehen gewährenden, als auch die Wertpapierdarlehen

---

[346] Clearstream Banking AG, Frankfurt am Main (CBF), mit den Aufgaben eines deutschen Zentralverwahrers sowie eines Abwicklungsinstitutes für den deutschen und internationalen Markt.

[347] Einsele, WM 2001, 7, 8 =Art.2 Abs.1 des Gesetzes zu dem Abkommen vom 18.09.1998 zwischen der Regierung der Bundesrepublik Deutschland und der Europäischen Zentralbank über den Sitz der Europäischen Zentralbank vom 19.12.1998 (BGBI. II., S. 2995).

[348] Hagen, Geld- Bank und Börsenwesen: Handbuch, S. 847; Schierenbeck, Stichwort „Wertpapiersammelbanken".

[349] Der Begriff der Kunden ist durch Nr. 2 AGB-CBF i.V.m. Nr. 1.3 Sonderbedingungen für Wertpapierdarlehen der CBF definiert.

[350] Vgl. Sonderbedingungen für Wertpapierdarlehen der CBF Nr. 8 und Nr.10.

[351] Zaß, Die Wertpapierleihe –Geschäftliche Möglichkeiten für institutionelle Anleger in: Brandt (u.a.), Aktuelle Probleme des Wertpapiergeschäftes, S. 37.

[352] Kümpel, Bank- und Kapitalmarktrecht, Rn. 13.110.

[353] Nr.1 der Sonderbedingungen für Wertpapierdarlehen der CBF.

empfangenden Kreditinstitute sowie Finanzdienstleistungsinstitute (im Folgenden verkürzt als „Institute") ihre eigenen und die Aufträge Ihrer Kunden im eigenen Namen an die CBF weiter übergeben sollen. Daraus folgt wiederum, dass diese Aufträge nicht im eigenen Wertpapierdarlehenssystem der jeweiligen Institute, sondern im Wertpapierdarlehenssystem der CBF ausgeführt werden. Somit werden bei jeder Transaktion zwangsläufig viele korrespondierende Vertragsbeziehungen begründet,[354] die nachfolgend noch ausführlich dargestellt und untersucht werden. Darüber hinaus übernimmt die CBF als Treuhänderin auch die Verwaltung von Sicherheiten.[355] Auf Antrag der angeschlossenen Institute kontrolliert die CBF jede Wertpapiergattung und die im Verhältnis zu deren Höhe hinterlegten Sicherheiten pro Teilnehmer.[356] Danach entscheidet sie, welche Wertpapiere in das von ihr organisierte Wertpapierdarlehensverfahren einbezogen werden. Diese Tätigkeit der CBF gegenüber den darlehensgewährenden bzw. darlehensempfangenden Instituten findet im Rahmen eines Geschäftsbesorgungsverhältnisses i.S.v. § 675 BGB statt.[357]

Die CBF hat zur Unterstützung eines funktionsfähigen Finanzmarktes in Deutschland einen effizienten Wertpapierdarlehensmarkt ausgebaut.[358] Außerdem verfügt sie als Zentralverwahrerin über gute Voraussetzungen, da in Bezug auf Marktbreite und -tiefe eine gute Infrastruktur besteht.[359] Die meisten Wertpapierbestände lagern nämlich ohnehin bei der CBF als nationaler Clearingstelle und Zentralverwahrerin. Zusätzlich werden alle diesbezüglichen Transaktionen - also auch die mit der Durchführung von Wertpapierdarlehensgeschäften verbundenen - buchungstechnisch über die CBF abgewickelt.[360] Auf diese Weise ist für den Abschluss eines Wertpapierdarlehensgeschäftes kein körperlicher Transport der Wertpapierurkunden erforderlich, was einerseits zu einer Kostenreduzierung und andererseits zu einer erhöhten Abwicklungseffizienz führt.[361] Infolgedessen ist das Wertpapierdarlehenssystem der CBF für den deutschen Kapitalmarkt von großer Bedeutung.[362]

---

[354] Kümpel, Bank- und Kapitalmarktrecht, Rn. 13.113.
[355] Nr. 6 der Sonderbedingungen für Wertpapierdarlehen der CBF.
[356] Vgl. die Sonderbedingungen für Wertpapierdarlehen der CBF (Stand: 1.Juli 2002) Nr. 3 i.V.m. AGB der CBF(Stand: 1.Februar 2004).
[357] Schäfer in: Schwintowski/Schäfer, Bankrecht, § 22 Rn. 27.
[358] Ruland, Effekten: Geschäft und Technik, S. 168ff.
[359] Vgl. Schmidt, Zfkw 1990, 121, 121f; Kümpel, WM 1990, 909, 909.
[360] Gesell, Wertpapierleihe und Repurchase Agreement im deutschen Recht, S. 49; Kümpel, WM 1990, 909, 909.
[361] Dörge, Rechtliche Aspekte der Wertpapierleihe, S. 92.
[362] Dazu siehe Blitz/Illhardt, Die Bank 1990, 142,142 m.w.N.

3. Rechtliche Rahmenbedingungen für Wertpapierdarlehensgeschäfte im Wertpapierdarlehenssystem der CBF

Grundlage des Wertpapierdarlehenssystems der CBF bildeten ursprünglich die „Bedingungen für Wertpapier-Leihgeschäfte der Deutschen Kassenverein AG, Frankfurt" und Die „Sonderbedingungen für Wertpapier-Leihgeschäfte im Wertpapier-Leihsystem der Deutschen Kassenverein AG". Das Verhältnis zwischen der damaligen DKV AG und den angeschlossenen Kreditinstituten wurde in den „Bedingungen für Wertpapierleih-Geschäfte der DKV AG" geregelt. Ergänzend galten die Allgemeinen Geschäftsbedingungen der DKV AG und die „technischen Richtlinien für Wertpapier-Leihgeschäfte".[363] Diese rechtlichen Regelungen sorgten für einheitliche Bedingungen bezogen auf Wertpapierdarlehensgeschäfte in diesem Wertpapierdarlehenssystem und stellten die ordnungsgemäße Abwicklung und Besicherung dieser Geschäfte sicher.[364]

Mit der Entstehung der CBF als Zentralverwahrerin ab dem 1.1.2000 galten als rechtliche Rahmenbedingungen zunächst die „Sonderbedingungen für Wertpapierdarlehen der Deutsche Börse Clearing AG".[365] Danach kamen die „Sonderbedingungen für Wertpapierdarlehen der CBF" zustande.[366] Diese Bedingungen der CBF orientieren sich überwiegend an den Regelungen des European Master Agreement (EMA) und dessen Produktanhang für Wertpapierdarlehen.[367] Im Übrigen gelten als Ergänzungsbestimmungen zu diesen Sonderbedingungen die Allgemeinen Geschäftsbedingungen (AGB) der CBF.[368] Bei automatisch vermittelten Wertpapierdarlehen kommen zusätzlich die Vereinbarungen des „Frankfurt Automated Borrowing Service" zur Anwendung.[369]

4. Rechtliche Beziehungen innerhalb des Wertpapierdarlehenssystems der CBF

Innerhalb des Wertpapierdarlehenssystems der CBF können vertragliche Beziehungen auf drei Ebenen entstehen:[370]

---

[363] Schäfer in: Schwintowski/Schäfer, Bankrecht, § 22 Rn. 27.
[364] Dörge, Rechtliche Aspekte der Wertpapierleihe, S. 92; Handelsblatt vom 30.05.1990, S.46.
[365] Sonderbedingungen für Wertpapierdarlehen der Deutsche Börse Clearing AG, Stand 1.1.2000.
[366] Sonderbedingungen für Wertpapierdarlehen der CBF, Stand: 1. Juli 2002, Abgedruckt in Kümpel u.a., Kapitalmarktrecht Kz. 390.
[367] Kümpel, Bank- und Kapitalmarktrecht, Rn. 13.87.
[368] Die AGB der CBF (Stand am 1. Februar 2004).
[369] Kümpel, Bank- und Kapitalmarktrecht, Rn. 13.87; Sonderbedingungen für Wertpapierdarlehen der CBF Nr. 10.
[370] Vgl. Kümpel, WM 1990, 909, 911ff.

a. auf erster Ebene: Vertragsbeziehungen zwischen CBF und den beteiligten Instituten gemäß § 675 BGB als Geschäftsbesorgung;
b. auf zweiter Ebene: Vertragsbeziehungen zwischen den darlehensgewährenden Instituten und den darlehensempfangenden Instituten gemäß §607 BGB;
c. auf dritter Ebene: Vertragsbeziehungen zwischen den beteiligten Instituten und deren jeweiligen Kunden, d.h.
   aa. Vertragsbeziehung zwischen dem darlehensgewährenden Institut und ihrem Kunden gemäß §§ 383, 406 HGB;
   bb. Vertragsbeziehung zwischen dem darlehensempfangenden Institut und ihrem Kunden gemäß § 607 BGB.

II. Rechtsverhältnis zwischen der CBF als Wertpapiersammelbank und ihren Kunden

Als Wertpapiersammelbank (WSB) tritt die CBF nur in Gestalt einer neutralen Geschäftsbesorgerin auf. Sie ist weder Handelspartei noch Kontrahentin, insbesondere wird die CBF nicht Vertragspartnerin im Rahmen der zwischen den Teilnehmern[371] vereinbarten Darlehen. Dies hat zur Folge, dass die CBF als neutrale Vertragspartei für die Erfüllung der Wertpapierdarlehensgeschäfte nicht verantwortlich ist; die CBF hat also die Folgen eines Verzugs oder einer Nichtleistung nicht zu tragen. Die Vertragsbeziehung der CBF zu ihren Kunden als Darlehensgeber oder Darlehensnehmer ist als entgeltliches Geschäftsbesorgungsverhältnis im Sinne des § 675 BGB anzusehen,[372] da die CBF bei der Vermittlung von Wertpapierdarlehensgeschäften nicht in eigenem Namen, sondern im Namen ihres Auftraggebers tätig wird.[373] Somit ist kein kommissionsähnliches Verhältnis i.S.v. §§ 383 ff. HGB gegeben; vielmehr ist von einer unmittelbaren Stellvertretung gemäß §§164 ff. BGB auszugehen.[374]

Den Sonderbedingungen für Wertpapierdarlehen der CBF zufolge[375] ist die CBF berechtigt, alle zur Vermittlung, Durchführung und Rückabwicklung der Wertpapierdarlehensgeschäfte erforderlichen Erklärungen sowohl für den Darlehensgeber, als auch für den Darlehensnehmer abzugeben und entgegenzunehmen, sowie die entsprechenden Maßnahmen vorzunehmen.[376] Zuerst wird ein

---

[371] Vgl. Sonderbedingungen für Wertpapierdarlehen der CBF Nr. 3 und i.V.m. AGB der CBF Nr. 2 Abs. 1.
[372] Kümpel, Bank- und Kapitalmarktrecht, Rn. 13.110.
[373] Sonderbedingungen für Wertpapierdarlehen der CBF Nr. 1.
[374] Dörge, Rechtliche Aspekte der Wertpapierleihe, S. 94; zur Abgrenzung von der sog. mittelbaren Stellvertretung vgl. etwa Soergel-Leptien, BGB, vor § 164 Rn. 39ff.
[375] Sonderbedingungen für Wertpapierdarlehen der CBF, Nr. 2.5.3.
[376] Kümpel, WM 1990, 909, 912; Kümpel, Bank- und Kapitalmarktrecht, Rn.13.115.

Geschäftsbesorgungsvertrag nach § 675 BGB zwischen der CBF und dem jeweiligen Teilnehmer am Wertpapierdarlehenssystem abgeschlossen. Aus dieser Vereinbarung lassen sich für die CBF die in Folgenden dargestellten Pflichten[377] ableiten. Im einzelnen sind seitens der Vertragsparteien unter anderem zwei Voraussetzungen zu erfüllen: zum einen soll die CBF von dem Verbot des Selbstkontrahierens nach § 181 BGB durch die Zustimmung von ihren Kunden befreit werden; zum anderen muss eine kontomäßige Einbindung sowohl der darlehensgewährenden Institute als auch der darlehensempfangenden Institute in den Effektengiroverkehr der CBF vorliegen; dies ist zur Gewährungsleistung einer rationellen, schnellen und effektiven Abwicklung des Effektengiroverkehrs unabdingbar.[378]

1. Voraussetzungen für die Teilnahme an Wertpapierdarlehensgeschäften im Rahmen des Wertpapierdarlehenssystems der CBF

Wie zuvor bereits ausgeführt, muss ein Teilnehmer an dem Wertpapierdarlehenssystem der CBF ein Kredit- oder Finanzdienstleistungsinstitut nach § 1 Abs. 1 bzw. § 1a Abs. 1 KWG – also mit Sitz im In- oder Ausland- sein. Außerdem können ausländische, mit der CBF vergleichbare Verwahrer, ihrerseits Kunden der CBF sein.[379] Des Weiteren setzt, wie bereits gesagt,[380] ein Depotkonto bei der CBF voraus, dass entweder eine staatliche Depotprüfung i.S.v. § 9 KWG oder eine vergleichbare freiwillige Depotprüfung bezüglich der Kunden der CBF erfolgen muss.[381]

Nicht-Kunden der CBF haben keinen unmittelbaren Zugang zum Wertpapierdarlehenssystem der CBF. Möchten Sie an deren Wertpapierdarlehenssystem teilnehmen, können Sie nur durch Vermittlung eines Kreditinstitutes, welches Kunde bei der CBF ist, von deren Wertpapierdarlehensdienstleistungen profitieren.[382]

---

[377] Siehe unter § 4 II 2.

[378] Vgl. Kümpel, WM 1990, 909, 910; Gesell, Wertpapierleihe und Repurchase Agreement im deutschen Recht, S. 53.

[379] Nr. 2 Abs. 1 der Allgemeine Geschäftsbedingungen Clearstream Banking Aktiengesellschaft 1. Februar 2004(CBF-AGB) hat folgenden Wortlaut: Kunden der CBF können Kredit- und Finanzdienstleistungsinstitute mit Sitz im In- und Ausland sein. Unternehmen im Sinne von Satz 1 sind auch juristische Personen des öffentlichen Rechts mit Sitz im Inland, die vergleichbare Dienstleistungen erbringen. Ferner können ausländische, der CBF vergleichbare Zentralverwahrer im Sinne von § 5 Abs. 4 Depotgesetz (ausländischer Zentralverwahrer), (inter-)nationale Wertpapier-Clearinginstitute sowie internationale oder supranationale Organisationen, die Finanzdienstleistungen erbringen, Kunden der CBF sein.

[380] Vgl. oben § 4 I .

[381] Vgl. AGB-CBF Nr. 3.

[382] Gesell, Wertpapierleihe und Repurchase Agreement im deutschen Recht, S. 52.

Wenn ein der CBF angeschlossenes Kredit- oder Finanzdienstleistungsinstitut über das Wertpapierdarlehenssystem der CBF Wertpapiere darlehensweise Überlassen oder übernehmen möchte, beauftragt es die CBF, den Abschluss eines Wertpapierdarlehensgeschäftes gem. § 607 BGB zu vermitteln.[383]

Der Abschluss eines Geschäftsbesorgungsvertrags auf die Erteilung der Zulassung zur Teilnahme am Wertpapierdarlehenssystem durch die CBF erfordert einen Antrag des Teilnehmers. Dieser Antrag bedarf der Schriftform. Der Antrag muss folgende Bestandteile aufweisen:

- genaue Bezeichnung der Vertragsparteien: nämlich als Darlehensgeber oder Darlehensnehmer;
- genaue Bezeichnung der darlehensweise gewährten oder empfangenen Wertpapiere;
- eine Klarstellung, ob die Teilnahme an gelegentlichen oder automatisierten Wertpapierdarlehensgeschäften gewünscht wird;
- eine ausdrückliche Ermächtigung der CBF, die zur Durchführung dieses Zuteilungsverfahrens[384] erforderlichen Erklärungen und Handlungen vorzunehmen.

Schließlich ist zur Gewährleistung einer rationellen und kostengünstigen Abwicklung – seit 07.2002 - ein Mindestbetrag von 10.000 EUR für Renten oder 50 Stück bei Aktien erforderlich.[385]

2. Pflichten der CBF aufgrund des Geschäftsbesorgungsvertrags zwischen CBF und ihren Teilnehmern i. S. v. § 675 BGB

a. Vermittlung und Abwicklung der Wertpapierdarlehensgeschäfte

Die Vermittlung eines Wertpapierdarlehensgeschäfts durch die CBF wird durch das oben genannten Zuteilungsverfahren bestimmt. Nach einer täglichen Er-

---

[383] Dörge, Rechtliche Aspekte der Wertpapierleihe, S. 94 .

[384] Die CBF betreibt ein die Neutralität gewährleistendes Verfahren, das als Zuteilungsverfahren bezeichnet wird. Gelegentliche Wertpapierdarlehen werden entweder nach Bedarf des Darlehensgebers oder nach Auftrag des Darlehensnehmers vermittelt. Im Gegensatz dazu wird beim automatisierten Wertpapierdarlehen ein Zufallsverfahren verwandt. Dieses Zufallsverfahren funktioniert wie folgt: Das System versucht einen Darlehensgeber zur ermitteln, der den Bedarf in einer Gattung vollständig decken kann. Dieser Darlehensgeber wird nach dem Zufallsprinzip unter mehreren gleichberechtigten Darlehensgebern ermittelt. Falls ein Darlehensgeber nicht den gesamten Bedarf abdecken kann, wird nach dem gleichen Zufallsprinzip ein weiterer Darlehensgeber ausgewählt, bis der Bedarf vollständig gedeckt bzw. der Bestand an automatischverfügbaren Darlehenspapieren vollständig aufgebraucht ist.

[385] Vgl. Ergänzungsbestimmungen zu den Sonderbedingungen für Wertpapierdarlehen der CBF Nr. 1.

mittlung der gesamten Darlehensangebote und Darlehensnachfrage entscheidet die CBF, welche Wertpapiere in das von ihr organisierte Zuteilungsverfahren einbezogen werden.[386] Mit der Zuteilung schließt die CBF als Vertreterin sowohl des Darlehensgebers als auch des Darlehensnehmers einen Darlehensvertrag.[387] Somit handelt es sich hier um eine Mehrfachvertretung. Die vertragliche Einigung zwischen Darlehensgeber und Darlehensnehmer erfolgt in Fällen der Mehrfachvertretung nicht nach den allgemeinen Regeln über Abgabe und Zugang von Willenserklärungen gemäß §§ 130ff. BGB bzw. Angebot und Annahme hinsichtlich eines möglichen Vertragsschlusses gemäß §§ 145 ff. BGB. Dies folgt daraus, dass diese Erklärungen in einer einzigen Person zusammenfallen und weder eine zeitliche noch eine räumliche Trennung darstellbar ist. Vielmehr sind die Grundsätze des sogenannten „Insich-Geschäfts" und die Vorschrift des § 181 BGB heranzuziehen.[388] Das Rechtsgeschäft beruht letztlich auf einem internen Willensakt des Mehrfachvertreters.[389] Die CBF verpflichtet sich durch den Abschluss des Geschäftsbesorgungsvertrages dazu, sämtliche Erklärungen sowohl für den Darlehengeber, als auch für den Darlehennehmer abzugeben, die nötig sind, um einen Darlehensvertrag zwischen diesen beiden zustande zu bringen und zurück abzuwickeln.[390] Das führt dazu, dass die Teilnehmer die CBF zu sämtlichen zur Durchführung dieses Zuteilungsverfahrens erforderlichen Erklärungen und Handlungen bevollmächtigen (§§ 164ff BGB) und ermächtigen (§ 185 BGB) müssen. Insbesondere ist eine Befreiung von dem Verbot des Selbstkontrahierens nach § 181 BGB unabdingbar.[391]

Im Übrigen übernimmt die CBF sämtliche depot- und buchungstechnischen Aufgaben bezüglich der vermittelten Wertpapierdarlehen.[392]

b. Funktionen der CBF als Treuhänderin bei Sicherheitsleistungen

Ebenso wie sonst bei Wertpapierdarlehen üblich, die direkt abgeschlossen werden, setzen alle über die CBF vermittelten und abgewickelten Wertpapier-

386 Vgl. Sonderbedingungen für Wertpapierdarlehen der CBF Nr. 11.2 i.V.m. Schäfer in: Schwintowski/Schäfer, Bankrecht, § 22 Rn. 27.
387 Nr. 11.2 der Sonderbedingungen für Wertpapierdarlehen der CBF.
388 Vgl. Münchener Kommentar zum BGB-Schramm, § 181 Rn. 1ff.;Gesell, Wertpapierleihe und Repurchase Agreement im deutschen Recht, S. 58.
389 Gesell, Wertpapierleihe und Repurchase Agreement im deutschen Recht, S. 58.
390 Dörge, Rechtliche Aspekte der Wertpapierleihe, S. 95.
391 Sonderbedingungen für Wertpapierdarlehen der CBF Nr. 12.1.; vgl. Münchener Kommentar zum BGB-Schramm, § 181 Rn. 14.
392 Gesell, Wertpapierleihe und Repurchase Agreement im deutschen Recht, S. 49; Kümpel, WM 1990, 909, 910.

darlehen Sicherheiten mindestens in voller Höhe ihres jeweiligen Marktwertes seitens des Darlehensnehmers voraus. Diese Sicherheiten hat jeder Darlehensnehmer entweder in Geld oder in Wertpapieren an die CBF zu leisten.[393]Dabei kommen bei der Bewertung der Sicherheiten je nach deren Art und Güte unterschiedliche „Deckungsquoten" („Haircuts")[394] zur Anwendung.

Sofern Wertpapiere als Sicherheit verwendet werden, müssen diese an die CBF i.S.d. §§ 1204 ff. BGB verpfändet oder nach §§ 929, 930 BGB mittels Sicherungsübereignung übertragen werden. Sicherheiten in Geld sind durch Gutschrift auf einem von der CBF bestimmten Konto zu gewähren. Die CBF ist zu einer Verzinsung von Geldsicherheiten nicht verpflichtet.[395]

Die CBF wird im Übrigen als Treuhänderin für die Sicherheiten tätig,[396] die der Darlehensnehmer durch Verpfändung von Konto- oder Wertpapierguthaben zu bestellen hat.[397]

Nach §§ 1205ff. BGB erfordert die wirksame Bestellung eines Pfandrechtes eine Einigung über die Entstehung des Pfandrechtes, sowie die Übergabe der Pfandsache an den Gläubiger der zu sichernden Ansprüche aus dem Wertpapierdarlehen (sog. Akzessorietät).[398] Um dies zu gewährleisten, tritt der Darlehensgeber die entstehenden Forderungen bereits mit der Erteilung des Auftrages zur Vermittlung der Darlehenspapiere gem. § 398 BGB zu treuen Händen an die CBF (sog. Verwaltungstreuhand)[399] ab. Die besitzrechtlichen Voraussetzungen für die Bestellung eines wirksamen Pfandrechts (§§ 1202, 1204 BGB) können hier technisch einfach geschaffen werden, denn die CBF ist als Zentralverwahrerin unmittelbare Besitzerin der von ihr girosammelverwahrten Wertpapiere.[400] Folglich kann der Darlehensnehmer gegenüber der CBF auch ein wirksames Pfandrecht zugunsten des Darlehensgebers bestellen.[401]

---

[393] Vgl. Sonderbedingungen für Wertpapierdarlehen der CBF Nr. 18.1.

[394] „Deckungsquote" (auch als „Haircut" bezeichnet) ist in Bezug auf Wertpapierdarlehen der von den Parteien vereinbarte Prozentsatz, mit dem Verbindlichkeiten des Darlehensnehmers bezüglich der Darlehenspapiere nach Maßgabe der vorstehenden Definition von „Verbindlichkeiten" multipliziert werden, um das Nettoausfallrisiko zu ermitteln.

[395] Vgl. Sonderbedingungen für Wertpapierdarlehen der CBF Nr. 18.2.

[396] Hier handelt es sich um eine „Sicherungstreuhand", dazu Blaurock, Unterbeteiligung und Treuhand, S. 68f.

[397] Kümpel, Bank- und Kapitalmarktrecht, Rn. 13.116.

[398] Vgl. Soergel-Mühl, BGB, Einleitung vor § 1204 Rn. 6.

[399] Vgl. Soergel-Mühl, BGB, Einleitung zu Band 6 (Sachenrecht), Rn. 45ff.

[400] Kümpel, Bank- und Kapitalmarktrecht, Rn. 13.116.

[401] Dörge, Rechtliche Aspekte der Wertpapierleihe, S. 96.

Wenn ein Darlehensnehmer seine Verpflichtungen aus dem Darlehensvertrag nicht erfüllen kann, verwertet die CBF die von ihm geleisteten Sicherheiten. Der Erlös ist an den anspruchsberechtigten Darlehensgeber auszukehren.[402]

c. Keine Absicherung der aufgrund von Wertpapierdarlehensgeschäften entstehenden Verbindlichkeiten im Rahmen des Einlagensicherungsfonds

Gemäß Nr. 23 AGB der CBF ist die CBF dem Einlagensicherungsfonds des Bundesverbandes deutscher Banken e.V. (BdB) angeschlossen. Dies hat zur Folge, dass die Gläubiger der CBF bei drohender Zahlungsunfähigkeit oder anderen wirtschaftlichen Schwierigkeiten der CBF ihre Einlagen und Forderungen aus diesem Fonds erhalten können und damit insoweit abgesichert sind.[403]

Der Einlagensicherungsfonds sichert „alle Verbindlichkeiten gegenüber Nicht-Banken“, die entweder aufgrund von Einlagengeschäften i.S.v. § 1 Abs. 1 Satz 2 Nr. 2 KWG entstehen und somit auch als Bilanzpositionen auszuweisen sind. Die Sicherungsgrenze je Gläubiger beträgt 30 Prozent des für die Einlagensicherung maßgeblichen haftenden Eigenkapitals der CBF.[404]

In dem Statut der Einlagensicherung des privaten Bankgewerbes sind Rückgewährverbindlichkeiten aus Wertpapierdarlehensgeschäften ausdrücklich als geschützte Verbindlichkeiten ausgeschlossen worden.[405] Denn das Wertpapierdarlehensgeschäft stellt nicht ein Einlagengeschäft i.S.v. § 1 Abs. 1 Satz 2 Nr. 2 KWG dar. Daher fehlt es an einem entsprechenden Schutzbedürfnis.

d. Garantie des Bankenkonsortiums[406] gegenüber der CBF und dem Darlehensgeber

Gemäß Nr. 18. 8 der Sonderbedingungen für Wertpapierdarlehen der CBF übernimmt ein Bankenkonsortium gegenüber der CBF eine unwiderrufliche Ausfallgarantie für die Erfüllung der Rückgabe- und Vergütungsverpflichtungen der

---

[402] Vgl. Sonderbedingungen für Wertpapierdarlehen der CBF Nr. 18.7.

[403] Statut des Einlagensicherungsfonds §§ 1 ff. vom BdB; Grundmann, ZfKw 1992, 1134, 1137f.

[404] Vgl. Allgemeine Geschäftsbedingungen Clearstream Banking AG, Nr.23.

[405] § 6 Nr. 1a im Statut des Einlagensicherungsfonds von BdB; Kümpel, Bank- und Kapitalmarktrecht, Rn. 13.49.

[406] Dieses Bankenkonsortium bestand ursprünglich aus ca. 20 Kreditinstituten und hat mit zunächst 25 Mio. Euro gegenüber der DKV AG gehaftet. Dabei gewährleisten die Mitglieder des Konsortiums als Teilschuldner entsprechend ihrer Quote den Darlehensgebern die termingerechte Rückübertragung von darlehensweise vergebenen Wertpapieren; Blitz/ Illhardt, die Bank 1990, 142, 145.

jeweiligen Darlehensnehmer als zusätzliche Sicherheit.[407] Die Rechte aus diesen Garantien stehen ausschließlich der CBF zu. Mit Hilfe dieser zusätzlichen Sicherheit kann ein möglicherweise verbleibender Fehlbetrag bei Ausfall der Sicherheiten des Darlehensnehmers abgedeckt werden.[408] Durch diese Ausfallgarantie könnte auch die ansonsten gemäß Nr. 22 Abs. 4 der CBF-AGB fällige Umlage von Verlustanteilen auf alle Miteigentümer des betroffenen Girosammelbestandes vermieden werden.

Dagegen wird dieses Ausfallrisiko bei dem Darlehensnehmer durch das gemäß §10 KWG zwingend erforderliche und zu unterlegende Eigenkapital abgedeckt. Als Gegenleistung für die Übernahme dieser Garantie erhält das Bankenkonsortium einen Teil des vom Darlehensgeber für jedes durchgeführte Wertpapierdarlehensgeschäft gezahlten Darlehensentgelts.[409]

Der entgeltliche Geschäftsbesorgungsvertrag gemäß § 675 BGB verpflichtet jedes darlehensempfangende Kreditinstitut zur Zahlung einer Vermittlungsprovision für die Vermittlung und Abwicklung als Dienstleistungen an die CBF als Vertragspartnerin.[410] Höhe und Zusammensetzung dieser Vermittlungsprovision sind im Einzelnen im Dienstleistungspreis-Verzeichnis der CBF veröffentlicht. [411]

e. Kontroll- und Überwachungsfunktion der CBF als Zentralverwahrerin

Neben der Geschäftsbesorgung, Vermittlung und technischen Abwicklung bezogen auf Wertpapierdarlehensgeschäfte nimmt die CBF ebenfalls Kontroll- und Überwachungsfunktionen wahr. Beispielsweise überwacht die CBF ständig Zulässigkeit und Qualität von Sicherheiten.[412] In diesem Zusammenhang kann die CBF insbesondere Darlehen stellvertretend für den Darlehensgeber kündigen, wenn aus Sicht der CBF zu erwarten ist, dass der Darlehensnehmer die in diesem Vertrag übernommenen Pflichten nicht erfüllen kann. Dies gilt besonders bei Zahlungseinstellungen oder –unfähigkeit.[413] Schließlich schreibt die CBF die Darlehensentgelte vor - unabhängig von Angebot und Nachfrage bezüglich der Wertpapierdarlehensgeschäfte.

---

[407] Sonderbedingungen für Wertpapierdarlehen der CBF Nr. 18.8.
[408] Vgl. Kümpel, WM 1990, 909, 912.
[409] Vgl. Gesell, Wertpapierleihe und Repurchase Agreement im deutschen Recht, S. 77.
[410] Vgl. Sonderbedingungen für Wertpapierdarlehen der CBF Nr. 5.
[411] Vgl. Ergänzungsbestimmungen zu den Sonderbedingungen für Wertpapierdarlehen der CBF Nr. 5.
[412] Kümpel, Bank- und Kapitalmarktrecht, Rn. 13.114.
[413] Vgl. Die Sonderbedingungen für Wertpapierdarlehen der CBF Nr. 15.4.

Außerdem sieht Nr. 25 AGB der CBF vor, dass die CBF bezüglich der Girosammelverwahrung „weitere Aufgaben des Wertpapier- und Börsenwesens wahrnimmt, die geeignet sind, den internationalen Effektengiroverkehr zu erleichtern". Gerade diese Tatsache ist ein deutlicher Hinweis auf die „Doppelfunktion" der CBF. Zum einen tritt sie als Zentralverwahrerin wie im Girosammelverkehr und zum anderen als Anbieter im Markt für Wertpapierdarlehenssysteme auf.[414] Die Infrastruktur als Zentralverwahrerin bildet selbstverständlich einen guten Startvorteil.

In Bezug auf Auskunfts- und Mitteilungspflichten schränkt die CBF gemäß Nr. 5 Abs. 2 b) AGB der CBF die Haftung für Rechtsnachteile stark ein, die durch Verletzung von diesen Pflichten entstehen können. Zum einen werden die Kunden der CBF verpflichtet, die CBF von jeglicher Haftung freizustellen, falls eine Verletzung von Auskunftspflichten durch den Kunden stattgefunden hat. Zum anderen soll die CBF nicht für Rechtsnachteile weder bezogen auf die Kunden noch bezogen auf Dritte haften, die aus unterlassenen Auskunftspflichten entstehen. In diesem Zusammenhang ist auch die Regelung in Nr. 50 Abs. 3 AGB der CBF zu berücksichtigen, die eine Haftung bezogen auf die Daten in der Emittenten- Datei der CBF vollkommen ausschließt. Hierbei wird die Frage aufgeworfen, ob eine solche Freizeichnung gesetzlich zulässig ist. Besonders nach der Novellierung des Rechts der AGB durch das Schuldrechtsmodernisierungsgesetz zum 01.01.2002 könnte eine Unwirksamkeit dieser Haftungsbeschränkungen wegen eines Verstoßes gegen §§ 307 ff. BGB vorliegen.

Zum einen ist nach Nr. 24 Abs. 1 AGB der CBF grundsätzlich deutsches Recht auf das Verhältnis der CBF zu ihren Kunden anwendbar. Damit sind die Vorschriften zur Kontrolle von AGB nach §§ 305ff. BGB zugrunde zulegen. Bei den AGB der CBF handelt es sich um Allgemeine Geschäftsbedingungen im Sinne von § 305 Abs. 1 BGB. Sie werden als vorformulierte Regelungen für eine Vielzahl von Rahmenverträgen einseitig durch die CBF gegenüber ihren Kunden gestellt. In diesem Zusammenhang wird eine Prüfung der gesetzlichen Zulässigkeit der Haftungsfreizeichnung der CBF gem. § 307 ff. BGB erforderlich.

Zum anderen wird die Inhaltskontrolle der AGB gem. §§ 307 ff. BGB im Fall der CBF gegenüber Kreditinstitute und Finanzdienstleistungsinstitute als deren Kunden lediglich auf den Maßstab der §§ 307, 310 Abs. 1 S. 2 BGB wegen des Vorliegens eines Verkehrs zwischen zwei Unternehmen - der CBF und ihres Kunden- beschränkt. Außerdem beziehen sich Nr. 5 und Nr. 50 AGB der CBF

---

[414] Kümpel, Bank- und Kapitalmarktrecht, Rn. 13.83.

nämlich ausschließlich auf die Verantwortlichkeit von Dritten. Nr. 7 AGB der CBF als allgemeine Regelung der Haftung lässt eine Haftung der CBF ausdrücklich für jegliches Verschulden zu. Diese wird lediglich in bestimmten Einzelfällen - Bsp. Nr. 5 und Nr. 50 oder Nr. 7 Abs. 4 („höhere Gewalt") - ausgeschlossen. Bezogen auf die Haftung für Dritte gilt als Grenze für eine Freizeichnung lediglich die Sittenwidrigkeit i.S.d. § 138 BGB.[415] Daher kann eine branchentypische Freizeichnung, sofern sie allgemein anerkannt und gebilligt wird, eine ansonsten wegen Verstoßes gegen §§ 307ff. BGB grundsätzlich unwirksame Regelung wirksam werden lassen.[416]

In der Praxis sind die Kredit- und Finanzdienstleistungsinstitute, die gegenüber der CBF als Kunden auftreten, grundsätzlich verpflichtet Informationen und Auskünfte -gerade in Bezug auf ausländische Wertpapiere oder End-Kunden- zu besorgen. Ferner führt die Haftungsbefreiung gegenüber Dritten bezogen auf die CBF nicht zu einem Nachteil der Kredit- und Finanzdienstleitungsinstitute. Schließlich sind bisher auch keine anders lautenden Urteile oder Stimmen in der Literatur zu erkennen, die dieser Haftungsfreizeichnung durch die CBF widersprochen haben. Somit kann davon ausgegangen werden, dass diese Haftungsfeizeichnung von der CBF gegenüber Dritten als branchentypische Freizeichnung anerkannt werden kann. Dies hat zur Folge, dass eine Unwirksamkeit dieser Haftungsbeschränkungen, insbesondere wegen eines Verstoßes gegen §§307 ff. BGB, nicht gegeben ist.

Bezüglich der Prüfung von Sicherheiten der Kunden und der Festlegung von Entgelten für Dienstleistungen nach billigem Ermessen (§ 315 BGB) handelt es sich ebenfalls um Maßnahmen, die innerhalb der von den Teilnehmern gebilligten AGB der CBF zulässig sind.[417] Abschließend ist festzuhalten, dass die Tätigkeit der CBF eher auf eine Vermeidung einer staatlichen Beaufsichtigung angelegt ist. Die CBF hat sich bezüglich des Wertpapierdarlehenssystems ein Selbstverwaltungssystem geschaffen. Besonders das ausgefeilte Sicherungssystem – zuerst die Verpflichtung, Sicherheiten für entsprechende Wertpapierdarlehen zu stellen, die tägliche Prüfung und Bewertung, sowie die Ausfallgarantie als „letzte Sicherheit" könnten auch dazu dienen, eine übermäßige staatliche Beaufsichtigung zu vermeiden. Wertpapiergeschäfte, die nicht mit banküblichen Sicherheiten unterlegt werden, könnten nämlich als Einlagengeschäfte gelten und damit der Bankenaufsicht unterliegen.[418]

---

[415] Baumbach/Hopt/Merkt-Hopt, HGB, § 347 Rn. 38a.
[416] Palandt-Heinrichs, BGB, 64. Aufl., § 309 Rn. 50.
[417] Vgl. AGB- CBF Nr. 18 Abs. 1 und Abs. 2.
[418] Kümpel, Bank- und Kapitalmarktrecht, Rn. 13.48.

III. Vertragsbeziehung zwischen dem darlehensgewährenden Institut und dem darlehensempfangenden Institut gem. § 607 BGB

Das darlehensgewährende und das darlehensempfangende Institut schließen durch die Vermittlung der CBF einen Wertpapierdarlehensvertrag nach § 607 BGB. Dies geschieht mittels einer Stellvertretung durch die CBF im Rahmen des Zuteilungsverfahrens. Die Identität der jeweiligen Vertragspartner - darlehensgewährendes und darlehensempfangendes Institut - wird im Wertpapierdarlehenssystem der CBF nicht wechselseitig bekannt gegeben. Beide Vertragspartner erhalten für den jeweiligen Wertpapierdarlehensvertrag eine Geschäftsnummer durch die CBF.[419] Lediglich dem darlehensgewährenden Institut wird auf ausdrückliche Anfrage der Name des darlehensempfangenden Instituts mitgeteilt.[420]

Diese Anonymisierung minimiert die Gefahr, dass ein darlehensgewährendes Institut ein Wertpapierdarlehensgeschäft zur Unzeit kündigt, um so bewusst das darlehensempfangende Institut zu einer Rückgewähr der überlassenen Wertpapiere zu einem ungünstigen Zeitpunkt zu zwingen.[421]

Allerdings könnte diese fehlende Offenlegung der Identität der Vertragsparteien durch die CBF als Stellvertreterin gegen den Offenkundigkeitsgrundsatz nach § 164 BGB verstoßen. Ein solcher Verstoß hätte zur Folge, dass nicht die Institute als Vertretene verpflichtet würden, sondern höchstens die CBF als Vertreterin ohne Vertretungsmacht in Anspruch genommen werden könnte. Der Offenkundigkeitsgrundsatz verlangt grundsätzlich, dass der Stellvertreter erkennbar im Namen des Vertretenen auftritt.[422] Andernfalls wird der Vertretene aus dem Rechtsgeschäft nicht berechtigt und verpflichtet.[423] Indes ist es nicht erforderlich, dass der Name des Vertretenen ausdrücklich genannt wird.[424]

Zum einen ist eine Bestimmbarkeit der Identität des Vertretenen ausreichend;[425] zum anderen kann ein sog. „offenes Geschäft, für den, den es angeht“ vorliegen, bei welchem der Vertreter auf Verlangen der anderen Vertragspartei verpflichtet ist, die Identität des Vertretenen zu offenbaren; andernfalls haftet der Vertreter

[419] Vgl. Sonderbedingung für Wertpapierdarlehen der CBF Nr. 12.4 .
[420] Vgl. Sonderbedingung für Wertpapierdarlehen der CBF Nr. 12.4.
[421] Vgl. Dörge, Rechtliche Aspekte der Wertpapierleihe, S. 96 .
[422] Palandt-Heinrichs, BGB, 64. Aufl., Einf. von § 164 Rn. 2.
[423] Münchener Kommentar zum BGB-Schramm § 164 Rn. 14f; Schreiber, Jura 1998, 606 f.
[424] RGZ 140, 335, 338; BFG WM 1957, 710, 710; NJW-RR 1988, 475, 476; Palandt-Heinrichs, BGB, 64. Aufl., § 164 Rn. 1.
[425] Palandt-Heinrichs, BGB, 64. Aufl., § 164 Rn. 1.

aus §179 BGB.[426] Das von der CBF gewählte Verfahren stellt eine Bestimmbarkeit der Vertragsparteien durch die Vergabe einer eindeutigen Geschäftsnummer für die Vertragsparteien sicher. Außerdem gibt die CBF auf Verlangen die Identität wechselseitig bekannt. Des Weiteren ist den Vertragsparteien bekannt, dass die CBF als Vertreterin auf beiden Seiten tätig wird und damit auch kein Eigengeschäft abschließen möchte. Schließlich ist eine solche Offenlegung der Identitäten der Vertragsparteien in den CBF Sonderbedingungen für Wertpapierdarlehen ausdrücklich geregelt.[427] Somit ist von einer wirksamen Stellvertretung der Darlehensgeber und Darlehensnehmer durch die CBF auszugehen und eine ebensolche Verpflichtung der Parteien anzunehmen.

Aufgrund des Wertpapierdarlehensvertrages entstehen sowohl auf Seiten der darlehensgewährenden Institute als auch auf Seiten der darlehensempfangenden Institute wechselseitige Pflichten. Dies gilt unabhängig davon, ob die Institute im eigenen Interesse oder im Auftrag ihrer Kunden tätig wurden.

1. Pflichten des darlehensgewährenden Instituts

Durch den Abschluss des Wertpapierdarlehensvertrages gemäß § 607 BGB verpflichtet sich der Darlehensgeber die darlehensweise zu überlassenden Wertpapiere zu übertragen. Voraussetzung für diese Verpflichtung ist indes, dass das darlehensempfangende Institut gemäß Nr. 18 der Sonderbedingungen für Wertpapierdarlehen der CBF vorher entsprechende Sicherheiten geleistet hat.

Gemäß den entsprechenden Bestimmungen bucht die CBF die zu überlassenden Wert-papiere auf das Konto des Darlehensnehmers. Diese Buchung bewirkt einen Übergang des Eigentums oder einer gleichwertigen am Verwahrort üblichen Verfügungsbefugnis auf den Darlehensnehmer in dem Umfang, wie es diesem zum Zeitpunkt der Buchung zustand.[428]

Im Fall von vinkulierten Namensaktien ist der Darlehensnehmer schon vor der Umschreibung im Aktionärsregister des Emittenten zu einer Verfügung über die Aktien berechtigt.[429] Sofern der Darlehensgeber seiner Verpflichtung zur Übereignung der zu überlassenden Wertpapiere überhaupt nicht oder verspätet nachkommt, kann der Darlehensnehmer jederzeit eine Erstattung der Kosten für ein Ersatzdarlehen verlangen.[430] Hierunter ist insbesondere die Differenz bezogen

---

426 Palandt-Heinrichs, BGB, 64. Aufl., § 164 Rn. 9.
427 Vgl. Die Sonderbedingen für Wertpapierdarlehen von CBF, Nr. 12.1 i.V.m. 12.4.
428 Vgl. Sonderbedingungen für Wertpapierdarlehen der CBF Nr. 12.3.
429 Vgl. Sonderbedingungen für Wertpapierdarlehen der CBF Nr. 12.3.
430 Vgl. Sonderbedingungen für Wertpapierdarlehen der CBF Nr. 16.

auf das Darlehensentgelt zwischen dem ursprünglichen und dem ersatzweise abgeschlossenen Wertpapierdarlehen zu verstehen.[431]

Ist lediglich eine teilweise Erfüllung durch den Darlehensgeber gegeben, so steht dem Darlehensnehmer ein Wahlrecht zu: Einerseits kann der Darlehensnehmer den oben beschriebenen Erstattungsanspruch in Bezug auf die nicht geleisteten Wertpapiere und deren ersatzweise Beschaffung geltend machen. Andererseits kann der Darlehensnehmer das gesamte Geschäft ablehnen und seinen Erstattungsanspruch für die Ersatzbeschaffung der gesamten Wertpapiere anmelden.[432]

2. Pflichten des darlehensempfangenden Instituts

Auf der Grundlage des Wertpapierdarlehensvertrages ist das als Darlehensnehmer auftretende Institut verpflichtet, zum einen für die darlehensweise überlassenen Wertpapiere entsprechende Sicherheiten zu leisten, um eine Rückübertragung zu gewährleisten und zum anderen das vereinbarte Darlehensentgelt zu zahlen.

a. Besicherung der abgeschlossenen Wertpapierdarlehensgeschäfte

Jedes darlehensempfangende Institut wird gemäß Nr. 18 der Sonderbedingungen der CBF verpflichtet, Sicherheiten mindestens in voller Höhe des Marktpreises der darlehensweise gewährten Wertpapiere in Geld oder in Wertpapieren zur Verfügung zu stellen.[433]

Hinsichtlich dieser bestellten Sicherheiten findet eine tägliche Bewertung durch die CBF statt. Die CBF legt entsprechend der Art und Güte der Sicherheiten „Deckungsquoten" („Haircuts") fest.[434] Hierbei gelten folgende Staffelungen: die bei der CBF girosammelverwahrten Aktien werden zu 90% des Kurswertes angerechnet und daher mit einem Haircut von 10% bewertet; die bei der CBF girosammelverwahrten Renten werden zu 95% des jeweiligen Kurswertes angerechnet und mit einem Haircut von 5% bewertet; Geldsicherheiten in EURO werden zu 100% angerechnet und somit ohne einen Haircut bewertet.[435]

---

[431] Vgl. Sonderbedingungen für Wertpapierdarlehen der CBF Nr. 16.1.
[432] Vgl. Sonderbedingungen für Wertpapierdarlehen der CBF Nr. 16.2.
[433] Vgl. Sonderbedingungen für Wertpapierdarlehen der CBF Nr. 18.
[434] Vgl. oben § 4 II 2 b Treuhänderische Funktion der CBF; sowie Sonderbedingungen für Wertpapierdarlehen der CBF, Nr. 18.3.
[435] Vgl. Die Ergänzungsbestimmungen zu den Sonderbedingungen für Wertpapierdarlehen der CBF Nr. 4.

Auf Anforderung der CBF ist der Darlehensnehmer jederzeit verpflichtet, die gewährten Sicherheiten zu verstärken. Eine solche Anforderung findet statt, wenn sich zum einen die wirtschaftlichen Verhältnisse des Darlehensnehmers verschlechtern oder zu verschlechtern drohen oder sich zum anderen die Sicherheiten selbst wertmäßig verschlechtern oder zu verschlechtern drohen, so dass insgesamt eine Unterdeckung[436] entstehen könnte.[437]

Im Bezug auf Sicherheiten, die Darlehensnehmer durch Verpfändung von Konto- oder Wertpapierguthaben bestellen, wird die CBF als Treuhänderin tätig.[438] Sofern ein Darlehensnehmer seine Verpflichtungen aus dem Darlehensvertrag nicht erfüllt, droht die CBF ihm eine Verwertung der Sicherheiten mit einer Vorankündigungsfrist von zwei Abwicklungstagen schriftlich an. Nach Ablauf der Frist findet die Verwertung durch die CBF statt.[439] Den erzielten Erlös leistet die CBF an den anspruchberechtigten Darlehensgeber.[440]

b. Rückgewähr von Wertpapieren gleicher Art und Anzahl am Ende der Laufzeit des Wertpapierdarlehensvertrages

Die Pflicht des Darlehensnehmers gegenüber dem Darlehensgeber zur Rückgewähr von Wertpapieren gleicher Art und Anzahl wie ursprünglich als Darlehen überlassen, ergibt sich aus § 607 Abs. 1 BGB aufgrund des Wertpapierdarlehensvertrages. Die CBF vollzieht diese Rückgewähr durch eine Umbuchung der entsprechenden Wertpapiere von dem Konto des Darlehensnehmers auf das Konto des Darlehensgebers.

c. Verpflichtung zur Zahlung des Darlehensentgelts durch den Darlehensnehmer

Aufgrund des Charakters des Wertpapierdarlehensvertrages als eines entgeltlichen Sachdarlehensvertrages folgt die Verpflichtung des Darlehensnehmers zur Zahlung eines Darlehensentgeltes an den Darlehensgeber aus §§ 607 Abs. 1 BGB. Einzug und Weiterleitung des entsprechenden Darlehensentgeltes übernimmt die CBF aufgrund der Abwicklung über ihr Wertapapierdarlehenssystem.

---

[436] Eine Unterdeckung liegt vor, sobald der Marktwert der gestellten Sicherheiten unter Abzug der von der CBF gesondert bekannt gemachten Deckungsquote (Haircut) den Marktwert des Darlehens unterschreitet.

[437] Vgl. Sonderbedingungen für Wertpapierdarlehen der CBF Nr. 18.3. i.V.m. Nr. 18.4.

[438] Vgl. oben Treuhänderische Funktion der CBF; sowie Kümpel, Bank- und Kapitalmarktrecht, Rn. 13.116.

[439] Vgl. Sonderbedingungen für Wertpapierdarlehen der CBF Nr. 18.2.

[440] Vgl. Sonderbedingungen für Wertpapierdarlehen der CBF Nr. 18.7.

Die CBF führt den Anteil des Darlehensentgeltes, der als Gebühr für die Ausfallgarantie dient, automatisch an das Bankenkonsortium ab.[441]

3. Beendigung von Wertpapierdarlehensgeschäften Wertpapierdarlehenssystem der CBF

Wertpapierpapierdarlehensgeschäfte mit einer vereinbarten Laufzeit enden grundsätzlich am Rücklieferungstag. Dies gilt im Wertpapierdarlehenssystem der CBF indes nur bei einer ordnungsgemäßen Erfüllung sämtlicher Pflichten durch den Darlehensnehmer. Außerdem ist aufgrund der Zeitbestimmung bezüglich der Laufzeit des Darlehens als Befristung eine ordentliche Kündigung des Vertrages unzulässig.[442]

Wertpapierdarlehensgeschäfte, die auf unbestimmte Zeit abgeschlossen werden, enden spätestens mit Ablauf von 364 Tagen nach Verbuchung der darlehensweise überlassenen Wertpapiere auf dem Konto des Darlehensnehmers.[443] Ordentliche Kündigungen - auch in Form von Teilkündigungen - sind grundsätzlich zulässig.

Darlehensgeber haben eine Kündigungsfrist von mindestens drei Abwicklungstagen einzuhalten. Darlehensnehmer, die im Rahmen von gelegentlichen Wertpapierdarlehen tätig werden, können mit einer Frist von einem Abwicklungstag kündigen.[444] Bei automatisierten Wertpapierdarlehensverträgen gilt die Rücklieferung der darlehensweise überlassenen Wertpapiere durch den Darlehensnehmer als Kündigung.[445]

Unabhängig von der Laufzeit der Wertpapierdarlehensverträge sieht Nr. 15.4 der Sonderbedingungen der CBF ein außerordentliches Kündigungsrecht aus wichtigem Grund für die Vertragsparteien, d.h. für den Darlehensgeber, Darlehensnehmer und für die CBF vor. Nr. 15.4.1 und Nr. 15.4.2. führen Unterdeckung, Zahlungseinstellung oder -unfähigkeit des Darlehensnehmers als wichtige Gründe auf.

Eine Verhängung von Maßnahmen nach §§ 46, 46a KWG gegen den Darlehensnehmer erlaubt ebenfalls eine außerordentliche Kündigung durch die

---

[441] Vgl. Bohn, Der Einsatz von Wertpapierleihe, Repo- und Sell/ Buy-Back-Geschäften im Handel und Portfoliomanagement von festverzinslichen Wertpapieren, in: Kleeberg, Handbuch Portfoliomanagement, S. 779.

[442] Vgl. Sonderbedingungen für Wertpapierdarlehen der CBF Nr. 15.1.

[443] Vgl. Sonderbedingungen für Wertpapierdarlehen der CBF Nr. 14.1.

[444] Vgl. Sonderbedingungen für Wertpapierdarlehen der CBF Nr. 15.2.

[445] Vgl. Sonderbedingungen für Wertpapierdarlehen der CBF Nr. 15.3.

CBF.[446] Sollte während der Laufzeit eines Wertpapierdarlehens ein öffentliches Tilgungs-, Umtausch-, Wandlungs- oder Abfindungsangebot vorgelegt oder in Aussicht gestellt werden; oder sollte ein solches Angebot an die Inhaber nicht frei übertragbarer Bezugsrechte, sonstiger Vorzugsrechte oder Vermögenswerte gewährt oder ausgeschüttet werden, so kündigt die CBF im Namen des Darlehensgebers und setzt diesen hierüber umgehend in Kenntnis.[447] Kündigungserklärungen aller Art müssen bis 15.00h (Ortszeit Frankfurt am Main) des Abwicklungstages bei der CBF eingegangen sein, um an dem gleichen Abwicklungstag noch wirksam zu werden.[448]

IV. Vertragsbeziehungen des darlehensgewährenden Kunden zu seinem eigenen Kreditinstitut sowie Vertragsbeziehungen des darlehensempfangenden Kunden zu seinem Kreditinstitut

1. Vertragsbeziehungen des darlehensgewährenden Kunden zu seinem Kreditinstitut als kommissionsähnliches Verhältnis gem. §§ 383, 406 HGB

Kunden ohne unmittelbaren Zugang zum Wertpapierdarlehenssystem der CBF können nur über Vermittlung eines Kreditinstituts, das selbst Kunde bei der CBF ist, von deren Wertpapierdarlehensdienstleistungen profitieren.[449] Dies ermöglicht es dem Kunden des Kreditinstitutes, auf der gleichen Grundlage wie die Kreditinstitute, die selbst als Darlehensgeber auftreten, das Instrument des Wertpapierdarlehens für seine Vermögensdisposition zu nutzen.[450]

Die Rechtsbeziehung zwischen dem Depotkunden und seinem Kreditinstitut wird als Kommissionsverhältnis begründet, da das beauftragte Kreditinstitut seinem Kunden nicht als Darlehensnehmer gegenüber steht. Ein derartiges Kommissionsgeschäft, wie es zwischen Kommissionär und Kommittenten vereinbart wird, bezieht sich grundsätzlich auf einen Drittmarkt. Auf diesem Drittmarkt soll dann -in diesem Fall- als „Ausführungsgeschäft“ ein Wertpapierdarlehen stattfinden.[451]

Das beauftragte Kreditinstitut tritt nämlich gegenüber seinem Darlehensgeber nach der Art der Ausführung des Kundenauftrages nur als Kommissionär, also

---

[446] Vgl. Sonderbedingungen für Wertpapierdarlehen der CBF Nr. 15.4.3.
[447] Vgl. Sonderbedingungen für Wertpapierdarlehen der CBF Nr. 15.6.
[448] Vgl. Sonderbedingungen für Wertpapierdarlehen der CBF Nr. 15.7.
[449] Gesell, Wertpapierleihe und Repurchase Agreement im deutschen Recht, S. 52.
[450] Schäfer in: Schwintowski/Schäfer, Bankrecht, § 22 Rn. 30.
[451] Staub-Koller, HGB, § 383 Rn. 5.

im eigenen Namen und für Rechnung des Kunden, auf.[452] Bezogen auf den Vertragsgegenstand handelt es sich allerdings nicht um ein typisches Kommissionsgeschäft gem. § 383 HGB, das nur auf einen Kauf oder Verkauf von Wertpapieren beschränkt wäre.[453] Für die Annahme eines Kommissionsgeschäftes im Sinn der §§ 383, 406 Abs.1 Satz 1 HGB reicht es aus, dass ein Kaufmann im Rahmen des Betriebs seines Handelsgewerbes es übernimmt „ein Geschäft für Rechnung eines anderen im eigenen Namen zu schließen" (sog. Leistungskommission); wobei für solche Kommissionsgeschäfte alle Arten von Vereinbarungen[454] im Rahmen der allgemeinen Vertragsfreiheit nach § 311 BGB zulässig sind,[455] also auch die Vermittlung von Krediten.[456] Folglich liegt zweifelsfrei ein kommissionsähnliches Verhältnis zwischen dem darlehensgewährenden Kunden und seinem Kreditinstitut vor.

Der Kommissionsvertrag lässt sich grundsätzlich als ein spezieller Geschäftsbesorgungsvertrag nach § 675 BGB einordnen;[457] daraus folgt, dass vorrangig die Vorschriften der §§ 383ff. HGB und nachrangig die §§ 663, 665-670, 672-674 BGB aufgrund der entsprechenden Verweisung in § 675 BGB heranzuziehen sind.[458]

Des Weiteren weisen die CBF-Sonderbedingungen für Wertpapierdarlehen auch auf die Geschäftsbeziehungen der Kreditinstitute zu ihren Depotkunden hin, die ihnen entsprechende Aufträge erteilen. Dementsprechend bestimmen die AGB-Wertpapier-Leihgeschäfte,[459] dass die CBF-AGB ergänzend im Verhältnis des Kunden zu seiner Depotbank anwendbar sind.[460]

Aufgrund dieser kommissionsähnlichen Vertragsbeziehung ergeben sich folgende Fragestellungen:

- Inwiefern den beauftragten Kreditinstituten das Selbsteintrittsrecht gem. § 400 Abs.1 HGB zusteht;
- Inwiefern das Bonitätsrisiko der darlehensempfangenden Kreditinstitute von den darlehensgewährenden Kunden getragen werden sollte;

---

452 Vgl. Schäfer in: Schwintowski/Schäfer, Bankrecht, § 22 Rn. 30f; Dörge, Rechtliche Aspekte der Wertpapierleihe, S.97; Kümpel, Bank- und Kapitalmarktrecht, Rn. 13.88.
453 Vgl. Kümpel, WM 1990, 909. 913 f.
454 Z.B. Kommissionsvertag; vgl. RGZ 78, 298, 300; Ein Kommissionär schließt Werbungsverträge für fremde Rechnung ab.
455 Kümpel, WM 1990, 909, 914; Schmidt, Handelsrecht, S. 874.
456 OLG Celle von 11.06.1974, in: WM 1974, 735 ,736; Heymann, HGB, § 406, Rn. 1.
457 RGZ 53, 363,371; 92,158,159; RG, JW 1932, 2607, 2608.
458 Schmidt, Handelsrecht, S. 881.
459 Nach Hinweisen von Kümpel, Bank- und Kapitalmarktrecht, Rn. 13.90.
460 Kümpel, Bank- und Kapitalmarktrecht, Rn. 13.90.

- Inwiefern Kunden vor dem Insolvenzrisiko ihrer eigenen Kreditinstitute geschützt werden können.

a. Selbsteintritt durch das beauftragte Kreditinstitut

aa. Überblick bezüglich des Verhältnisses von Kommission und Selbsteintritt

Der Selbsteintritt stellt eine Ausführungsart der Kommission dar. Diese Ausführungsart weicht vom Normalfall ab. Die Kommissionsbank schließt nicht ein Ausführungsgeschäft mit einem Dritten ab, sondern tritt selbst als Käuferin oder Verkäuferin gem. § 400 Abs. 1 HGB gegenüber dem Kunden in den Vertrag ein.[461] Die Pflicht des Kommissionärs die Interessen des Kommittenten zu wahren (§ 384 Abs. 1 HGB), bedeutet, dass die Ausführung durch Selbsteintritt nur dann gestattet ist, wenn dies nicht gegen die Interessen des Kommittenten verstößt.[462] Darüber hinaus kann der Selbsteintritt des Kommissionärs auch vertraglich oder durch eine ausdrückliche Anweisung des Kommittenten ausgeschlossen werden.[463]

Die Möglichkeit des Selbsteintritts dient vor allem den Interessen des Kommissionärs. Er kann auf diese Weise den Kundenauftrag schneller abwickeln.[464] Allerdings muss der Kommissionär dann die kaufrechtliche Erfolgshaftung übernehmen und handelt für eigene Rechnung.[465] Für den Kommittenten beinhaltet die Kommission mit Selbsteintritt die Gefahr, dass der Kommissionär die Vorteile eines günstigen Deckungsgeschäfts nicht an ihn weiterleitet.[466] Im Hinblick auf Kundeninteressen ist das Selbsteintrittsrecht im Wertpapierhandelsgeschäft stets umstritten. Ein wesentlicher Grund für den umstrittenen Charakter des Selbsteintritts ist die Abrechnung durch den Kommissionär: Durch mögliche Manipulationen beim Abrechnungskurs durch den Kommissionär, den sog. „Kursschnitt“, können die Interessen der Kommit-

---

[461] Vgl. Krüger in: Ebenroth/Boujong/Joost, Handelsgesetzbuch, § 400 Rn. 1; Derleder/Kai, Handbuch zum deutschen und europäischen Bankrecht, § 49 Rn.12.

[462] Baumbach/Hopt, HGB § 400 Rn. 4; Krüger in: Ebenroth/Boujong/Joost, Handelsgesetzbuch, § 400 Rn. 8.

[463] Vgl. Baumbach/Hopt, HGB § 400 Rn. 4; Krüger in: Ebenroth/Boujong/Joost, Handelsgesetzbuch, § 400 Rn. 8.

[464] Krüger in: Ebenroth/Boujong/Joost, Handelsgesetzbuch, § 400, Rn. 2.

[465] Derleder/Kai: Handbuch zum deutschen und europäischen Bankrecht, § 49 Rn.12.

[466] Krüger in: Ebenroth/Boujong/Joost, Handelsgesetzbuch, § 400 Rn. 4.

tenten geschädigt werden.[467] Außerdem gibt es einige Stimmen, die die Vorschriften zum Schutz des Anlegers gem. § 400 ff. HGB für unvollkommen halten.[468]

Aus Besorgnis bezogen auf das „Kursschnitt-Problem“ wurde die Kommission mit Selbsteintritt aus den im Kreditgewerbe einheitlich verwendeten Sonderbedingungen für Wertpapiergeschäfte gestrichen.[469] Dadurch wird gewährleistet, dass der Kommissionär nicht die Interessen des Kommittenten zugunsten seiner eigenen vernachlässigt. Trotz der dadurch für die Praxis gesunkenen Bedeutung dieser Gestaltungsmöglichkeit ist bezogen auf die Kauf- oder Verkaufskommission zu beachten, dass die Kommission mit Selbsteintritt kraft Gesetzes für zulässig gehalten wird. Fraglich ist dagegen, ob das Selbsteintrittsrecht auch bei dem kommissionsähnlichen Geschäft kraft Gesetzes zulässig sein kann.

Gemäß § 406 HGB sind auf die dort genannten Geschäfte, die im Rahmen des Betriebs eines Handelsgewerbes auftreten, die Vorschriften der §§ 383ff. HGB entsprechend anzuwenden.[470] Allerdings ist fraglich, ob von dieser Verweisung auch das Selbsteintrittsrecht nach § 400 Abs. 1 HGB umfasst ist, wenn ein Kunde sein Kreditinstitut lediglich damit beauftragt seine Wertpapiere im Rahmen eines Wertpapierdarlehenssystems darlehensweise zu überlassen. Denn in diesem Fall soll das beauftragte Kreditinstitut entweder diesen Auftrag mit Hilfe des CBF-Wertpapierdarlehenssystems, oder mit Hilfe eines eigenen Wertpapierdarlehenssystems durchführen- als sog. Selbsteintritt. Ein solches Selbsteintrittsrecht für den Kommissionär bezogen auf dieses Wertpapierdarlehensgeschäft bedarf entweder einer ausdrücklichen vertraglichen Vereinbarung oder einer entsprechenden gesetzlichen Grundlage.

bb. Kein Selbsteintrittsrecht des Kreditinstituts auf Basis der CBF–Sonderbedingungen

Die CBF-Sonderbedingungen als maßgebliche Grundlage für die Beziehung zwischen dem Kunden und seinem Kreditinstitut sehen weder ausdrücklich noch konkludent ein solches Selbsteintrittsrecht des Kreditinstituts vor. Vielmehr spricht die Interessenlage des Kunden als Darlehensgeber - vertreten durch sein

---

[467] Krüger in: Ebenroth/Boujong/Joost, Handelsgesetzbuch, § 400 Rn. 4.
[468] Krüger in: Ebenroth/Boujong/Joost, Handelsgesetzbuch, § 400 Rn. 4; Derleder/Kai, Handbuch zum deutschen und europäischen Bankrecht, § 49 Rn.12.
[469] Derleder/Kai, Handbuch zum deutschen und europäischen Bankrecht, § 49 Rn.12.
[470] Staub-Koller, HGB, § 406 Rn. 3.

beauftragtes Kreditinstitut - im Rahmen des CBF-Wertpapierdarlehenssystems gegen ein solches Selbsteinstrittsrecht des Kreditinstituts.[471]

cc. Recht zum Selbsteintritt kraft Gesetzes

Bei den hier behandelten Wertpapierdarlehensgeschäften handelt es sich - wie bereits zuvor festgestellt[472] - um sog. untypische Kommissionsgeschäfte. Der Depotkunde als Kommittent erteilt seinem Kreditinstitut den Auftrag, seine eigenen Wertpapiere im Namen des Kreditinstitutes - also als Kommissionär - darlehensweise zu überlassen. Der Wortlaut des § 400 HGB stellt indes klar, dass nur im Rahmen einer Einkaufs- und Verkaufskommission - und keiner darlehensweisen Überlassung - ein Selbsteintrittsrecht möglich sein soll. Zusätzlich begründet die h.M. die Ablehnung eines Selbsteintrittsrechts des Kommissionärs bei „Ausführungsgeschäften anderer Art“ mit Gesichtspunkten des Anlegerschutzes. Der Kommissionär könnte dem Kommittenten gegenüber eine - unzulässige - Bestimmung des Preises durchsetzen. Insbesondere Kursschnittgeschäfte oder andere Manipulationen hinsichtlich des Ausführungsgeschäftes bergen ein hohes Missbrauchsrisiko.[473]

Indes erscheint die Position der herrschenden Meinung nicht in allen Punkten nachvollziehbar. Einerseits eröffnet § 406 HGB ausdrücklich den Anwendungsbereich aller Vorschriften über die Kommission- also auch des § 400 HGB. Andererseits wird das Selbsteintrittsrecht im Rahmen des § 400 Abs. 1 HGB nur insofern eingeschränkt, als dass für die betroffenen Wertpapiere ein Markt- oder Börsenpreis vorhanden sein muss.[474] Die Nennung der Einkaufs- und Verkaufskommission als Geschäftsarten hat lediglich eine deklaratorische Funktion und sollte keiner Einschränkung dienen.[475]

Des Weiteren sind Aspekte des Anlegerschutzes bei jeder Art von Kommissionsgeschäften mit Wertpapieren zu berücksichtigen. Hinsichtlich des Selbsteintrittsrechts kann insofern kein entsprechend höheres Schutzbedürfnis festgestellt werden. Insbesondere sind Interessenkonflikte im Verhältnis von

---

[471] Vgl. Gesell, Wertpapierleihe und Repurchase Agreement im deutschen Recht, S. 95f.; Dörge, Rechtliche Aspekte der Wertpapierleihe, S. 97; Grimm, Das Vertragsrecht des Wertpapierdarlehens, S. 64.

[472] Vgl. § 4 IV 1.

[473] Schmidt-Rimpler, Das Kommissionsgeschäft, S. 502; Schlegelberger-Hefermehl, HGB, §383, Rn. 14; Rasmus, das Selbsteintrittsrecht des Effektenkommissionärs, S. 3ff; Dalwigk zu Lichtenfels, Das Effektenkommissionsgeschäft, S. 47ff, S. 82ff.

[474] Vgl. Staub-Koller, HGB, § 406 Rn. 4.

[475] Vgl. Gesell, Wertpapierleihe und Repurchase Agreement im deutschen Recht, S. 95f.

Kommissionär und Kommittent nicht auf bestimmte Arten von Kommissionsgeschäften beschränkt oder von diesen abhängig.[476]

Schließlich eröffnet der technische Fortschritt - insbesondere die Nutzung des Internet - zahlreiche Möglichkeiten für den Kunden als Kommittenten, Preise und Marktkonditionen ständig zu kontrollieren und somit überhöhte Preise schnell zu ermitteln. Daher sollte nach einer neueren Ansicht ein Selbsteintrittsrecht kraft Gesetzes angenommen werden.[477]

Innerhalb dieser neueren Ansicht gibt es allerdings Vertreter, die im Falle der Nutzung des CBF-Wertpapierdarlehenssystems ein solches Selbsteintrittsrecht des Kommissionärs aus Gründen des Anlegerschutzes dennoch ablehnen. Dem Kunden ginge durch den Selbsteintritt des Kreditinstituts die Ausfallgarantie des Bankenkonsortiums im Rahmen des CBF- Wertpapierdarlehenssystems verloren. Hierdurch würde der Kunde als Kommittent unangemessen benachteiligt, indem er das Erfüllungsrisiko übernehmen müsste.[478]

dd. Stellungnahme zum Selbsteintrittsrecht

Nach Ansicht des Verfassers ist dieser Meinung von Dörge aus wirtschaftlichen und praktischen Erwägungen entgegenzutreten. Bereits im Ansatz erscheint die Ansicht von Dörge widersprüchlich, da er grundsätzlich ein Selbsteintrittsrecht kraft HGB mit Koller für möglich hält, es aber dann für den praktisch häufigsten Anwendungsfall im CBF- Wertpapierdarlehenssystem ausschließen will.

Wirtschaftlich betrachtet, erscheint eine tägliche Bewertung und Anpassung der Sicherheiten, wie durch die CBF gewährleistet, als ausreichend. Des Weiteren muss der Kunde als Darlehensgeber diese Ausfallgarantie über ein erhöhtes Darlehensentgelt auch bezahlen, obwohl „Ausfälle“ in der Praxis so gut wie nie vorkommen. Aufgrund dieser höheren Transaktionskosten könnte die Wirtschaftlichkeit für den Kunden in Frage gestellt sein. Schließlich könnte bei Ablehnung eines Selbsteintrittsrechts auch eine Wettbewerbsbeschränkung für den Kunden daraus entstehen, dass sich weniger Kreditinstitute bereit erklären könnten, am CBF- Wertpapierdarlehenssystem im Kundenauftrag teilzunehmen. Zusammenfassend betrachtet, sollte das Selbsteintrittsrecht kraft Gesetzes als zulässig angesehen werden.

---

[476] Vgl. Staub-Koller, HGB, § 406 Rn. 4; Gesell, Wertpapierleihe und Repurchase Agreement im deutschen Recht, S. 95.
[477] Vgl. Staub-Koller, HGB, § 406 Rn. 4.
[478] Dörge, Rechtliche Aspekte der Wertpapierleihe, S.97f.

b. Keine Haftung des darlehensgewährenden Kreditinstituts gegenüber dem darlehensempfangenden Kreditinstitut

Wesentliches Merkmal des Kommissionsverhältnisses ist das Handeln im eigenen Namen des Kommissionärs beim Ausführungsgeschäft[479], aber für Rechnung des Kommittenten.[480] Das Ausführungsgeschäft stellt bei den hier behandelten Wertpapierdarlehensgeschäften einen Darlehensvertrag nach § 607 BGB dar. Vertragsparteien sind die jeweils als Darlehensgeber und Darlehensnehmer auftretenden Kreditinstitute. Eine mögliche Haftung des Kommissionärs gegenüber dem Kommittenten, sowie deren Umfang, ergibt sich regelmäßig aus dem Kommissionsverhältnis und den im Innenverhältnis getroffenen Vereinbarungen unter Berücksichtigung der Pflichten des Kommissionärs gem. § 385 HGB.[481] Dies hat zur Folge, dass die wirtschaftlichen Folgen der Ausführungsgeschäfte beim Kommittenten eintreten sollen.[482]

Daher ist das darlehensgewährende Kreditinstitut lediglich verpflichtet, sofern es etwa von einem inneren Kommissionsverhältnis ausgeht, beispielsweise den Wertpapierdarlehensauftrag mit der Sorgfalt eines ordentlichen Kaufmanns auszuführen und dabei die Interessen ihres Kunden zu wahren; das darlehensgewährende Kreditinstitut kann also grundsätzlich unter mehreren möglichen Geschäftsabschlüssen denjenigen auswählen, bei dem die Wertpapiere im Hinblick auf die Laufzeit des Darlehens und das Darlehensentgelt am effektivsten genutzt werden können. Des Weiteren ist für eine ausreichende Absicherung der Rückgewähr der darlehensweise überlassenen Wertpapiere zu sorgen.[483]

Das Bonitätsrisiko des darlehensempfangenden Kreditinstituts wird von dem darlehensgewährenden Kunden getragen; dieses Risiko stammt aus dem Ausführungsgeschäft. Hierbei handelt es sich allerdings um ein eher theoretisches Risiko. Denn das darlehensempfangende Kreditinstitut ist verpflichtet, ausreichend zu bemessende Sicherheiten zu bestellen; ein etwaiger Ausfall bei der Verwertung der Sicherheiten erscheint durch die Ausfallgarantie des Bankenkonsortiums als hinreichend abgedeckt.[484]

---

[479] Der in Ausführung der Kommission abzuschließende und abzuwickelnde Vertrag mit einem Dritten.

[480] Schmidt, Handelsrecht, S. 875.

[481] Schmidt, Handelsrecht, S. 888f.

[482] Brox, Handels- und Wertpapierrecht, Rn. 368, Schlegelberger-Hefermehl, HGB, § 383 Rn. 21.32; Staub-Koller, HGB, § 383 Rn. 6.15.

[483] Gesell, Wertpapierleihe und Repurchase Agreement im deutschen Recht, S. 56.

[484] Vgl. Sonderbedingungen der Wertpapierdarlehen der CBF Nr. 18.8.

Obwohl das Bonitätsrisiko des darlehensempfangenden Kreditinstituts praktisch ausgeschlossen sein könnte, haftet das darlehensgewährende Kreditinstitut seinen Kunden gegenüber für das theoretisch verbleibende Bonitätsrisiko nicht. Denn das darlehensgewährende Kreditinstitut fungiert bei der Vermittlung nur als Kommissionär.[485] Der Kommissionär ist im wirtschaftlichen Sinne nur Vermittler zwischen Angebot und Nachfrage.[486] Die Rechtsstellung des Kommissionärs ist der eines direkten Stellvertreters (§ 164 Abs. 1 BGB) nicht unähnlich;[487] der Kommittent ist der Herr des Geschäfts. Daher dürfen alle Risiken und Aufwendungen aus dem Ausführungsgeschäft auf den Kommittenten abgewälzt werden.[488]

Das Kreditinstitut tritt als Kommissionär nur ausnahmsweise in die Haftung für das Wertpapierdarlehensgeschäft ein und zwar im Fall der sog. Delkrederehaftung (§ 394 Abs. 1 HGB). Die Delkrederehaftung stellt im Handelsrecht eine besondere Haftungsform dar, bei der der Kommissionär gegenüber dem Kommittenten für die Erfüllung von Verbindlichkeiten durch Dritte schuldrechtlich einsteht. In diesem Zusammenhang kann die Delkrederehaftung als Sonderform auch für den Bürgschafts- oder Garantievertrag für anwendbar gehalten werden.[489] Dies hat zur Folge, dass das darlehensgewährende Kreditinstitut die Erfüllung der Rücklieferungspflichten des Darlehensnehmers garantieren muss.[490]

Auch in einem weiteren Fall kann der Kommissionär in die Haftung für das Wertpapierdarlehensgeschäft eintreten: nämlich dann, wenn er als Kommissionär dem Kommittenten gegenüber nicht den Vertragspartner des Ausführungsgeschäfts benennt (§ 384 Abs. 3 HGB). Diese Eigenhaftung des Kommissionärs gilt für Kommissionsgeschäfte jeder Art, wie sie von § 406 HGB erfasst werden.[491] Diese Pflicht zur Anzeige bzw. Namhaftmachung nach § 386 Abs. 3 HGB erfüllt der Kommissionär bereits, wenn eine Identifizierung des Vertragspartners ohne große Schwierigkeiten möglich ist.[492]

Diese Identifizierung ist beim Wertpapierdarlehenssystem der CBF dadurch gewährleistet, dass die CBF jedem Wertpapierdarlehensgeschäft bis zur Rück-

---

[485] Kümpel, Bank- und Kapitalmarktrecht, Rn. 13.95.
[486] Staub-Koller, HGB, § 383 Rn. 3.
[487] Larenz, Allgemeiner Teil des Deutschen Bürgerlichen Rechts, S. 865 m.w.N.
[488] § 670 BGB , Vgl. § 396 Abs. 2 HGB; Staub-Koller, HGB, § 383 Rn.15.
[489] Vgl. Münchener Kommentar zum HGB-Häuser, § 394 Rn. 4; Roth in: Koller/Roth/Morck, HGB, § 394 Rn. 2; Heidelberger Kommentar zum HGB-Ruß, § 394 Rn. 1.
[490] Vgl. Kümpel, Bank- und Kapitalmarktrecht, Rn. 13.36.
[491] Schlegelberger-Hefermehl, HGB, § 384 Rn. 58; Staub-Koller, HGB, § 84 Rn. 69.
[492] Staub-Koller, HGB, § 384 Rn. 71.

gewähr der Wertpapiere eine Geschäftsnummer zuordnet, mit deren Hilfe Darlehensgeber und Darlehensnehmer jederzeit festgestellt und benannt werden können. Die CBF gibt die Identität von Darlehensnehmer und Darlehensgeber nur auf Anfrage und unter bestimmten Voraussetzungen bekannt.[493]

Zusammenfassend trägt das darlehensgewährende Kreditinstitut bei der Ausführung von Kundenaufträgen Sorgfalts-, Mitteilungs- und Auswahlpflichten. Als Kommissionär hat es dafür zu sorgen, dass der Kommittent einen möglichst vorteilhaften Vertragsschluss erhält. Dabei hat es die Weisungen des beauftragenden Kunden zu befolgen (§ 385 HGB) und ist ihm gegenüber zur Rechenschaft verpflichtet (§ 384 Abs.2 HGB). Ferner muss das Kreditinstitut die Interessen des Depotkunden wahrnehmen und eigene Interessen zurück-stellen. Das theoretisch verbleibende Bonitätsrisiko bezogen auf das darlehensempfangende Kreditinstitut muss jedoch grundsätzlich der Kunde tragen. Diese Tatsache ist Depotkunden, besonders Privatkunden regelmäßig nicht bewusst. Deshalb führt die Pflicht des Kommissionärs die Interessen des Kunden als Kommittenten zu wahren (Interessenwahrungspflicht) bereits im Vorfeld des Kommissionsvertrags dazu, dass das Kreditinstitut aufgrund der ihm obliegenden allgemeinen Beratungs- und Aufklärungspflichten auf die mit der Teilnahme am Wertpapierdarlehenssystem der CBF entstehenden Risiken hinweisen muss.[494] In der Praxis übernimmt das darlehensgewährende Kreditinstitut nur das Bonitätsrisiko des Darlehensnehmers, wenn die Identität des Darlehensnehmers nicht mitgeteilt wird (§ 384 Abs. 3 HGB) oder wenn das Kreditinstitut für die Erfüllung von Wertpapierdarlehensgeschäften eine Delkrederehaftung übernommen hat (§ 394 HGB).

c. Schutz des darlehensgewährenden Kunden vor dem Insolvenzrisiko seines Kreditinstituts gem. §§ 392, 406 HGB

Der darlehensgewährende Kunde verliert durch die Darlehensvergabe sein Eigentum an den Wertpapieren. Im Austausch erwirbt er einen schuldrechtlichen Anspruch gegen sein Kreditinstitut auf Herausgabe der Wertpapiere, die sein Kreditinstitut bei Fälligkeit des Wertpapierdarlehens von dem darlehensempfangenden Kreditinstitut zurück erhält.[495] Während das Bonitätsrisiko des dar-

---

[493] Nr.12.4 der Sonderbedingungen für Wertpapierdarlehen der CBF. Eine Offenlegung des Darlehensnehmers gegenüber dem Darlehensgeber zur Prüfung der wirtschaftlichen Verhältnisse nach § 18 KWG ist nicht erforderlich, da Wertpapierdarlehen keine Gelddarlehen i.S.v. § 488 BGB sind und daher nicht unter den Kreditbegriff des § 21 KWG fallen.

[494] Vgl. Grimm, Das Vertragsrecht des Wertpapierdarlehens, S.150ff; Staub-Koller, HGB, §383 Rn. 4ff; Schlegelberger-Hefermehl, § 383 Rn. 11f.

[495] § 667 BGB, § 384 HGB Abs. 2 HGB.

lehensempfangenden Kreditinstituts von dem darlehensgewährenden Kunden getragen wird, ist der Rückgewähranspruch des beauftragten Kreditinstituts gegen das darlehensempfangende Kreditinstitut aus dem Wertpapierdarlehensvertrag vor Insolvenz des beauftragten Kreditinstituts des Kunden gem. §§ 392, 406 HGB geschützt.[496]

Danach gelten Forderungen des Kommissionärs aus dem Ausführungsgeschäft, auch wenn sie nicht abgetreten sind, im Verhältnis zwischen dem Kommittenten und dem Kommissionär gem. § 392 Abs. 2 als Forderungen des Kommittenten. Die Rechtsstellung des darlehensgewährenden Kunden, d.h. des Kommittenten, hat also einen quasi- dinglichen Charakter.[497]

Hier ist allerdings zu beachten, dass diese Rechte dem darlehensgewährenden Depotkunden nur zustehen, wenn die Wertpapierdarlehensforderung gegenüber dem darlehensempfangenden Kreditinstitut noch aussteht.[498] Ein zusätzliches Insolvenzrisiko trägt der Kunde des beauftragten Kreditinstituts jedoch dann, wenn das Kreditinstitut die Wertpapierdarlehensforderung bereits wieder eingezogen hat, ihr also die Wertpapiere vom Darlehensnehmer bereits wieder rückübereignet wurden, das Kreditinstitut diese jedoch nicht wieder an seinen Kunden zurückübereignet hat.[499] § 392 Abs. 2 HGB ist nach ganz herrschender Meinung nicht auf das vom Kommissionär durch die Einziehung der Forderung Erlangte anzuwenden.[500]

2. Vertragsbeziehung des darlehensempfangenden Kreditinstituts zu seinem Kunden gem. § 607 BGB

Sofern ein Kunde eines Kreditinstitutes über das Wertpapierdarlehenssystem der CBF Wertpapiere darlehensweise empfangen möchte, muss der Kunde unmittelbar mit seinem Kreditinstitut einen Darlehensvertrag gemäß § 607 BGB auf Basis der Sonderbedingungen für Wertpapierdarlehen der CBF abschließen, damit das Kreditinstitut selbst als Darlehensnehmer im CBF auftreten kann.[501] Die Gestaltung des Verhältnisses zwischen dem Kunden und seinem Kredit-

---

[496] Vgl. Kümpel, WM 1990, 909, 914 f.
[497] Kümpel, Bank- und Kapitalmarktrecht, Rn. 13.102.
[498] Krüger in: Ebenroth/Boujong/Joost, Handelsgesetzbuch, § 392 Rn. 12.
[499] Vgl. Schäfer in: Schwintowski/Schäfer, Bankrecht, § 22 Rn. 33.
[500] Vgl. BGH NJW 1974, 456, 456; BGH NJW 1981, 918, 918; Baumbach/Hopt, HGB § 392 Rn. 3; Dörge, Rechtliche Aspekte der Wertpapierleihe, S. 101.
[501] Vgl. Nr. 6 ff der ursprünglichen Sonderbedingungen für Wertpapier-Leihgeschäfte im Wertpapier-Leihsystem der DKV AG. Obwohl in den neuen Sonderbedingungen der CBF nicht ausdrücklich bestimmt, wird dieser Inhalte aus den neuen Sonderbedingungen der CBF abgeleitet. Somit bleibt diese Alt-Regelung weiterhin erhalten; Vgl. Kümpel, Bank- und Kapitalmarktrecht, Rn. 13.106.

institut auf Basis von § 607 BGB[502] sorgt dafür, dass eine weitere Verpfändung der Kundenpapiere durch das Kreditinstitut problemlos möglich ist, da solche Verpfändungen nach § 12 DepotG nur im Rahmen von Kreditgeschäften zulässig sind.[503]

In diesem Sinne ist es auch zu verstehen, dass der Kunde sein Kreditinstitut gleichzeitig beauftragt, die darlehensweise erhaltenen Wertpapiere an Dritte zu leisten, sofern dies zur Erfüllung von Lieferverpflichtungen erforderlich werden sollte.[504] Der Kunde ist - ebenso wie das Kreditinstitut als Darlehensnehmer - verpflichtet, Sicherheiten in Form von Bargeld oder Wertpapieren bereit zu stellen.[505] In diesem Zusammenhang kann das darlehensempfangende Kreditinstitut gemäß § 12 DepotG die von dem Kunden als Sicherheit mittels Verpfändung erlangten Wertpapiere an die CBF zur Absicherung der Verbindlichkeiten des Kunden weiter verpfänden.[506]

Der Wortlaut des § 12 Abs. 1 Satz 1 DepotG, der eine Verpfändung „nur im Zusammenhang mit einer Krediteinräumung" zulässt, steht der Verpfändungsermächtigung aufgrund des zugrunde liegenden Wertpapierdarlehens als „Kredit" nicht entgegen.[507] Die Vergabe einer individuellen Geschäftsnummer erlaubt eine hinreichend eindeutige Verbindung zwischen dem Depotkunden und Rückgewährverbindlichkeiten, die sich aus seinen Aufträgen an sein Kreditinstitut ergeben.[508] Die anderen vertraglichen Vereinbarungen zwischen dem darlehensempfangenden Kreditinstitut und dem Kunden werden als die unter § 2 beschriebenen vertraglichen Vereinbarungen getroffen.

V. Bewertung des Wertpapierdarlehenssystems der CBF

Die rechtlichen Bedingungen haben sich im Rahmen des Wertpapierdarlehenssystems der CBF wesentlich gegenüber dem der DKV AG als deren Vorgängerin verbessert. Dies folgt zum einen aus der Anlehnung der Sonderbedingungen für Wertpapierdarlehen der CBF an die Regelungen des European Master Agreement (EMA) und dessen Produktanhang für Wertpapierdarlehen (EMA-PA). Wie in § 2 erwähnt findet das EMA vorwiegend im internationalen

[502] Nach Hinweis von Hamacher, Die Bank 1990, 34, 39; ursprünglich war eine Ausgestaltung nach §§ 383, 406 HGB erwogen worden, indes ist alleine im Hinblick auf § 12 Abs. 3 DepotG die Vertragsbeziehung als Darlehen gemäß § 607 BFB ausgestaltet worden.

[503] Vgl. Dörge, Rechtliche Aspekte der Wertpapierleihe, S. 102 ff; Heinsius/Horn/Than, Depotgesetz, § 12 Anm. 18.

[504] Vgl. Kümpel, Bank- und Kapitalmarktrecht, Rn. 13.106.

[505] Vgl. Schäfer in: Schwintowski/Schäfer, Bankrecht, § 22 Rn. 35.

[506] Vgl. Schäfer in: Schwintowski/Schäfer, Bankrecht, § 22 Rn. 35.

[507] Vgl. Kümpel, Bank- und Kapitalmarktrecht, Rn. 13.108.

[508] Vgl. Kümpel, Bank- und Kapitalmarktrecht, Rn. 13.109.

Geschäftsverkehr Anwendung. Das EMA dient indes auch als Ergänzung zur vertraglichen Dokumentation von Wertpapierdarlehen. Mit dem EMA steht eine praxisnahe Regelungsalternative zur Verfügung.[509] Die Anlehnung der Sonderbedingungen für Wertpapierdarlehen der CBF an das EMA erleichtert besonders Wertpapierdarlehensgeschäfte auf europäischer Ebene; damit tragen die Sonderbedingungen für Wertpapierdarlehen der CBF zu einer Vereinheitlichung der Regelungen auf europäischer Ebene bei.

Zum anderen stellte die CBF mit Wirkung ab dem Jahr 2001 ein flexibles System von Darlehensgebühren vor.[510] Diese neue Kostenstruktur führte zu einer größeren Attraktivität für die Teilnehmer. Außerdem wurde die maximale Laufzeit für Wertpapierdarlehen von vormals 6 auf 12 Monate erhöht. Es ist daher unumstritten, dass Wertpapierdarlehenssysteme für einen effizienten und liquiden Kapitalmarkt unverzichtbar sind.

Bezüglich des Sicherungskonzepts der CBF stellt sich die Frage, ob es hinsichtlich des Gläubigerschutzes überhaupt erforderlich oder nicht vielmehr überflüssig ist. Denn mit einer Übersicherung von Wertpapierdarlehensgeschäften könnte der Darlehensnehmer wegen einer erhöhten Kapitalbindung seine ursprüngliche Handelsstrategie nicht erfüllen können. Dies führt dazu, dass die Erträge aus Wertpapierdarlehensgeschäften für Darlehensgeber unnötig geschmälert werden könnten.

Allerdings ist zu beachten, dass trotz einer Besicherung der Wertpapierdarlehensgeschäfte im Rahmen des CBF-Wertpapierdarlehenssystems aufgrund der Anonymisierung des eigentlichen Abwicklungsgeschäftes die Schwelle eines möglichen Missbrauches gesenkt wird. Wenn die beteiligten Kunden nicht direkt in Erscheinung treten, ist die CBF aufgrund ihrer Prüfungspflichten bezüglich der Sicherheiten - vordergründig - verantwortlich. Zum Ausgleich dieses „Vertrauensdefizits" bezüglich der Geschäftsabwicklung erscheint ein von allen Teilnehmern zu erbringender Beitrag für die Ausfallgarantie geeignet. Die CBF kann danach – ohne viel öffentliches Aufsehen – mit dem betroffenen Teilnehmer die Rückzahlung des Schadens regeln. Es wird dadurch vermieden, dass der Ruf eines einzelnen Teilnehmers beschädigt wird. Die CBF kann als unabhängige Stelle das weitere Vorgehen bestimmen. Schließlich kann es auch als sachgerecht angesehen werden, wenn dieses Ausfallrisiko wie üblich von den Kreditinstituten mit der entsprechenden Eigenkapitalunterlegung gem. §10KWG bezogen auf von ihr unmittelbar als Vertragspartei getätigten Wertpapierdarlehensgeschäften abgesichert werden muss.

---

[509] Horn, Europäisches Finanzmarktrecht, S. 72.

[510] Vgl. Flexiblere Preise für die Wertpapierleihe: Clearstream bietet Fondsgesellschaften umfangreicheren Verleih an, FAZ Nr. 188 v. 15.08.2001,S. 27.

Jedoch führt nicht allein eine Betrachtung des Sicherheitskonzepts zu der Schlussfolgerung, dass der Abschluss von Wertpapierdarlehensgeschäften über das CBF-Wertpapierdarlehenssystem besser als der in § 2 beschriebene direkte Abschluss von Wertpapierdarlehensgeschäften erscheint. Darüber hinaus ergeben sich weitere Vorteile[511], wie aus der Besicherung durch den gegenseitigen „Wertausgleich" gemäß dem Rahmenvertrag für Wertpapierdarlehen oder wie aus Nettingvereinbarungen.

Folglich ist indes, ob eine Zentralisierung wie durch die CBF letztlich sinnvoll ist. Ausgehend von der Theorie einer freien Marktwirtschaft wird das Handeln auf einem freien Markt angestrebt. Deshalb könnte eine solche Zentralisierung aus volkswirtschaftlichen Gesichtspunkten als unvollkommen gelten. Meiner Ansicht nach hat eine solche Zentralisierung auf die Stabilität des Finanzmarkts in Deutschland überwiegend positive Auswirkungen. Sie kann auch einen Beitrag zur Rechtssicherheit bei der Durchführung von Wertpapierdarlehensgeschäften leisten. Deshalb sollte meiner Ansicht nach das CBF-Wertpapierdarlehenssystem als ein Vorbild zum Aufbau des Wertpapierdarlehenssystems auf dem chinesischen Wertpapiermarkt angesehen werden. Eine ausführliche Begründung hierzu werde ich in § 9 geben.

---

[511] Vgl. § 2 VII „Sicherungsvereinbarung" und IX „Vereinbarung bezüglich „Liquidationsnetting".

§ 5. Besonderheiten der Wertpapierdarlehensgeschäfte bezogen auf Aktien

Anders als bei Wertpapierdarlehensgeschäften bezüglich festverzinslicher Wertpapiere stellt sich die Frage, wie die Ausübung von Stimmrechten bei Wertpapierdarlehensgeschäften über Aktien gestaltet werden sollte.

Es ist insbesondere umstritten, ob der Darlehensnehmer die aus Wertpapierdarlehensgeschäften entstehenden Stimmrechte ausüben darf. Außerdem ist fraglich, ob eine Stimmrechtsausübung durch den Darlehensnehmer eine Ordnungswidrigkeit gemäß § 405AktG darstellen und die damit verbundenen Rechtsfolgen und Sanktionen auslösen könnte. Denn die Stimmrechtsausübung durch den Darlehensnehmer mittels eines Wertpapierdarlehens steht dem Willen des Gesetzgebers entgegen, da der Darlehensnehmer dadurch die Kontrolle über ein Unternehmen mit einem geringen Mitteleinsatz ermöglichen.[512] Zusätzlich ist zu berücksichtigen, dass Wertpapierdarlehensgeschäfte regelmäßig nicht zur Ausübung von Stimmrechten, sondern zur Verfolgung anderer wirtschaftlicher Strategien verwendet werden. Indes eröffnet ein Wertpapierdarlehen dem Darlehensnehmer wegen der Eigentumsübertragung bezogen auf die darlehensweise überlassenen Aktien die Chance, das erworbene Stimmrecht sogar als Berechtigter ausüben zu könnten.

I. Unzulässigkeit der Stimmrechtsausübung gemäß § 405 AktG

Wie zuvor bereits begründet können Wertpapierdarlehensgeschäfte als Sachdarlehen gemäß §§ 607ff. BGB qualifiziert werden.[513] Zusammen mit dem Eigentum an den darlehensweise überlassenen Aktien erwirbt der Darlehensnehmer auch die mit ihnen verbundenen Stimmrechte, falls keine abweichenden vertraglichen Vereinbarungen getroffen werden. Eine vertragliche Vereinbarung über einen Verbleib der Stimmrechte beim Darlehensgeber ist regelmäßig unzweckmäßig; die darlehensweise überlassenen Aktien werden in der Praxis aus wirtschaftlichen Gründen normalerweise unverzüglich an einen Dritten übereignet. Damit verliert der Darlehensgeber das Stimmrecht an einen Dritten als Eigentümer der Aktien. Es ist umstritten, ob die Ausübung der Stimmrechte durch den Darlehensnehmer eine aktienrechtliche Ordnungswidrigkeit i.S.v. §405 Abs. 3 AktG darstellt, wenn die darlehensweise überlassenen Aktien nicht an einem Dritten übertragen werden, sondern sich in Depot des Darlehensnehmer befinden.

---

[512] Vgl. Kümpel/Peters, AG 1994, 525, 529.
[513] Siehe oben § I IV 2 „Wertpapierleihe oder Wertpapierdarlehen".

1. Stimmrechtsausübung als Ordnungswidrigkeit im Sinne des § 405 Abs. 3 Nr. 2 und Nr. 3 AktG

Nach § 405 Abs. 3 Nr. 2 AktG handelt ordnungswidrig, wer „zur Ausübung von Rechten in der Hauptversammlung oder in einer gesonderten Versammlung Aktien eines anderen benutzt, die er sich zu diesem Zweck durch Gewähren oder Versprechen besonderer Vorteile verschafft hat“.

Die Ordnungswidrigkeit kann mit einer Geldbuße von bis zu Euro 25.000 geahndet werden. Hier handelt es sich um einen Missbrauch von Aktien durch sog. entgeltliches Ausleihen zum Zwecke der Ausübung von Rechten in der Hauptversammlung oder in einer gesonderten Versammlung.[514] Allerdings erscheint die Argumentation der h.M.[515], dass hier mit geringem Mitteleinsatz unter Verstoß gegen § 405 Abs. 3 Nr. 2 AktG Stimmen gekauft werden können, zweifelhaft.

Erstens stimmt das in § 405 Abs. 3 Nr. 2 AktG erwähnte „ Entgeltliche Ausleihen“ mit dem vorliegenden Untersuchungsgegenstand des Wertpapierdarlehens nicht überein.[516] § 405 Abs. 3 Nr. 2 AktG beruht auf dem früheren Art. 249 f ADHGB (Allgemeines Deutsches HGB)[517]. Sowohl der frühere Art. 249 f ADHGB als auch § 405 Abs. 3 Nr. 2 und Nr. 3 AktG enthalten Regelungen für die „entgeltliche Aktienleihe“. Definiert wird die entgeltliche Aktienleihe jedoch in beiden Fällen nicht. Beide Vorschriften beschreiben aber denselben Sachverhalt, bei dem ein „Entleiher“ das Stimmrecht für Aktien eines anderen ausübt, wobei hierfür das zivilrechtliche Eigentum an den Wertpapieren zum Zeitpunkt der Stimmrechtsausübung maßgeblich war.[518] Falls die Ausübung der Stimmrechte durch den Darlehensnehmer bei Wertpapierdarlehensgeschäften von § 405 Abs. 3 Nr. 3 AktG erfasst würde, würde der Darlehensnehmer nicht Eigentümer der darlehensweise überlassenen Wertpapiere werden.[519] Daher erhält der Darlehensnehmer keine Verfügungs-, sondern nur die zeitlich begrenzte Nutzungsbefugnis an den darlehensweise hingenommenen Wertpapieren.[520]

---

[514] Vgl. Kümpel, Bank- und Kapitalmarktrecht, Rn. 13.53.
[515] Vgl. Kümpel/Peters, AG 1994, 525, 529 unter V; Gesell, Wertpapierleihe und Repurchase Agreement im deutschen Recht, S. 128ff; Claussen, Bank – und Börsenrecht, S. 569.
[516] Dörge, AG 1997, 396, 400.
[517] Durch Gesetz vom 16.07.1884 wurde in das Allgemeine Deutsche Handelsgesetzbuch (ADHGB) mit Art. 249f eine Vorschrift eingefügt, die sich mit der „entgeltlichen Verleihung“ von Aktien befasste.
[518] Vgl. Zöllner-Geilen, Kölner Kommentar zum AktG, § 405 Rn. 81, 97; Würdinger-Klug, Großkommentar, AktG, § 405 Anm. 23, 25;
[519] Dörge, AG 1997, 396, 400.
[520] Dörge, AG 1997, 396, 400.

Diese rechtliche Konstruktion ist aber nicht mit Wertpapierdarlehensgeschäften, die als Sachdarlehen i.S.v. § 607 BGB qualifiziert werden, vergleichbar.

Zweitens, setzt nach dem Wortlaut des § 405 Abs. 3 Nr. 2 AktG der Tatbestand die Benutzung von Aktien „eines anderen" voraus; der Darlehensnehmer benutzt jedoch Aktien, die ihm selbst gehören.[521] Die Frage, ob es sich im Sinne des §405 Abs. 3 Satz 2 AktG um Aktien „eines anderen" handelt, richtet sich ausschließlich nach der zivilrechtlichen Eigentumslage.[522]

Schließlich lässt sich eine Auslegung des Wortlauts von § 405 Abs. 3 Nr. 2 AktG durch wirtschaftliche Betrachtungsweise nicht rechtfertigen stehen. Eine derartige Auslegung würde dem aus Art. 103 Abs. 2 GG folgenden Bestimmtheitsgrundsatz widersprechen.[523] § 405 Abs. 3 Nr. 2 AktG unterliegt als Ordnungswidrigkeit gem. § 3 OwiG dem Analogieverbot, so dass eine entsprechende Anwendung - als strafschärfende Analogie -auf die oben genannten Fälle des Wertpapierdarlehens auch aus diesem Grund nicht möglich ist.[524]

Die Auffassung[525], dass die Stimmrechtsausübung durch den Entleiher unzulässig sei, weil sie eine Ordnungswidrigkeit nach § 405 Abs. 3 Nr. 2 AktG sein könnte, ist somit unzutreffend.

2. Stimmrechtsausübung als OwiG nach § 405 Abs. 3 Nr. 6. und Nr. 7 AktG

Nach § 405 Abs. 3 Nr. 6 und Nr. 7 AktG stellt ein Kauf von Stimmrechten eine mit Geldbuße belegte Ordnungswidrigkeit dar. Nach der Behauptung von Claussen, dass der Darlehensnehmer mit einem Wertpapierdarlehen nicht Lieferpflichten erfüllen,[526] sondern vom Darlehensgeber Stimmrechte kaufen wolle, wäre der Tatbestand des § 405 Abs. 3 Nr. 6 und Nr. 7 AktG erfüllt; der zugrunde liegende Wertpapierdarlehensvertrag wäre wegen dieser OwiG möglicherweise nach § 134 BGB unwirksam.[527]

Eine solche Auffassung überzeugt nicht, da bei einem Kauf von Stimmrechten derjenige, der Stimmrechte ausübt, das Eigentum an den Wertpapieren, aufgrund deren er das Stimmrecht ausübt, kaum zuvor auf den Käufer der Stimmrechte

---

521 Dörge, AG 1997, 396, 400.
522 Vgl. Geßler-Fuhrmann, AktG, § 405 Rn. 29 i.V.m. Rn. 25.
523 Vgl. Göhler, Gesetz über Ordnungswidrigkeiten, § 3 Rn. 5.
524 Vgl. Göhler, Gesetz über Ordnungswidrigkeiten, § 3 Rn. 5.
525 Kümpel/Peters, AG 1994, 525, 529 unter V.
526 Vgl. obige Ausführungen unter § 5 I 1.
527 Vgl. oben § 3 I.

übertragen dürfte.[528] Dagegen findet bei Wertpapierdarlehensgeschäften i.S.v. §607 BGB ein Übergang des Eigentums an den Wertpapieren auf den Darlehensnehmer statt. Daher sind die Tatbestände der §§ 405 Abs. 3 Nr. 6 und Nr. 7 AktG nicht erfüllt.

3. Zwischenergebnis

Die Ausübung von Stimmrechten mittels geliehener Aktien kann dem Darlehensnehmer die Erlangung der Kontrolle über ein Unternehmen mit einem geringen Mitteleinsatz ermöglichen; dies ist ordnungspolitisch unerwünscht.[529] Die Regelungen der §§ 405 Abs. 3 Nr. 2 und Nr. 3 AktG bieten hiergegen keinen ausreichenden Schutz. Zum einen erfassen sie - wie oben ausgeführt - die heutzutage üblicherweise durchgeführten Wertpapierdarlehensgeschäfte nicht. Zum anderen kann eine gem. § 405 Abs. 4 AktG auf maximal 25.000 Euro begrenzte Geldbuße kaum die notwendige Abschreckungswirkung hervorrufen. De lege ferenda wäre daher eine Regelung angebracht, welche die Ausübung von Stimmrechten mittels darlehensweise überlassener Aktien generell untersagt und dabei alle Arten von möglichen Wertpapierdarlehensgeschäften erfasst.[530]

Einer anderen Auffassung, wonach der Darlehensnehmer nicht zur Ausübung der Stimmrechte befugt sein soll,[531] kann ebenfalls nicht gefolgt werden. Dies würde dazu führen, dass das Stimmrecht aus den betreffenden Aktien von niemandem ausgeübt, werden kann, weil der Darlehensgeber nicht mehr Eigentümer der Wertpapiere und damit nicht mehr Inhaber der Stimmrechte ist.[532]

II. Gesellschaftsrechtliche Veränderungen

1. Eingliederung gem. § 320 AktG

Gemäß § 320 AktG ist die Eingliederung einer Aktiengesellschaft zulässig, sofern sich 95% ihres Grundkapitals im Besitz der übernehmenden Gesellschaft befinden. Ein durch Wertpapierdarlehensgeschäfte erhaltener Aktienanteil wird dem Anteilsbesitz der Hauptgesellschaft hinzugerechnet, da die schuldrechtliche Verpflichtung der Hauptgesellschaft zu einer späteren Übertragung der Aktien

[528] Dörge, AG 1997, 396, 400.
[529] Kümpel/Peters, AG 1994, 525, 529.
[530] Dörge, AG 1997, 396, 400.
[531] So Kümpel/Peters, AG 1994, 525, 529 unter V; Gesell, Wertpapierleihe und Repurchase Agreement im deutschen Recht, S. 128 ff.
[532] Opitz in: Geibel/Schäfer: WpHG, Börsengesetz mit BörsZulV. Verkaufsprospektgesetz mit VerkProspV: Kommentar, S. 255.

auf einen Dritten einer Eingliederung nicht entgegensteht.[533] Dies gilt auch dann, wenn die Hauptgesellschaft - wie bei einem echten Wertpapierpensionsgeschäft oder einem Repo - die Aktien bereits veräußert hat.[534] Die künftige Hauptgesellschaft läuft in einem solchen Fall zwar Gefahr, dass sie entweder ihre schuldrechtlichen Pflichten verletzt oder die Eingliederung gem. § 327 Abs. 1 Nr. 3 AktG mit Übertragung auch nur einer Aktie endet, sofern der Darlehensnehmer bei Fälligkeit der Wertpapierdarlehensgeschäfte, Aktien der eingegliederten Gesellschaft an den Darlehensgeber zurück überträgt.[535] Mit Eintragung der Eingliederung ins Handelsregister gehen sämtliche Aktien- einschließlich der darlehensweise hingenommenen Wertpapiere- der eingegliederten Gesellschaft auf die Hauptgesellschaft über.[536]

Sofern der Darlehensnehmer auch ohne die darlehensweise hingenommenen Wertpapiere über 95% der Aktien der eingegliederten Gesellschaft verfügte, können diese nach § 320b Abs. 1 Nr. 2 und Nr. 3 AktG durch Aktien der Hauptgesellschaft oder durch Barabfindungen ersetzt werden. Denn auch ohne das Wertpapierdarlehen hätte ein wirksamer Eingliederungsbeschluss ergehen können. Somit sind die darlehensweise hingenommenen Wertpapiere in das Eigentum der Hauptgesellschaft übergegangen. Darüber hinaus ist es der Hauptgesellschaft ohnehin gestattet, Aktien der eingegliederten Gesellschaft nach der Eingliederung zu veräußern.[537]

§ 320b Abs. 1 AktG gewährt den enteigneten Aktionären und Darlehensnehmern der eingegliederten Gesellschaft einen Anspruch auf angemessene Abfindung gegen die Hauptgesellschaft. Dies bedeutet für den Darlehensnehmer einen Fall der nachträglichen Unmöglichkeit. Mangels Vertretenmüssens wird der Darlehensnehmer von der Rückgabepflicht für die Wertpapiere frei. Indes hat der Darlehensgeber gegen den Darlehensnehmer gemäß § 285 Abs. 1 BGB einen Anspruch auf Abtretung der Entschädigungsansprüche nach § 320b Abs. 1 AktG.[538]

2. Verschmelzungen gem. § 2 UmwG

Verschmelzungen nach § 2 UmwG können durch Vermögensübertragungen zwischen bestehenden Aktiengesellschaften zustande kommen. Des Weiteren kann

533 Geßler/Hefermehl/Eckarde/Kroff, AktG, § 319, Rn. 3.
534 Kienle in: Schimansky/Bunte/Lwowski, Bankrechts-Handbuch, 1. Aufl., § 105 Rn. 65.
535 Emmerich/Habersack, Aktien- und GmbH-Konzernrecht Kommentar, S. 544.
536 Kienle in: Schimansky/Bunte/Lwowski, Bankrechts-Handbuch, 1. Aufl., § 105 Rn. 64.
537 Kienle in: Schimansky/Bunte/Lwowski, Bankrechts-Handbuch, 1. Aufl., § 105 Rn. 65.
538 Kienle in: Schimansky/Bunte/Lwowski, Bankrechts-Handbuch, 1. Aufl., § 105 Rn. 66.

Vermögen verschmolzen werden, um eine neue Gesellschaft zu gründen.[539] Darlehensnehmer der übertragenen Gesellschaft werden aufgrund nicht zu vertretender Unmöglichkeit nach § 275 BGB von der Rückübertragung der Wertpapiere frei. Indes ist der Darlehensnehmer nach § 285 BGB zur Rückgewähr von Aktien der neuen Gesellschaft an den Darlehensgeber verpflichtet.[540]

3. Unternehmensverträge gem. § 291 Abs. 1 Satz 1 AktG

Unternehmensverträge i.S.v. § 291 Abs.1 Satz 1 AktG bedürften mindestens einer Mehrheit von 75% des bei Beschlussfassung auf der Hauptversammlung anwesenden Grundkapitals der Gesellschaft. Zur Entschädigung der außenstehenden Aktionäre müssen Ausgleichsleistungen gemäß § 304 AktG und Abfindungszahlungen gemäß § 305 AktG vorgesehen werden. Anders als bei Eingliederungen können die außenstehenden Aktionäre gegenüber dem Darlehensnehmer wählen, ob sie gegen einen angemessenen Ausgleich für ihre Nachteile in der Gesellschaft verbleiben (§ 304 AktG) oder gegen eine Abfindung aus ihr ausscheiden wollen (§ 305 AktG). Anders als bei Eingliederungen sind die Rückgabepflichten der Darlehensnehmer gegenüber dem Darlehensgeber nach Unternehmensverträgen dadurch nicht im Wege der Unmöglichkeit untergegangen. Um eine Schadensersatzpflicht des Darlehensnehmers infolge zu vertretender Unmöglichkeit nach § 281 BGB abzuwenden, müssen Darlehensnehmer bei Gewinnabführungsverträgen einen angemessenen Ausgleich für außenstehende Aktionäre vorsehen.[541]

Hierbei ist es in der Praxis sehr problematisch, falls es dem Darlehensnehmer nur durch die darlehensweise hingenommenen Wertpapiere gelingt, einen Unternehmensvertrag nach § 291 Abs. 1 Satz 1 AktG mit der Untergesellschaft abzuschließen. Anders als bei Eingliederungen, die häufig durch die Erfüllung des Wertpapierdarlehensvertrags durch den Darlehensnehmer kraft Gesetzes §327 Abs. 1 Nr. 3 AktG enden, wird in vielen Fällen eine Aufhebung des Unternehmensvertrages ausscheiden; hier ist die Wiederherstellung des früheren Zustandes im Wege einer Naturalrestitution (§ 249 Abs. 1 BGB) ausgeschlossen.[542]

Während die Darlehensgeber ihre Vermögensschäden durch fortbestehende Rückgewähransprüche gegenüber den Darlehensnehmern sichern können, können die auf Seiten der Darlehensgeber eingetretenen Verluste von Mitglied-

---

[539] Kallmeyer, Umwandlungsgesetz, Kommentar, § 2 Rn. 2.

[540] Fleischmann, DB 1998, 2297, 2297ff; Keilen in: Schimansky/Bunte/Lwowski, Bankrechts -Handbuch, 1. Aufl., § 105 Rn. 66.

[541] Kienle in: Schimansky/Bunte/Lwowski, Bankrechts-Handbuch, 1. Aufl., § 105 Rn. 68.

[542] GroßKommAktG-Würdinger, § 320 Anm. 25.

schaftsrechten kaum ausgeglichen werden, da die Darlehensgeber kaum in der Lage sein werden, den jeweiligen Schaden zu bemessen. Nach Dörger Ansicht[543] sollte ein gesetzliches Verbot einer Stimmrechtausübung durch Darlehensnehmer von Wertpapieren zum Zweck des Schutzes von Darlehensgebersinteressen existieren.

III. Stellungnahme bezogen auf die Behandlung von Stimmenrechten nach dem AktG

Wie oben bereits ausgeführt könnte die Ausübung von Stimmrechten mittels Wertpapierdarlehen sehr problematisch sein; dies gilt insbesondere bei gesellschaftsrechtlichen Veränderungen. Der Darlehensnehmer könnte mit einem geringen Mitteleinsatz bereits die Kontrolle über ein Unternehmen er-langen. Dieser Fall ist allerdings gefährlicher als ein direkter entgeltlicher Stimmenrechtskauf i.S.v. § 405 Abs. 3 Nr. 6 und Nr. 7 AktG oder als ein „entgeltliches Aktienausleihen" i.S.v. § 405 Abs. 3 Nr. 2 und Nr. 3 AktG anzusehen. Denn das Verhalten des Darlehensnehmers im Fall des Wertpapierdarlehens könnte wegen der „Eigentumserlangung an den darlehensweise überlassenen Aktien" von den in § 405 erfassten Missbrauchstatbeständen bezogen auf die Stimmrechte herausgenommen und somit nicht mit einer Geldbuße von bis zu Euro 25.000 geahndet werden. Darüber hinaus könnte der Darlehensnehmer sein eigentliches Motiv, nämlich „das Stimmrecht auszuüben" unter einem „rechtlichen Mantel" verbergen, da er unter Umständen berechtigt wäre, die gewährten Stimmrechte auszuüben. Somit wäre die mögliche rechtliche Kontrolle und Überwachung schwieriger geworden. Ausgehend von der bisherigen Rechtslage in Deutschland ist ein rechtliches Verbot in diesem Fall sowohl im Aktiengesetz als auch auf gesellschaftsrechtlicher Ebene noch nicht erfasst.[544]

Die vertragliche Vereinbarung kann in solchen Fällen nur teilweise zu Beschränkungen führen. Beispielsweise ist es möglich, eine vertragliche Vereinbarung zu treffen, dass die darlehensweise überlassenen Aktien vor einer Hauptversammlung zurückgegeben werden sollten. Eine solche Vereinbarung entspricht den Vorgaben von § 55 Nr. 2 InvG. In diesem Fall werden die Rechtsgüter des Darlehensgebers geschützt. Jedoch werden nach dem Grundsatz der Vertragsfreiheit solche Vereinbarung nicht immer abgeschlossen. Somit könnten neben dem Verlust von Mitgliedschaftsrechten für den Darlehensgeber auch die anderen Aktionäre unter dieser ungünstigen Situation bei der Hauptversammlung leiden; dies gilt besonders bei einer außerordentlichen Versammlung bei der eine Stimmrechtsausübung für den Darlehensnehmer vorteilhaft wäre.

---

[543] Dörger, AG 1997, 396, 401; vgl. auch Kümpel/Peters, AG 1994, 525, 529.

[544] Vgl. Kümpel/Peters, AG 1994, 525, 529.

Folglich sollte ein gesetzliches Verbot in diesem Fall geschaffen werden. Hier ist auch zu beachten, dass ein Bußgeld von 25.000 Euro im Sinne von § 405 AktG nicht ausreicht, denn die eingetretenen Verluste von Mitgliedschaftsrechten können wirtschaftlich kaum angemessen ausgeglichen werden. Somit wird eine verschärfte Regelung vorgeschlagen, z.B. eine Formulierung des "Missbrauchs von Stimmrechten mittels Wertpapierdarlehen" als Straftatbestand. Zum Schutz der Interessen der Darlehensgeber und der Interessen der übrigen Aktionäre wäre eine verschärfte Regelung vorteilhaft.

IV. Erwerb eigener Aktien, § 71 AktG

Ein Kreditinstitut, Finanzdienstleistungsinstitut oder Finanzunternehmern darf nach § 71 Abs. 1 Nr. 7 AktG durch einen Beschluss der Hauptversammlung ermächtigt werden, eigene Aktien zum Zwecke des Wertpapierhandels zu erwerben. Neben dem Erwerbszweck muss die Hauptversammlung die maximal zulässige Höhe der Handelsbestandes an eigenen Aktien bestimmen; diese darf 5% des Grundkapitals am Ende jedes Handelstages nicht überschreiten.[545] Dies führt dazu, dass zwar im Verlaufe eines Tages auch Bestände eigner Aktien von mehr als 5% zulässig sind, sofern die 5% Grenze am Ende des Handelstages (24 Uhr deutscher Zeit) eingehalten wird.[546] Ferner muss der Beschluss den niedrigsten und höchsten Gegenwert der zu reakquirierenden Aktien in Form einer Bandbreite fester Beträge festlegen; innerhalb dieses Rahmens muss sich der Kauf bzw. Verkaufspreis bewegen.[547] Die Ermächtigung der Gesellschaft darf höchstens 18 Monate gelten und kann während oder nach Ablauf dieser Frist erneuert werden.[548] Nach der Begründung des Gesetzgebers ermöglicht § 71 Abs. 1 Nr. 7 AktG auch den Erwerb eigener Aktien durch Wertpapierdarlehen.[549]

---

[545] Butzke, WM 1995, 1389, 1391; Weisgerber, Bankrelevante Gesetzgebung der 12. Legislaturperiode, die Bank 1994, 554, 554.
[546] Johannsen-Koth, Der Erwerb eigener Aktien, S. 160.
[547] Johannsen-Koth, Der Erwerb eigener Aktien, S. 161.
[548] Vgl. RegBegr. BT-Drucks, 12/6679, S.84; Hüffer, AktG, § 71, Rn. 196; Kienle in: Schimansky/Bunte/Lwowski, Bankrechts-Handbuch, 2. Aufl., §105 Rn. 82.
[549] BT-Drucks 12/6679, S. 84.

§ 6. Bilanz- und steuerrechtliche Fragen der Wertpapierdarlehen

I. Bilanzrechtliche Fragen bezüglich Wertpapierdarlehen

1. Die Bilanzierung von Wertpapierdarlehensgeschäften

Anders als für Wertpapierpensionsgeschäfte, welche nach § 340b HGB bilanziert werden sollen, liegen für Wertpapierdarlehensgeschäfte keine ausdrücklichen Bilanzierungsregelungen vor. Somit sind die allgemeinen Grundsätze ordnungsgemäßer Buchführung (GoB) heranzuziehen.[550] Eine entsprechende Anwendung von § 340b Abs. 1 HGB auf Wertpapierdarlehensgeschäfte wird für unzulässig gehalten.[551] Diese Ansicht vertreten auch Finanzverwaltungen,[552] sowie das Bundesaufsichtsamt für das Kreditwesen.[553] Der Wortlaut des § 340b Abs.1 HGB ist eindeutig: diesem zufolge werden nur Käufe und Verkäufe von Wertpapieren, nicht jedoch deren darlehensweise Überlassung behandelt.[554] Dagegen eröffnet Art. 12 I der EG-Bilanzrichtlinie einen Anwendungsbereich für Wertpapierdarlehen.[555]

Bilanzen weisen aufgrund des „Fortführungsprinzips“[556] und den Bezeichnungen „Vermögen“ und „Schulden“ einen wirtschaftlichen Charakter auf.[557] Die bilanzierende Person muss in der Lage sein, den Vermögensgegenstand zu „verwerten“; da das Recht zu einer wirtschaftlichen Verwertung üblicherweise dem Eigentümer zusteht, kann von der zivilrechtlichen Zuordnung in der Regel auf die wirtschaftliche Zugehörigkeit geschlossen werden; die zivilrechtliche Zuordnung indiziert die bilanzielle Vermögenszugehörigkeit.[558] Aus der bilanziellen Zuordnung von Vermögensgegenständen folgt allerdings nicht zwingend

---

[550] Vgl. BMF, DB 1990, 863, 863; Häuselmann, Wertpapier-Leihgeschäfte: Fragen der rechtlichen, bilanziellen und steuerlichen Behandlung, S. 22.
[551] Häuselmann/Wiesenbart, DB 1990, 2129, 2130.
[552] OFD Frankfurt/Main, BB 1995, 1081, 1081.
[553] Schreiben des BAK vom 25.08.1987, abgedruckt in: Consbruch/Möller, Rn. 17.18, bestätigt durch Schreiben des BAK vom 8.5.1995[I 7-S 211-24/93].
[554] Vgl. Waschbusch, BB 1993, 172, 172.
[555] Vgl. Hartung, BB 1993, 1175, 1175.
[556] Beck'scher, Bilanzkommentar, § 252 Rn. 2.
[557] Moxter, StuW 1989, 232, 241.
[558] Adler/Düring/Schmaltz, Rechnungslegung nach Prüfung der Unternehmen, § 246HGB Rn.260; Budde/Karig, in: Budde u.a.(Hrsg.), Beck'scher Bilanzkommentar, § 246 HGB, Rn.4.

die Zurechung der aus ihnen fließenden Erträge.[559] Einkünfte sind nicht Gegenstand einer Zurechnung nach § 39 AO.[560]

Rechtlich[561] werden Wertpapierdarlehen als Sachdarlehen gemäß § 607 BGB qualifiziert. Des Weiteren erfolgt grundsätzlich eine Zurechnung der darlehensweise hingegebenen Wertpapiere gemäß § 39 Abs. 1 AO zu dem Darlehensnehmer.[562] Dies führt zu einem Wechsel nicht nur des zivilrechtlichen, sondern auch des wirtschaftlichen Eigentums an den Wertpapieren vom Darlehensgeber auf den Darlehensnehmer.[563] Somit werden Wertpapierdarlehensgeschäfte wie Sachdarlehen i.S.v. § 607 BGB und den für diese geltenden Vorschriften bilanziert.[564] Im Rahmen eines Aktivtausches werden durch den Darlehensgeber Wertpapiere zum Buchwert aus- und äquivalente Sachdarlehensforderungen eingebucht. Die Sachdarlehensforderungen sind als Surrogat für die Wertpapiere anzusehen und mit dem Buchwert der hingegebenen Wertpapiere anzusetzen.[565] Der Darlehensnehmer bucht dagegen die als Darlehen erhaltenen Wertpapiere ein und passiviert eine äquivalente Rückgabeverpflichtung.[566] Für den Wertansatz sowohl der Wertpapiere als auch der Rückgabeverpflichtung ist der Börsen- und Marktpreis bei der Abwicklung maßgeblich.

Das entsprechende Schreiben des Bundesministeriums der Finanzen (BMF) sprechen maßgeblich für diese Vorgehensweise einer Bilanzierung der darlehensweise hingegebenen Wertpapiere beim Darlehensnehmer.[567] Immerhin ist einzuräumen, dass der Darlehensnehmer typischerweise an einer Weiterveräußerung der darlehensweise hingenommenen Wertpapiere interessiert ist (so bei „Short Sales“ oder Arbitragegeschäften), was zu einer doppelten Bilanzierung führen würde, wenn das Eigentum weiterhin dem Darlehensgeber zugerechnet würde.[568]

---

559 Vgl. Raupach/Schencking in: Herrmann/Heuer/Raupach, EstG und KStG. Kommentar, § 2 EstG Rn. 142 m.w.N.

560 Zuletzt BFH BstBl. II 1994, 615, 616;Vgl. Tipke/Kruse, § 39AO Rn.18; Fischer in: Hübschmann/Hepp/Spitaler, Kommentar zur Abgaben- und zur Finanzgerichtsordnung, § 39 AO, Rn. 9.

561 Vgl. oben § 1 IV.

562 Häuselmann/Wiesenbart, DB1990, 2129, 2130.

563 Häuselmann, DB 2000, 495, 495; Altvater, DB 1998, 1204, 1205.

564 Vgl. Häuselmann/Wiesenbart, DB 1990, 2129, 2130ff.; Prahl, WPg 1991, 401, 406f.; Beer/ Schäfer, Die Wertpapierleihe, S. 30; Scharpf/Sohler, Leitfaden zum Jahresabschluss nach dem Bankbilanzrichtlinien-Gesetz, S.23; Acker, Die Wertpapierleihe, S. 49.

565 Häuselmann/Wiesenbart, DB 1990, 2129, 2132.

566 Vgl. Häuselmann/Wisenbart, DB 1990, 2129, 2132.

567 BMF, DB 1990, 863, 863ff.

568 BMF, DB 1990, 863, 863ff.; Häuselmann, Wertpapier-Leihgeschäfte: Fragen der rechtlichen, bilanziellen und steuerlichen Behandlung, S. 22.

Sofern im Rahmen von Wertpapierdarlehensgeschäften Sicherheiten geleistet werden, sind diese entsprechend bilanziell zu berücksichtigen.[569] Erstreckt sich die Laufzeit des Darlehens über den Bilanzstichtag hinaus, ist zur Abgrenzung von Darlehensentgelten eine entsprechende Forderung auszuweisen.[570]

2. Bewertung bei Geschäftsabschluss

In einem Schreiben der Landeszentralbank in Hessen[571] wurde bezüglich der Bilanzierung von Wertpapierdarlehensgeschäften Stellung genommen: Danach ist aus der Sicht des Darlehensgebers die wertmäßige Erfassung der Sachdarlehensforderung als Surrogat für die hingegebenen Wertpapiere davon abhängig, ob die Wertpapiere dem Anlage- oder dem Umlaufvermögen des Darlehensgebers zugerechnet werden müssen.[572] Es gelten die HGB-Bewertungsvorschriften des gemilderten und strengen Niederstwertprinzips beim Anlage- bzw. Umlaufvermögen.[573]

Mögliche Wertsteigerungen der darlehensweise überlassenen Wertpapiere stehen regelmäßig dem Darlehensgeber zu. Der Wert der Sachdarlehensforderung entwickelt sich entsprechend der Wertschwankungen der zugrunde liegenden Wertpapiere. Bilanziell wirken sich diese Schwankungen auf Grund des Vorsichts- und Realisationsprinzips nicht sofort aus und bleiben zunächst verborgen. Die Wertpapiere sind nach dem Niederstwertprinzip mit den Anschaffungskosten zu bewerten. Handelsrechtlich gesehen kann in Bezug auf die handelrechtliche Bilanz eine Abschreibung auf Basis des niedrigeren Teilwertes am Bilanzstichtag vorgenommen werden.[574]

3. Gewinnrealisierung

Die Frage der Gewinnrealisierung beim Darlehensgeber ist das zentrale Problem bei der Rechnungslegung von Wertpapierdarlehensgeschäften. Nach allgemeiner Ansicht in der Literatur findet die mögliche Gewinnrealisierung nicht statt. Zum einen fehlt bei Wertpapierdarlehensgeschäften der Umsatzakt. Dieses Merkmal folgt bereits aus dem auf Nutzungsüberlassung gerichteten Vertragsinhalt beim

---

[569] Häuselmann, Wertpapier-Leihgeschäfte: Fragen der rechtlichen, bilanziellen und steuerlichen Behandlung, S. 25.
[570] Adler/Düring/Schmaltz, § 250 HGB Anm.13; Herrmann/Heuer/Raupach, § 5EstG, Anm. 2000 „Zinsen"; Sarx in: Beck'scher Bilanzkommentar., § 268 HGB Anm. 94.
[571] Schreiben der Landeszentralbank in Hessen vom 29.9.1987.
[572] Acker, Die Wertpapierleihe, S. 50.
[573] Vgl. Häuselmann/Wiesenbart, DB 1990, 2129, 2133.
[574] Schmid/Mühlhäus, BB 2001, 2609, 2610.

Wertpapierdarlehen.[575] Zum anderen findet keine Gewinnrealisierung statt, da Wertpapierdarlehensgeschäfte Gewinnerzielung nicht als Hauptzweck verfolgen. Dies spricht dafür, dass die Wertpapiere - wirtschaftlich betrachtet - nicht aus dem Betriebsvermögen des Darlehensgebers ausscheiden sollten.[576] Ferner spricht das BMF in seinem Schreiben vom 3.4.1990 von einem „Surrogatcharakter" der Sachdarlehensforderung und stellt ausdrücklich klar: „eine Gewinnrealisierung ... tritt durch diesen Aktivtausch nicht ein".[577] Ein von Börsen und Kapitalmärkten benötigter funktionsfähiger Wertpapierdarlehensmarkt könnte nicht entstehen, wenn die Darlehensgeber die in ihren Wertpapierbeständen enthaltenen stillen Reserven auflösen müssten.[578]

Nach der alten Rechtslage[579] ist die Erfolgsneutralität beim Wertpapierdarlehensgeschäft unproblematisch - wie oben ausgeführt - zu begründen. Jedoch stellt sich seit 1.1.1999[580], nachdem das Tauschgutachten abgeschafft wurde, die Frage, wie es zu rechtfertigen ist, dass bei dem Wechsel des wirtschaftlichen Eigentums von Darlehensgeber auf den Darlehensnehmer etwa i.S.v. § 39 AO im Rahmen von Wertpapierdarlehensgeschäften keine Gewinnrealisierung eintreten soll. Als Grund hierfür ist zu nennen, dass der Gesetzgeber mit der Abschaffung des Tauschgutachtens in der Neuregelung von § 6 Abs. 6 EstG erreichen wollte, dass Tauschgeschäfte von Einzelwirtschaftsgütern auch von Wertpapierdarlehensgeschäften - von einigen restriktiv anzuwendenden Ausnahmen abgesehen - grundsätzlich nicht mehr als steuerneutral anerkannt werden sollen.[581]

§ 6 Abs. 6 Satz 1 EstG lautet: „wird ein einzelnes Wirtschaftsgut im Weg des Tauschs übertragen, bemessen sich die Anschaffungskosten nach dem gemeinen Wert des hingegebenen Wirtschaftsguts". Daher ist offenkundig, dass ein Wertpapierdarlehen trotz der grundsätzlichen Vergleichbarkeit von Tauschgeschäften, jedoch die Veräußerung und Anschaffung als wesentliches Merkmal des Tausches fehlt; damit können Wertpapierdarlehen nicht als Tauschgeschäfte behandelt werden. Es werden lediglich Leistungen und keine Wirtschaftsgüter ausgetauscht.[582]

---

[575] Wassermeyer in: Raupach(Hrsg.), Werte und Wertermittlung im Steuerrecht, S.178ff.; Hamacher, Die Bank 1990, 34, 37.

[576] Hamacher, Die Bank 1989, 34, 37; Birck/Meyer, Die Bankbilanz, S. 255.

[577] BMF, DB 1990, 863, 863ff; Schreiben des Bundesaufsichtsamtes für das Kreditwesen vom 25.8.1987, Consbruch/Möller/Bähre/Schneider, KWG, Tz 17.49.

[578] Häuselmann/Wiesenbart, DB 1990, 2129, 2131.

[579] Vor Abschaffung des Tauschgutachtens.

[580] Vgl. BMF, 9. 2. 1998, BStBl. 1998, S. 163.

[581] Vgl. Glanegger in: Schmidt, § 6 EstG, Rn. 540ff; dies bejahend Häuselmann, DB 2000, 495, 495.

[582] Vgl. Häuselmann, BB 2000, 1287, 1291.

Des Weiteren ist der Begriff des Tausches steuerlich immer entsprechend § 480 BGB verstanden worden, auch wenn die Normen des BGB nicht für die Auslegung von Steuergesetzen maßgebend sind.[583] Danach ist ein Wertpapierdarlehen als Sachdarlehen i.S.v. § 607 BGB auch steuerlich gesehen kein Tauschgeschäft. Allein das Ausscheiden eines Wirtschaftsguts aus dem Betriebsvermögen begründet noch keine Gewinnrealisierung. Schließlich soll es bei einem Wertpapierdarlehen auch nicht zu einem Veräußerungsgeschäft i.S.v. § 7 EstG [584] oder § 23 EstG[585] kommen.

Nach dem Realisationsprinzip (§ 252 Abs.1 Nr. 4 HGB), das als GoB auch für die steuerliche Gewinnermittlung gilt (§ 5 Abs. 1 EstG), entstehen Gewinne aus Lieferungen und Leistungen, wenn sie durch einen Umsatzprozess in Erscheinung getreten sind. Die Darlehenshingabe beim Wertpapierdarlehen ist kein auf eine Sachforderungsanschaffung gerichteter Umsatzakt.[586]

4. Wirtschaftliches Eigentum als bilanzrechtliche Kategorie

Die Diskussion darüber, ob das wirtschaftliche Eigentum bei Wertpapierdarlehensgeschäften auf den Darlehensnehmer übergehen soll, hat kaum eine Bedeutung für die Bilanzierung von Wertpapierdarlehen im deutschen Recht, da es unabhängig von dieser Frage gerechtfertigt ist, die darlehensweise überlassenen Wertpapieren dem Darlehensnehmer zuzurechnen. Die International Accounting Standards folgen dem jedoch nicht.[587]

Ein Wirtschaftsgut ist grundsätzlich dem zivilrechtlichen Eigentümer zuzurechnen. Abweichend von dieser Grundregel kommt nach dem Vorschlag der Rechtsprechung auf der Grundlage von § 39 AO -eine Zurechnung des Wirtschaftsguts- auch bei dem wirtschaftlichen Eigentümer in Betracht.[588]

Zum einen erfolgt grundsätzlich nach h.M. die Zurechnung der darlehensweise hingegebenen Wertpapiere beim Darlehensnehmer in entsprechender Anwendung von § 39 AO bezüglich der Handelsbilanz.[589] Zum anderen gilt § 39

---

583 Ruppe in: Herrmann/Heuer/Raupach, § 5 Einführung EstG, Rn. 457.

584 BMF, Schreiben von 9.3.2000-IV C2-S 2244-5/00, n.v. Ebenso Entwurf eines BMF, Schreiben von 11.03.2002-IV A 6-S2134-18/02, 7ff.

585 Jansen in: Herrmann/Heuer/Raupach, § 22 EstG Rn. 430 „Wertpapierleihe"; BMF, Schreiben von 9.3.2000-IV C2-S 2244-5/00, n.v. Ebenso Entwurf eines BMF- Schreibens von 11.03.2002-IV A 6-S2134-18/02, 7ff.

586 Herrmann/Heuer/Raupach, § 5 EstG Rn. 49m, 49s[1].

587 Vgl. Scharpf, Handbuch Bankbilanz, S. 266.

588 Moxter, Bilanzrechtsprechung, S. 6-10.

589 Häuselmann/Wiesenbart, DB 1990, 2129, 2130.

AO nur für die Steuerbilanz.[590] Falls sich in der steuerrechtlichen Bilanz eine andere Zuordnung gemäß § 39 AO ergeben würde, wird nach Maßgabe der Handelsbilanz auf die Steuerbilanz gemäß § 5 Abs. 1 EstG die handelsrechtliche Zuordnung angewandt.[591]

Schließlich wird von Seiten des BFH darauf hingewiesen, dass es „zu einer Verlagerung von rechtlichem zu wirtschaftlichem Eigentum immer nur im Hinblick auf ein und dasselbe Wirtschaftsgut kommen kann."[592] Wenn sich demnach wirtschaftliches Eigentum nur auf ein bestimmtes individualisiertes Wirtschaftsgut erstrecken kann, ist bezüglich Wertpapierdarlehen aufgrund des gattungsmäßigen Rückübertragungsanspruchs ein Auseinanderfallen von zivilrechtlichem und wirtschaftlichem Eigentum ausgeschlossen.[593]

II. Steuerliche Behandlung von Wertpapierdarlehensgeschäften

1. Besteuerung des Darlehensgebers

Hinsichtlich des Darlehensentgelts und der Kompensationszahlungen, womit während der Laufzeit des Darlehens anfallende Zinsen, Dividenden, usw. erfasst werden, stellt sich die Frage, wie diese mittels Wertpapierdarlehensgeschäften erzielte Einkünfte beim Darlehensgeber besteuert werden sollen. Hierbei kommt auch das erst mit Wirkung ab dem 1.1.2002 statt des Anrechnungsverfahrens eingeführte Halbeinkünfteverfahren i.S.v. § 8b Abs. 2 KStG in Betracht, da sich diese steuerrechtliche Veränderung auf die Besteuerung von Dividenden auswirkt.

Während ein Darlehensgeber, der die darlehensweise hingegebenen Wertpapiere zuvor im eigenen Privatvermögen gehalten hat, diese erzielten Einkünfte als „sonstige Einkünfte" i.S.d. § 22 Nr. 3 EstG zu versteuern hat, soll es sich bei einem gewerblichen Darlehensgeber um „Einkünfte aus Gewerbebetrieb" i.S.v. § 15 EstG handeln, sofern die Wertpapiere zu dem Betriebsvermögen gehört haben.[594] Für beschränkt steuerpflichtige Darlehensgeber, die keine inländische Betriebsstätte unterhalten, unterliegt das Darlehensentgelt nicht der beschränkten Einkommens- oder Körperschaftssteuerpflicht nach § 49 Abs. 1 Nr. 9

---

590 Schmid/Mühlhäus, BB 2001, 2609, 2611.
591 Vgl. Knobbe-Keuk, Handelsrecht und Steuerrecht, § 4 III 2.b m.w.N.; Schmid/Mülhäus, BB 2001, 2609, 2611.
592 Vgl. auch, BFH BB 2000, 701, 701.
593 Vgl. Häuselmann, BB 2000, 1287, 1289.
594 BMF, DB 1990, 863, 863; Hamacher, Die Bank 1990, 34, 37; Oho/Hülst, DB 1992, 2582, 2584; Häuselmann/Wiesenbart, DB 1990, 2129, 2133ff.

EstG, da es sich bei Wertpapierdarlehen nicht um eine Nutzung beweglicher Sachen handelt.[595]

Von dem mit Wirkung ab dem 1.1.2002 eingeführten Halbeinkünfteverfahren i.S.v. § 8b Abs. 2 KStG können Darlehensgeber von Wertpapierdarlehen nicht profitieren, da die vom Darlehensgeber empfangenen Kompensationszahlungen zu den gewerblichen Einkünften gezählt und so nicht von der Steuerfreistellung des § 8 b Abs. 1 KStG erfasst werden. Danach werden sie nicht als Dividenden i.S.d. § 20 Abs.1 Nr. 1 EstG, sondern als „sonstige Leistungen" i.S.d. § 22 Nr. 3 EstG qualifiziert.[596] Somit ist ein Wertpapierdarlehen mit einer Laufzeit über den Dividendenstichtag hinaus nach neuem Recht steuerrechtlich nachteilig.[597]

Allerdings dürften nach einer Ansicht[598] die Dividenden unmittelbar dem Darlehensgeber als wirtschaftlichem Eigentümer zuzurechnen sein, der insoweit vom Halbeinkünfteverfahren bzw. von § 8b Abs. 1 KStG profitieren würde.

2. Besteuerung des Darlehensnehmers

Die Erträge aus den Wertpapieren im Zusammenhang mit Wertpapierdarlehen sind dem Darlehensnehmer als zivilrechtlichem Eigentümer zuzurechnen. Sie erfüllen den Tatbestand der Erzielung von Einkünften, ohne dass es auf das wirtschaftliche Eigentum ankommt. Der Darlehensnehmer ist berechtigt, die auf die Wertpapiererträge entfallende Körperschafts- und Kapitalertragssteuer anzurechnen.[599]

Soweit auf Seiten des Darlehensnehmers dauerhaft gesehen ein Einnahmen-Überschuss erwartet werden kann, sind die aufgrund des Wertpapierdarlehens zu leistenden Kompensationszahlungen beim gewerblichen Darlehensnehmer als Betriebsausgaben, beim privaten Darlehensnehmer als Werbungskosten hinsichtlich der Einnahmen aus Kapitalvermögen zu erfassen.[600] Nach dem alten Anrechnungsverfahren war ein Körperschaftssteuerguthaben steuerlich beim Darlehensnehmer zu erfassen (§ 20 Abs. 1 Nr. 3 EstG a.F.) und war von dem Darlehensnehmer neben der einbehaltenen Kapitalertragsteuer auf die Steuerschuld anzurechnen (§ 36 Abs. 2 Nr. 2 und Nr. 3 EstG a.F.).[601]

---

[595] BMF- Schreiben vom 28.3.1991 IV B 4-2252-45/91, BdB-Info IV/1991 Nr.7.
[596] Vgl. Schmittmann/Schäffeler, Finanz Betrieb 2002, 530, 532.
[597] Vgl. Häuselmann, DStR 2001, 597, 603.
[598] Schmid/Mülhäus, BB 2001, 2609, 2614.
[599] Oho/Hülst, DB 1992, 2582, 2586.
[600] Vgl. Oho/Hülst, DB 1992, 2582, 2584.
[601] Vgl. Oho/Hülst, DB 1992, 2582, 2584; Häuselmann/Wiesenbart, DB 1990, 2129, 2134.

Nach dem neuem Körperschaftssteuerrecht seit 01.01.2002 sind Dividenden beim körperschaftssteuerpflichtigen Anteilseigner, in diesem Fall des Darlehensnehmers, gemäß § 8 b Abs. 1 KstG steuerfrei. Beim einkommensteuerpflichtigen Anteilseigner wird die Vorbelastung der Dividende mit der Körperschaftssteuer dadurch berücksichtigt, dass § 3 Nr. 40 EstG die Hälfte der Dividende steuerfrei stellt.[602] Diese Steuersenkung soll der Kompensationszahlung zugerechnet werden; dadurch soll der Darlehensgeber von der Steuererleichterung des § 8 b Abs. 1 KStG bzw. § 3 Nr. 40 EstG profitieren können.[603] Das geleistete Darlehensentgelt ist beim gewerblichen Darlehensnehmer als Betriebsausgabe[604] und beim privaten Darlehensnehmer als Werbungskosten abzugsfähig.[605] Negative Erfolgsbeiträge aus Wertpapierdarlehen führen nicht zu einer eingeschränkten Verlustverrechnung nach § 15 Abs. 4 Satz 3 EstG,[606] da Wertpapierdarlehen nicht als Termingeschäft im Sinne dieser Vorschrift qualifiziert werden können.[607]

3. Dividendenstripping

Ausländische Aktionäre erhalten im Unterschied zu deutschen Aktionären bei der Dividenden-Ausschüttung keine Körperschaftssteuergutschrift nach dem alten Anrechnungsverfahren. Um diese Gutschrift dennoch zu bekommen, wird mit einem deutschen Aktionär ein Wertpapierdarlehen mit einer Laufzeit über den Zeitpunkt der Dividendenzahlung hinaus abgeschlossen. Der Darlehensnehmer ist verpflichtet die Gutschrift an den Darlehensgeber weiterzugeben.[608] Bei allein zum „Dividendenwaschen“ abgeschlossenen Wertpapierdarlehensgeschäften interpretieren die Finanzbehörden dies jedoch möglicherweise als Missbrauch im Sinne § 42 AO.[609] Um Dividenden-Stripping zu verhindern, schreiben deshalb die meisten institutionalisierten Wertpapierdarlehenssysteme in ihren Geschäftsbedingungen die Rückgabe entliehener Aktien am Tag vor der Dividendenausschüttung vor.[610]

---

602 Vgl. Dötsch/Pung, DB 2000, 61, 63.

603 Vgl. Schmittmann/Schäffeler, Finanz Betrieb 2002, 530, 530; Schmid/Mülhäus, BB 2001, 2609, 2615.

604 Oho/Hülst, DB 1992, 2582, 2584.

605 Oho/Hülst, DB 1992, 2582, 2584.

606 Häuselmann, DB 2000, 495, 497.

607 Vgl. Oben § 3 II 2.

608 Zwerger in: Dötsch/Eversberg/Jost/Witt, Körperschaftssteuergesetz und Einkommensteuergesetz, 19.Erg. Lief.6/93, Tz.108 zu § 50c EstG a.F., S.1130 u. S.1138; Häuselmann, NWB 1993 Fach 3, 8707, 8712.

609 Limmert, Die Wertpapierleihe, S. 27.

610 Limmert, Die Wertpapierleihe, S. 27.

Die Einführung des Halbeinkünfteverfahrens wurde auch damit begründet, dass damit die Problematik des Dividenden-Stripping obsolet würde. Schließlich sei das Halbeinkünfteverfahren auch nicht so missbrauchsanfällig wie das Anrechnungsverfahren.[611]

[611] BT-Drucks. 14/2683, S. 94 und 118.

§ 7. Aufsichtsrechtliche Vorschriften bei Wertpapierdarlehen

Die Vornahme und Durchführung von Wertpapierdarlehensgeschäften birgt wie im Fall anderer Finanzgeschäfte bestimmte Risiken: z.B. Adressenausfallrisiken, Kursveränderungsrisiken, Liquiditätsrisiken usw. Unter Beachtung der Bedeutung von Wertpapierdarlehen für den Kapitalmarkt und angesichts einer weitergehenden Entwicklung des Wertpapierdarlehensmarkts, einer zunehmenden Deregulierung, Liberalisierung sowie Internationalisierung der Kapitalmärkte erscheint eine effiziente staatliche Finanzaufsicht bezüglich der Wertpapierdarlehensgeschäfte erforderlich, um einen funktionsfähigen Wertpapierdarlehensmarkts sicher zu stellen.

Seit dem 01.05.2002 existiert in Deutschland eine einheitliche staatliche Allfinanzaufsicht.[612] Diese Aufsicht bezieht sich auf Kreditinstitute, Finanzdienstleistungsinstitute, Versicherungsunternehmen und den Wertpapierhandel. Die Bundesanstalt für Finanzdienstleistungsaufsicht (BAFin) ist Trägerin dieser Aufsicht. Die BAFin vereint die drei ehemaligen Bundesaufsichtsämter für das Kreditwesen (BAKred), für das Versicherungswesen (BAV) und für den Wertpapierhandel (BAWe) und deren Aufgabenbereiche in einer einzigen Behörde. Hauptzweck für die Einrichtung der BAFin ist es, die Funktionsfähigkeit, Stabilität und Integrität des gesamten deutschen Finanzsystems zu sichern.[613]

I. Aufsicht nach KWG

Die Aufsicht nach dem KWG soll die Risiken von Bankgeschäften i.S.d. § 1 Abs. 1 Satz 2 KWG, sowie von Kreditgeschäften i.S.d. § 19 KWG im Interesse des Gläubigerschutzes und einer Stabilisierung des Gesamtsystems begrenzen.[614] Dies folgt daraus, dass die Kreditinstitute bei Kreditgeschäften ein bestimmtes Eigenkapital nachweisen müssen. Nach einer Ansicht ist somit die Bankenaufsicht eine risikoorientierte Eigenkapitalaufsicht.[615]

In folgender Untersuchung wird ausführlich dargestellt, wie und in welchem Ausmaß die deutsche Bankenaufsicht durch Anzeige- und Meldepflichten, sowie mit Hilfe von Vorschriften, die den Umfang von Wertpapiergeschäften begrenzen, den regelmäßig mit der Durchführung von Wertpapierdarlehensgeschäften verbundenen Risiken[616], wie insbesondere dem Adressenausfallrisiko bei Kreditgeschäften, entgegenwirken kann.

---

[612] Hagenmeister, WM 2002, 1773, 1773f.
[613] Vgl. http//:www.bafin.de.
[614] Oechler, Die Bank 1992, 567, 567.
[615] Zeitler, WM 2001, 1397, 1397.
[616] Z.B. Kreditrisiken, Liquiditätsrisiken, Marktpreisrisiken und Währungsrisiken usw.

Das materielle Recht, das den drei vormals getrennten Aufsichtsbereichen zugrunde liegt, wie zum Beispiel das Kreditwesengesetz (KWG), das neue Investmentgesetz (vormals KAGG) das Versicherungsaufsichtsgesetz (VAG) und das Wertpapierhandelsgesetz (WpHG), steht der BAFin bei ihrer Tätigkeit unverändert zur Verfügung. Zusätzlich sind die Vorschriften in den jeweiligen Gesetzen weitergehend an internationale Standards angelehnt.

Folglich stellt sich die Frage, inwieweit eine derartige Allfinanzaufsicht durch die BAFin den Risiken aus Wertpapierdarlehensgeschäften entgegenwirken könnte. Darüber hinaus ist fraglich, inwiefern sich Wertpapierdarlehensgeschäfte durch materielle Veränderungen der jeweiligen Aufsichtsgesetze besser steuern lassen.

1. Bankgeschäfte: Definition nach § 1 Abs. 1 Satz 2 KWG

Wertpapierdarlehensgeschäfte stellen weder Bankgeschäfte im Sinne von § 1 Abs.1 Satz 2 KWG, noch wegen ihres Charakters als Sachdarlehen, Kreditgeschäfte im Sinne von § 1 Abs.1 Satz 2 Nr. 2 KWG dar; dies ergibt sich aus der Beschränkung des Geschäftsgegenstands nach § 1 Abs. 1 Satz 2 Nr. 2 KWG ausschließlich auf Gelddarlehen i.S.v. § 488 BGB.[617] Es ist daher nicht erforderlich, eine Genehmigung seitens der BAFin nach § 32 Abs. 1 KWG zu beantragen.[618] Dies bedeutet, dass jede natürliche oder juristische Person insoweit gewerbsmäßig Wertpapierdarlehensgeschäfte abschließen kann, ohne über eine Banklizenz verfügen zu müssen. Daher benötigt ein Kreditinstitut um Wertpapierdarlehensgeschäfte zu betreiben, die als bankfremde Geschäfte bezeichnet werden müssen, nur eine übliche Anzeige an die BAFin gem. § 24 KWG.[619]

Die Definition des § 1 Abs. 1 Satz 2 Nr. 2 KWG ist enger als der volkswirtschaftliche Kreditbegriff, der auch den §§ 13 ff. KWG zugrunde liegt.[620] Dagegen ist die anderen Zwecken dienende Definition des Kreditgeschäfts beispielsweise nach § 19 KWG weiter gefasst, um das Eigenkapital und die Liquidität der Kreditinstitute unter Risikogesichtspunkten bemessen zu können.[621]

617 Vgl. BT-Drucks, 13/7142, S. 63.
618 Vgl. Oho/Hülst, DB 1992, 2582, 2583.
619 Vgl. Kümpel, Bank- und Kapitalmarktrecht, Rn. 13.42.
620 Boos-Fülbier, KWG Kommentar, S. 141.
621 Boos-Fülbier, KWG Kommentar, S. 141.

2. Kreditbegriff: Definition nach § 19 KWG

Mit der 5. KWG-Novelle wurde der Kreditbegriff bezüglich Wertpapierdarlehensgeschäften geändert. Seit dem 1.1.1996 wird das Wertpapierdarlehen als „Kredit“ angesehen. Dies hat gerade für Kreditinstitute mit einer geringeren Eigenkapitalausstattung enorme Auswirkungen hinsichtlich der Großkredite i.S.d. § 13 KWG, da alle Wertpapiertransaktionen hier mit eingerechnet werden müssen.[622]

Nach der 6. KWG-Novelle sind ab 01.10.1998 Wertpapierdarlehen als Kredite gemäß § 19 Abs. 1 Satz 2 Nr. 4 bzw. Satz 3 Nr. 8 und 9 KWG zu erfassen.[623] Nach § 19 Abs. 1 Satz 1 KWG gelten grundsätzlich alle Aktiva, die ein Ausfallrisiko aufweisen und die sich einem Adressen zuordnen lassen, als Kredit.[624] Der in § 19 Abs. 1 KWG formulierte Kreditbegriff ist maßgeblich für die Einordnung von Millionenkrediten gem. § 14 KWG und liegt ebenso den Großkreditvorschriften nach §§ 13, 13a, 13b KWG zugrunde.[625]

3. Eigenmittel nach § 10 KWG sowie Grundsatz I zu § 10 KWG

a. Überblick

Die Vorschriften zur Eigenmittelunterlegung gemäß § 10 KWG dienen einer Minimierung der Kreditrisiken, die insbesondere durch Adressenausfall, wie im Insolvenzfall, entstehen könnten. Gemäß § 10 Abs. 1 Satz 1 KWG müssen die Institute im Interesse der Erfüllung ihrer Verpflichtungen gegenüber ihren Gläubigern, insbesondere zur Sicherung der ihnen anvertrauten Vermögenswerte, angemessene Eigenmittel aufweisen.[626]

Nach der seit Oktober 1998 geltenden 6.KWG-Novelle hatten - erstmalig in Deutschland - nicht nur deutsche Kreditinstitute i.S.v. § 1 Abs. 1 Satz 2 KWG, sondern auch bestimmte deutsche Finanzdienstleistungsinstitute den von der BAFin grundlegend überarbeiteten Grundsatz I zu § 10 KWG zu beachten.[627] Dieser Grundsatz I zu § 10 KWG-6. Novelle ersetzt damit die früheren Grundsätze 1 und 1a. Der neue Grundsatz I verlangt, dass Marktpreis- bzw. Kurs

---

[622] Krannich in: Eller, Handbuch derivativer Instrumente, S. 494.
[623] Mielk, WM 1997, 2237, 2242; Rundschreiben des BAKred von 9.10.1995 (I-3-31-1/94); abgedruckt bei Consbruch/Möller/Bähre/ Schneider, KWG, Tz. 4.268 A.
[624] Dürselen, ZBB 1996, 46, 49; Boos-Groß, KWG Kommentar, S. 372.
[625] Boos-Bock, KWG-Kommentar, S. 480.
[626] Weber-Rey, WM 1997, 2288, 2292.
[627] Weber-Rey, WM 1997, 2288, 2292.

änderungsrisiken mit einem entsprechenden Eigenkapital nach international harmonisierten Vorgaben unterlegt werden sollen.[628]

Diese Vorschriften bezüglich der Eigenmittelunterlegung gelten auch für Wertpapierdarlehensgeschäfte, die nach § 19 Abs. 1 KWG als Kredit eingeordnet werden.[629] Sowohl die Kreditinstitute i.S.v. § 1 Abs. 1 Satz 2 KWG als auch Finanzdienstleistungsinstitute i.S.v. § 1a KWG müssen hinsichtlich Adressenausfallrisiken aus Wertpapierdarlehensgeschäften die Eigenkapitalunterlegungsvorschriften einhalten, sofern es sich um Wertpapierdarlehensgeschäfte für eigene Rechnung handelt.

Bezogen auf besicherte Wertpapierdarlehensgeschäfte kommt vor allem § 27 Grundsatz I in Betracht. Von dieser Vorschrift werden die speziellen Ausfallrisiken bei Großkrediten, die durch Ausfall von einer Vertragspartei, bzw. durch eventuelle Marktpreisänderungsrisiken bei den darlehensweise überlassenen Wertpapieren entstanden sind, sowie bei Handelsbuchgeschäften von Handelsbuchinstituten i.S.v. § 13a Abs. 1 Satz 1 KWG erfasst.[630] Dazu zählt auch das Emittentenrisiko, das im Grundsatz I als spezielles Kursrisiko bezeichnet wird, bezogen auf Handelsbuchgeschäfte.[631] Bezogen auf besicherte Wertpapierdarlehensgeschäfte ist der Differenzbetrag zwischen dem Marktwert der darlehensweise überlassenen Wertpapiere und der Marktwert der geleitsteten Sicherheiten als „Ausfallrisiko“ zu verstehen und entsprechend bezogen auf die Eigenkapitalunterlegung zu ermitteln.

Die Eigenkapitalunterlegung gem. § 27 Grundsatz I setzt hinsichtlich besicherter Wertpapierdarlehensgeschäfte die in § 27 Abs. 3 Grundsatz I aufgelisteten Nebenbedingungen voraus: nämlich eine „Mark-to-Market“ Bewertung bezogen auf Wertpapierdarlehensgeschäfte; eine einheitliche Beendigung und Glattstellung im Insolvenzfall; sowie nicht das Vorliegen von Scheingeschäften. Falls die in § 27 Abs. 3 Grundsatz I aufgeführten Bedingungen bezüglich Wertpapierdarlehensgeschäften nicht erfüllt werden können, so kann nur auf die Vorschriften zur Eigenkapitalunterlegung bezogen auf Risikoaktiva zurückgegriffen werden; diese werden in §§ 6-13 Grundsatz I beschrieben. Dies gilt auch für unbesicherte Wertpapierdarlehensgeschäfte.

---

628 Bigus/Matzke, ZBB 2000, 226, 227.
629 Boos/Schulte-Mattler, Die Bank 1997, 474, 478.
630 Bigus/Matzke, ZBB 2000, 226, 228.
631 Bigus/Matzke, ZBB 2000, 226, 228.

b. Eigenkapitalunterlegung gem. § 10 KWG i.V.m. § 27 Grundsatz I

Nach § 27 Abs. 1 Nr. 3 KWG i.V.m. § 5 Abs. 3 Grundsatz I können die aus Wertpapierdarlehensgeschäften resultierenden Adressenausfallrisiken statt mit qualitativ höherwertigem Kern- und Ergänzungskapital auch mit Drittmitteln[632] abgedeckt werden.[633] Die Anrechnung der Positionen von Adressenausfallrisiken aus Wertpapierdarlehensgeschäften erfolgt auf Nettobasis i.S. v. § 18 Abs. 1 Nr. 2 i.V.m. Abs. 3 Grundsatz I.[634] D.h. anders als in der Vergangenheit, dass bei der Ermittlung der Adressenausfallrisiken die gestellten Sicherheiten i.d.R. nicht risikomindernd berücksichtigt werden; jetzt werden die Differenzbeträge zwischen dem Marktwert der darlehensweise überlassenen Wertpapieren und dem Marktwert der gestellten Sicherheiten als Basiswert zugrunde gelegt.[635]

Da im Rahmen der Anrechnung der Positionen von Adressenausfallrisiken des Handelsbuches nach den Vorschriften des § 27 Grundsatz I nunmehr die Erfüllungsrisiken aus sämtlichen Wertpapierdarlehensgeschäften zu erfassen sind, ist dementsprechend der Wortlaut von § 5 Abs. 3 Nr. 2 Grundsatz I anzupassen, welcher auf die Anrechnung der Positionen von Adressenausfallrisiken des Handelsbuches verweist.[636] Somit ist es erforderlich, dass die in § 27 Abs. 3 Grundsatz I aufgelisteten Bedingungen bezüglich der Ausgestaltung und Risikobewertung der Wertpapierdarlehensgeschäfte durch den Darlehensnehmer erfüllt werden.[637]

Danach ist eine Anrechnung der Wertpapierdarlehensgeschäfte lediglich in Höhe der oben aufgezeigten Differenzbeträge nur dann möglich, wenn beim Darlehensnehmer die Risikopositionen, d.h. die in das jeweilige Wertpapierdarlehensgeschäft einbezogenen Geschäfts- und Sicherheitsgegenstände einer täglichen Marktbewertung unterworfen und die Sicherheitsleistungen bei einer risikoerhöhenden Ausweitung der Differenzbeträge an die veränderten Marktgegebenheiten angepasst werden. Darüber hinaus muss sichergestellt werden, dass im Falle der Insolvenz einer Vertragspartei die Wertpapierdarlehen beendet und glatt gestellt werden können, d. h. die wechselseitig bestehenden Ansprüche und Verpflichtungen in schuldersetzender Weise aufgerechnet werden können.[638]

---

[632] Drittmittel sind gem. § 10 Abs. 2c KWG der Nettogewinn und die kurzfristigen Verbindlichkeit einzuordnen; vgl. Mielk, WM 1997, 2200, 2207.
[633] Deutsche Bundesbank Monatsbericht 1.1998, S. 66.
[634] BAKed Erläuterung vom 20. Juli 2000, S. 7.
[635] BAKred Erläuterung vom 20. Juli 2000, S. 55.
[636] BAKred Erläuterung vom 20. Juli 2000, S. 10.
[637] Boos/Schulte-Mattler, KWG Kommentar, S. 1252f.
[638] Waschbusch, Bankaufsicht, S. 357 ff.

Die in § 27 Abs. 3 Grundsatz I aufgeführten Bedingungen werden üblicherweise in einem anerkannten Rahmenvertrag erfasst, z.B. in § 2 des bereits erwähnten Rahmenvertrag für Wertpapierdarlehen sowie des EMA. Deshalb dürften die Bedingung gem. § 27 Abs. 3 Grundsatz I bei den auf Grundlage eines hier erwähnten Rahmenvertrags abgeschlossenen Wertpapierdarlehensgeschäften als erfüllt gelten.

Demzufolge werden die jeweiligen Risikogehalte aus Adressenausfällen bzw. ungünstigen Marktbewegungen nur mit ihrem jeweils saldierten Wert ermittelt. Auf Seiten der Darlehensgeber bezogen auf Wertpapierdarlehensgeschäfte besteht deren Risiko bei Ausfall der anderen Vertragspartei darin, dass zwischenzeitlich die Marktpreise für die Wertpapiere gesunken sein könnten und ein Verkauf der Wertpapiere weniger Geld erbringen würde als der Wert der darlehensweise überlassenen Wertpapiere des entsprechenden Wertpapierdarlehensgeschäfts. Der Verlust besteht daher in der positiven Differenz zwischen dem darlehensweise hingegebenen Betrag und dem Marktwert der erhaltenen Wertpapiere.[639]

Umgekehrt besteht auf Seiten der Darlehensnehmer bezogen auf Wertpapierdarlehensgeschäfte deren Risiko in einer Preissteigerung der erhaltenen Wertpapiere. Bei den erhaltenen und aufgenommenen Beträgen sowie den einzelnen Marktwerten der Wertpapiere sind die jeweils aufgelaufenen Zinsen zu berücksichtigen.[640]

Die hier ermittelten Adressenausfallrisiken werden mit dem Bonitätsgewicht gemäß § 13 Grundsatz I der jeweiligen Adressen bewertet und sind mit 8% Eigenmitteln (Kernkapital+Ergänzungskapital+Drittrangmittel) zu unterlegen.[641]

c. Eigenkapitalunterlegung gem. §10 KWG i.V.m. §§ 6-13 Grundsatz I bezüglich des Wertpapierdarlehens

Falls die in § 27 Abs. 3 Grundsatz I aufgeführten Voraussetzungen nicht erfüllt sind, ist der Anrechnungsbetrag für das Erfüllungsrisiko aus Wertpapierdarlehensgeschäften gemäß den Vorschriften der §§ 6-13 Grundsatz I zu bestimmen.[642] Hierbei werden die Kreditrisiken (Risikenaktiva) ermittelt und sind mit haftendem Eigenkapital zu unterlegen.[643] Im Gegensatz zu § 27 Grundsatz I

---

639 Boos/Schulte-Mattler, Die Bank 1997, 474, 478.

640 Bellavite-Hövermann u.a., Handbuch Eigenmittel und Liquidität nach KWG, S. 355.

641 Boos/Schulte-Mattler, Die Bank 1997, 474, 478; Hartmann-Wendels, Bankbetriebslehre, S.387.

642 Waschbusch, Bankaufsicht, S. 57ff.

643 Deutsche Bundesbank Monatsbericht 1.1998, S. 66.

werden in diesem Zusammenhang als Risikobeträge die Differenzbeträge zwischen dem Marktwert der darlehensweise überlassenen Wertpapiere und der diesbezüglich geleisteten Sicherheitsleistungen bezogen auf jedes einzelne Wertpapierdarlehensgeschäft herangezogen. Daraufhin werden die so ermittelten Kreditrisiken ebenfalls mit dem Bonitätsgewicht gemäß § 13 Grundsatz I der jeweiligen Adressen bewertet und sind mit 8% des haftenden Eigenkapitals zu unterlegen. Dies gilt auch entsprechend für ungesicherte Wertpapierdarlehensgeschäfte.[644]

d. Eigenkapitalunterlegung für institutionelle Wertpapierdarlehensgeschäfte

Wird ein Kreditinstitut im Rahmen des CBF-Wertpapierdarlehenssystems für Kunden eines Kreditinstitutes tätig, bleibt Grundsatz I unberührt, da das Insolvenzrisiko nicht die Kreditinstitute als Darlehensgeber, sondern die Kunden der Kreditinstitute trifft.[645] Soweit die Kreditinstitute jedoch ein eigenes Kreditausfallrisiko übernehmen, wie z.B. bei institutseigenen Darlehenssystemen, findet Grundsatz I wie oben beschrieben in vollem Umfang Anwendung.

4. Liquidität nach § 11 KWG und Grundsatz II

a. Überblick

Gemäß § 11 Abs. 1 Satz 1 KWG sind Kredit- und Finanzdienstleistungsinstitute i.S.v. § 1 und § 1a KWG verpflichtet ihre Zahlungsmittel so anzulegen, „dass jederzeit eine ausreichende Zahlungsbereitschaft gewährleistet ist“ d.h. zu den Erfüllungsterminen müssen Zahlungsmittel i.S.v. § 3 Grundsatz II mindestens in Höhe der fälligen Zahlungsverpflichtungen zur Verfügung stehen.[646] Diese Anforderung an Kredit- und Finanzdienstleistungsinstitute wird durch den neuen Grundsatz II, der am 01. 07. 2000 in Kraft getretenen ist, konkretisiert.[647] Während die früheren Liquiditätsgrundsätze II und III auf Ursprungslaufzeiten[648] basierten, legt der neue Grundsatz II die liquiditätsrelevanten Restlaufzeiten zugrunde.[649]

---

[644] Boos-Bock, KWG Kommentar; S. 494f; Krannich in: Eller, Handbuch derivativer Instrumente, S. 1252f.

[645] Vgl. Kümpel, Bank- und Kapitalmarktrecht, Rn. 13.100.

[646] Rixen, Die Bank 1999, 248, 248.

[647] Nirk, Das Kreditwesengesetz, S. 191.

[648] Grundsatz II a.F. für langfristige Anlage, Grundsatz III a.F. für kurzfristige und mittelfristige Anlage.

[649] Rixen, die Bank 1999, 248, 249.

Gemäß dem neuen Grundsatz II werden Aktiva und Passiva nach Restlaufzeiten zur Beurteilung der Liquidität des Instituts gegliedert, d.h. im Rahmen eines in vier Laufzeitbänder gemäß § 2 Abs. 1 Grundsatz II untergliederten Schemas werden die während der künftigen zwölf Monate dem jeweiligen Institut zur Verfügung stehenden liquiden Aktiva einerseits und die tatsächlichen, sowie potentiellen Liquiditätsabflüsse andererseits erfasst.[650]

Die Zahlungsmittel i.S.v. § 3 des neuen Grundsatz II umfassen zum einen gewisse, als sofort liquide geltende und demnach vollständig in das erste Laufzeitband einzustellende Vermögensgegenstände (sog. Liquidität erster Klasse); zum anderen fallen hierunter die nach dem Meldestichtag[651] innerhalb eines Jahres fällig werdenden und nach entsprechenden Restlaufzeiten auf alle vier Laufzeitbänder zu verteilenden Positionen (sog. Liquidität zweiter Klasse).[652]

Die Liquidität erster Klasse kann gegebenenfalls sogar durch Wertpapierdarlehensgeschäfte erlangte Wertpapiere einschließen.[653] Diese Gleichstellung rechtfertigt sich daraus, dass der Rückgewähranspruch lediglich auf eine Gattungsschuld bezogen ist. Gleichwohl sind insbesondere Wertpapierdarlehensgeschäfte dazu geeignet, die Liquiditätskennzahl[654] beim Darlehensnehmer erheblich zu erhöhen, sofern die Rückgewährverbindlichkeiten späteren Laufzeitbändern zuzuordnen sind.[655]

b. Konkretisierung nach Grundsatz II

Die Erfassung der Zahlungsströme aus Wertpapierdarlehensgeschäften als „Underlying" stellt darauf ab, wer über die Wertpapiere verfügen kann, das heißt die Wertpapiere werden dem Darlehensnehmer zugerechnet.[656]

Die Erfassung der Liquiditätseffekte aus Wertpapierdarlehensgeschäften erfolgt grundsätzlich nach dem Bruttoprinzip. Das bedeutet, dass sowohl der potentielle Zahlungsmittelzufluss, als auch die Zahlungsverpflichtungen aus diesen Ge-

---

650 Erläuterungen zur Bekanntmachung über die Änderung und Ergänzung der Grundsätze über Eigenmittel und die Liquidität von Instituten vom 25, November 1998, abgedruckt in: Boos, Kommentar KWG, S. 1321.

651 Gemäß § 2 Abs. 2 Grundsatz II am Ende eines jeden Kalendermonat.

652 Nirk, Das Kreditwessengesetz, S. 193f.

653 Vgl. § 3 Abs. 1 Nr. 5 Grundsatz II zu § 11 KWG.

654 Die Liquiditätskennzahl wird in § 2 Abs. 2 Satz 2 Grundsatz II definiert als das Verhältnis zwischen den im ersten Laufzeitband (täglich fällig bis zu einem Monat)verfügbaren Zahlungsmitteln und den während dieses Zeitraumes abrufbaren Zahlungsverpflichtungen (Ein-Monats-Kennzahl).

655 Nirk, Das Kreditwesengesetz, S. 194.

656 Deutsche Bundesbank Grundsatz II 1999, S. 10.

schäften berücksichtigt werden.[657] Dabei werden die durch die Wertpapiere verkörperten Liquiditätsreserven den Zahlungsmitteln derjenigen Vertragspartei zugerechnet, die die Verfügungsgewalt über die Wertpapiere besitzt. Zugleich wird die Verpflichtung zur Rückübertragung der Wertpapiere als eine auf eine bestimmte Fälligkeit bezogene Verbindlichkeit den Zahlungsverpflichtungen der Vertragspartei zugerechnet, die die Rückübertragung zu einem späteren Zeitpunkt vorzunehmen hat.[658]

Die in § 5 Grundsatz II erfasste ausdrückliche Regelung ist notwendig, da sich eine der Systematik des Grundsatz II entsprechende Abbildung der Liquiditätseffekte aus Wertpapierdarlehensgeschäften weder auf Grundlage des Bilanzausweises, noch der entsprechenden Anrechnungsvorschriften aus dem Grundsatz I ableiten lässt.[659]

Die nachfolgenden Übersichten zeigen im Wege einer systematischen Zusammenfassung, wie die einzelnen Bestandteile von Wertpapierdarlehensgeschäften beim Darlehensgeber und beim Darlehensnehmer bezogen auf die Liquidität zu erfassen sind:[660]

Wertpapierdarlehensgeschäfte

Liquiditätswirkung beim Darlehengeber	***Liquiditätswirkung beim Darlehensnehmer***
1. Einbuchung der Sachforderung auf Rückgabe der Papiere 2. Kürzung des Wertpapierbestandes	1. Erhöhung des Wertpapierbestandes 2. Einbuchung der Sachverbindlichkeiten zur Rückgabe der Papiere

[657] Erläuterungen zur Bekanntmachung über die Änderung und Ergänzung der Grundsätze über die Eigenmittel und die Liquidität der Institute von 25.November 1998, abgedruckt in: Boos, Kommentar KWG, S. 1321.

[658] Deutsche Bundesbank Grundsatz II 1999, S. 55.

[659] Erläuterungen zur Bekanntmachung über die Änderung und Ergänzung der Grundsätze über die Eigenmittel und die Liquidität der Institute von 25. November 1998, abgedruckt in: Boos, Kommentar KWG, S. 1321.

[660] Erläuterungen zur Bekanntmachung über die Änderung und Ergänzung der Grundsätze über die Eigenmittel und die Liquidität der Institute von 25.November 1998, abgedruckt in: Boos, Kommentar KWG, S. 1324.

Diese Abbildung lässt erkennen, dass die korrespondierenden Rückübertragungsansprüche bzw. -Verpflichtungen als wertpapierbezogene Forderungen bzw. Verbindlichkeiten auszuweisen sind.

Nach § 5 Abs. 3 Grundsatz II sind im Rahmen von Wertpapierdarlehensgeschäften übertragene Wertpapiere vom Bestand des Darlehensgebers abzusetzen und dem Darlehensnehmer zuzurechnen. Außerdem hat der Darlehensnehmer eine Sachverbindlichkeit zur Rückgabe der Wertpapiere zu berücksichtigen, der eine Sachforderung beim Darlehensgeber in entsprechender Höhe gegenübersteht.[661]

Dementsprechend hat der Darlehensnehmer die ihm übertragenen Wertpapiere, sofern sie börsennotiert sind, als hochliquide Aktiva in das erste Laufzeitband unter Beachtung der geltenden Zuordnungsprinzipien gemäß § 3 Abs. 1 Grundsatz II in Verbindung mit § 5 Abs. 1 Grundsatz II für die Dauer des Wertpapierdarlehensgeschäfts einzustellen.[662]

Im Falle nichtbörsennotierter Wertpapiere ist nicht die Restlaufzeit des Wertpapierdarlehensgeschäfts, sondern die Restlaufzeit des Wertpapierdarlehensgeschäfts zuzüglich der darlehensweise überlassenen Wertpapiere maßgebend.[663] Für die Zuordnung der Forderung des Darlehensnehmers ist ebenfalls die Restlaufzeit des Wertpapierdarlehensgeschäfts entscheidend. Da der Darlehensgeber während der Dauer des Wertpapierdarlehensgeschäfts über die darlehensweise überlassenen Wertpapiere nicht verfügen kann, er aber dennoch den genauen Zeitpunkt der Rückgabe kennt, hat er sie entsprechend der jeweiligen Restlaufzeit des Wertpapierdarlehensgeschäfts fristenmäßig zuzuordnen. Der Darlehensgeber hat die Wertpapiere während der Dauer des Wertpapierdarlehensgeschäfts vom Bestand abzusetzen und als Sachforderungen aus Wertpapierdarlehensgeschäften zu erfassen.[664]

Bei Wertpapierdarlehensgeschäften mit einer Restlaufzeit von über einem Jahr wird zwar der Zuwachs bezogen auf die Liquiditätsreserve beim Darlehensnehmer erfasst; unberücksichtigt bleiben dagegen die Verpflichtungen zur Rück-

---

661 Erläuterungen zur Bekanntmachung über die Änderung und Ergänzung der Grundsätze über die Eigenmittel und die Liquidität der Institute von 25. November 1998, abgedruckt in: Boos, Kommentar KWG, S. 1324.

662 Erläuterungen zur Bekanntmachung über die Änderung und Ergänzung der Grundsätze über die Eigenmittel und die Liquidität der Institute von 25. November 1998, abgedruckt in: Boos, Kommentar KWG, S. 1324.

663 Erläuterungen zur Bekanntmachung über die Änderung und Ergänzung der Grundsätze über die Eigenmittel und die Liquidität der Institute von 25.November 1998, abgedruckt in: Boos, Kommentar KWG, S. 1324.

664 Bellavite-Hövermann, Handbuch Eigenmittel und Liquidität nach KWG, S. 575.

gewähr von Wertpapieren unter den Passivkomponenten.[665] Der Grund für diese Asymmetrie ist das Fehlen eines weiteren Laufzeitbandes in dem zeitlich gegliederten Liquiditätserfassungsschema, das die Zahlungsverpflichtungen mit einer Restlaufzeit von über einem Jahr anzeigt. Die besagte Asymmetrie, die zugunsten der Institute besteht, kann hingenommen werden, da es bei der Beurteilung, ob die Liquidität eines Institutes ausreichend ist, allein auf den Wert der Liquiditätskennzahl ankommt.[666]

5. Anzeigepflicht gemäß § 24 KWG

Wie oben[667] erwähnt, benötigt ein Kreditinstitut grundsätzlich keine Banklizenz zum Betreiben von Wertpapierdarlehensgeschäften. Indes besteht gemäß § 24 Abs. 1 Nr. 9 KWG eine Anzeigepflicht für die Aufnahme und Einstellung von solchen Wertpapierdarlehensgeschäften, die keine Bankgeschäfte sind.[668] Sinn dieser Vorschrift ist es, „negative Auswirkungen der Wertpapierdarlehensgeschäfte auf die übrigen Bankgeschäfte rechtzeitig zu erkennen und drohende Schäden bereits im Vorfeld abzuwenden".[669]

Darüber hinaus wird eine weitere Anzeigepflicht gemäß § 24 Abs. 1 Nr. 12 KWG angeordnet, falls eine Vertragspartei ihren Erfüllungsverpflichtungen aus einem Wertpapierdarlehen nicht nachkommt. Hintergrund dieser Regelung ist, dass die Aufsichtsbehörden Erfahrungen hinsichtlich möglicher Risiken aus diesen verhältnismäßig neuen, sich stark ausweitenden Geschäftarten wie dem Wertpapierdarlehen sammeln wollen. Zielsetzung der Aufsichtsbehörde ist es zu prüfen, ob zusätzliche Schutzvorkehrungen erforderlich sind.[670]

6. Zwischenergebnis bezüglich der Aufsicht nach dem KWG

Die Aufsicht nach dem KWG ist grundsätzlich risikoorientiert ausgestaltet. Um Wertpapierdarlehensgeschäfte zu betreiben, bedarf es keiner Banklizenz; vielmehr reichen die üblichen Anzeigepflichten gem. § 24 Abs. 1 Nr. 9 KWG bereits aus, damit eventuelle negative Auswirkungen der Wertpapierdarlehensgeschäften auf die übrigen Bankgeschäfte bzw. drohende Schäden rechzeitig von

---

[665] Erläuterungen zur Bekanntmachung über die Änderung und Ergänzung der Grundsätze über die Eigenmittel und die Liquidität der Institute von 25. November 1998, abgedruckt in: Boos, Kommentar KWG, S. 1324.

[666] Erläuterungen zur Bekanntmachung über die Änderung und Ergänzung der Grundsätze über die Eigenmittel und die Liquidität der Institute von 25.November 1998, abgedruckt in: Boos, Kommentar KWG, S. 1324.

[667] Siehe oben § 7 I 1 Bankgeschäfte.

[668] Vgl. Acker, Die Wertpapierleihe, S. 59.

[669] Vgl. Beer/Schäfer, Die Wertpapierleihe, S. 28.

[670] Boos-Braun: KWG Kommentar, S. 616.

der BAFin erkannt und im Vorfeld beseitigt werden können. Das Wertpapierdarlehen wird als Kreditgeschäft gem. § 19 Abs. 1 KWG seit dem 1.1.1996 eingeordnet. Daher sind die Kreditinstitute verpflichtet, die entsprechenden Eigenmittel gem. § 10 KWG i.V.m. Grundsatz I zu unterlegen, um Wertpapierdarlehensgeschäfte betreiben zu können; dies dient einer Minimierung von Adressenausfallsrisiken. § 10 KWG wird durch Grundsatz I konkretisiert. Dabei entfalten die bezogen auf Wertpapierdarlehensgeschäfte gestellten Sicherheiten eine risikomindernde Wirkung, somit sind die Differenzbeträge zwischen dem Marktwert der darlehensweise überlassenen Wertpapiere und dem Marktwert der bestellten Sicherheiten als Bemessungsgrundlage zur Berechnung des zu unterlegenden Eigenkapitals durch die beteiligten Kreditinstitute maßgebend. Wird ein Kreditinstitut im Rahmen des CBF –Wertpapierdarlehenssystem für Kunden des Kreditinstitut tätig, bleibt § 10 KWG i.V.m. Grundsatz I unberührt. Schließlich sind die Liquiditätsvorschriften gem. §11 KWG i.V.m. Grundsatz II auch bei Wertpapierdarlehensgeschäften betroffen. In diesem Zusammenhang handelt es sich um die Liquiditätsrisiken. Die Wirkung von Wertpapierdarlehensgeschäften auf die Liquidität der Vertragsparteien wird in § 5 Grundsatz II entsprechend konkretisiert.

II. Kapitalanlagevorschriften bei der Versicherungsaufsicht

Wie bereits beschrieben[671] treten Versicherungsunternehmen sowie Pensionsfonds als bedeutende institutionelle Anleger auf dem Wertpapierdarlehensmarkt auf. Für Kapitalanlagen im Segment der Versicherungen bestehen zum Zweck des Schutzes der Versicherten strenge gesetzliche Vorschriften in Gestalt der §§54 bis 54d VAG sowie anderer ergänzender Kapitalanlageverordnungen gegenüber der BAFin, nämlich die ab 01.07.2002 geltende Kapitalanlageverordnung (AnlV) sowie die Pensionsfonds Kapitalanlageverordnung (PFKapAV). Die BAFin beaufsichtigt die Versicherungsunternehmen i.S.v. § 1 Abs. 1 VAG und Pensionsfonds im Sinne von § 112 Abs. 1 des VAG. Rückversicherungsunternehmen werden seit dem 01.07.2002 in § 1a VAG genannt und unterliegen einer beschränkten Versicherungsaufsicht.

Im Folgenden ist zu untersuchen, in welchem Umfang Versicherungen Wertpapierdarlehensgeschäfte tätigen können. Dies gilt unter Berücksichtigung der Aufsicht durch die BAFin gemäß dem VAG einerseits im Hinblick auf die betroffene Art des ausführenden Unternehmens, nämlich Versicherungsunternehmen, Rückversicherungen bzw. Pensionsfonds, andererseits im Hinblick auf die jeweils betroffenen Vermögensgegenstände.

---

[671] Vgl. Oben § 1 III „Wirtschaftliche Bedeutung des Wertpapierdarlehens“.

1. Versicherungsunternehmen

Versicherungsunternehmen i.S.v. § 1 Abs.1 VAG sollten bezüglich der Anlage des Versicherungsvermögens zum einen die allgemeinen auf die gesamte Vermögensanlage bezogenen Anlagevorschriften gem. § 54 VAG einhalten. Zum anderen bestehen auch spezielle Vorschriften für die Anlage des gebundenen Vermögens und insbesondere des Deckungsstocks.[672] Das freie Vermögen eines Versicherungsunternehmens entspricht der Summe aus Eigen-kapital und nicht versicherungstechnischem Fremdkapital.[673] Unter gebundenem Vermögen werden in diesem Zusammenhang gemäß § 66 VAG der Deckungs-stock und das übrige gebundene Vermögen verstanden.[674] Je nach Art der Vermögensgegenstände gelten unterschiedliche Vorschriften bezüglich des Wertpapierdarlehens.

a. Anlage des freien Vermögens

Bei der Anlage des freien Vermögens gehen von Seiten des VAG (Versicherungsaufsichtsgesetz) keinerlei Beschränkungen aus. Wertpapierdarlehen sind nach h.M. als Anlageform grundsätzlich zulässig.[675] Jedoch sind in diesem Zusammenhang die in § 54 Abs. 1 VAG festgelegten Grundsätze für Anlageformen zu beachten.[676]

b. Anlage des gebundenen Vermögens

Seit dem 1. Januar 2002 unterliegt die Anlage des gebundenen Vermögens von Versicherungsgesellschaften den Beschränkungen der § 54 Abs. 1 VAG, sowie der §§ 1 ff. der Anlageverordnung (AnlV) zu § 54 VAG. Grundsätzlich werden die Anlagemöglichkeiten bezüglich des gebundenen Vermögens einer Versicherungsgesellschaft in § 1 Abs.1 AnlV konkretisiert.[677]

Nach § 1 Abs. 1 Nr. 2 AnlV dürfen die dem sog. gebundenen Vermögen zugeordneten Wertpapiere darlehensweise vergeben werden. Anlagen in Forderungen aus Wertpapierdarlehen sind § 1 Abs. 1 Nr. 2 AnlV zufolge auf jeweils

---

672 Bitz, Finanzdienstleistungen, S.100.
673 Bitz, Finanzdienstleistungen, S.100.
674 Vgl. Lipowsky-Prölls, Versicherungsaufsichtsgesetz, § 54 Rn. 8.
675 Vgl. Dörge, Rechtliche Aspekte der Wertpapierleihe, S.118; Acker, Die Wertpapierleihe, S. 59; Gesell, Wertpapierleihe und Repurchase Agreement im deutschen Recht, S. 125; Prölls, Versicherungsaufsichtsgesetz, § 7 Anm.18.
676 Prölls, Versicherungsaufsichtsgesetz, § 54 Anm. 2.
677 Rundschreiben 29/2002 (VA) vom 12.12.2002 unter http://www.bafin.de/rundschreiben/92-2002/021212.htm; Fahr u.a., Versicherungsaufsichtsgesetz, S. 884ff.=BR-Drucksache 709/01, S. 11ff.

5% des Vermögens des Deckungsstocks, sowie des übrigen gebundenen Vermögens begrenzt.[678]

Hierzu muss der Darlehensnehmer der Versicherungsgesellschaft ausreichend Sicherheiten wie verpfändete oder zur Sicherung übertragene Guthaben nach §54 Abs. 2 InvG (§ 9b Abs. 1 sowie Abs. 2 KAGG a.F.) gewährt haben. Die Art und Weise der Bestellung der Sicherheiten ist im einzelnen in § 54 Abs. 2 InvG (§ 9b Abs. 1 und Abs. 2 KAGG a.F.) geregelt. Vergaben von Wertpapierdarlehen dürfen je Darlehensnehmer gemäß § 54 Abs.1 VAG i.V.m. § 3 AnlV nicht mehr als 5% des gebundenen Vermögens übersteigen (Deckungsstock + das übrige gebundene Vermögen).

Eine darlehensweise Aufnahme von Wertpapieren durch Versicherungsgesellschaften ist unzulässig,[679] da ein Wertpapierdarlehen ein Sachdarlehen im Sinne von § 607 BGB darstellt und somit als Darlehensaufnahme unter das Verbot der Fremdmittelaufnahme fällt. [680]

2. Rückversicherungsunternehmen

Anders als in der Vergangenheit sollten Rückversicherungsunternehmen gem. §1a VAG ab dem 01.01.2005 die allgemeinen Kapitalanlagevorschriften i.S.v. § 54 Abs.1 VAG einhalten.[681] Darüber hinaus unterliegen sie hingegen keinen speziellen Beschränkungen bezüglich Wertpapierdarlehen.[682] Danach können sie sowohl als Darlehensgeber oder Darlehensnehmer von Wertpapieren auf dem Markt für Wertpapierdarlehen auftreten. Der Umfang von Wertpapierdarlehensgeschäften unterliegt auch keinen quantitativen Begrenzungen.

3. Pensionsfonds

Wie bereits beschrieben unterstehen Pensionsfonds i.S.v. § 113 VAG ebenso wie Versicherungsunternehmen i.S.v. § 1 Abs. 1 der Versicherungsaufsicht durch die BAFin. Denn ein Pensionsfonds ist ein rechtlich selbständiger Vorsorgeträger, der in Aufbau und Ausgestaltung einer Pensionskasse bzw. eines Lebensversicherungsunternehmen vergleichbar ist. Bezüglich der Anlage von Vermögen gilt die zu § 115 Abs. 2 VAG erlassene Verordnung über die Anlage des gebundenen Vermögens von Pensionsfonds (Pensionsfonds Kapitalanlage-

---

[678] § 2 Abs. 2 Buchstabe a AnlV.
[679] Rundschreiben 29/2002 (VA) vom 12.12.2002 unter http://www.bafin.de/rundschreiben/92-2002/021212.htm.
[680] Vgl. GB BAV 1994 Teil A Seite 24 Nr. 1.1.4.
[681] Kaulbach in: Fahr u.a., Versicherungsaufsichtsgesetz, S. 194.
[682] Limmert, Die Wertpapierleihe, S. 8.

verordnung -verkürzt als PFKapAV-); dort wird im einzelnen geregelt, in welche Anlageformen investiert werden kann.

Nach § 1 Abs. 1 Nr. 2 PFKapAV dürfen Pensionsfonds gem. § 2 Abs. 2 PFKapAV höchstens 10% der Wertpapiere, die ihrem sog. Gebundenen Vermögen zugeordnet werden, darlehensweise vergeben. Des Weiteren sollten die Steuerungsvorschriften i.S.v. § 4 Abs. 1 PFKapAV beachtet werden.

4. Zwischenergebnis

In Bezug auf das Betreiben von Wertpapierdarlehensgeschäften werden Versicherungen - vorbehaltlich des VAG - folgendermaßen eingeteilt: Versicherungsunternehmen, Rückversicherungen und Pensionsfonds. Die Versicherungsunternehmen können zum einen mit Wertpapierbeständen aus dem freien Vermögen wegen der Befreiung von Anlagebeschränkungen unbeschränkt Wertpapierdarlehensgeschäfte tätigen; zum anderen dürfen sie Wertpapierdarlehensgeschäfte mit höchstens 5% der zum Deckungsstockvermögen (§ 66 VAG) oder zu dem übrigen gebundenen Vermögen (§ 54 VAG) gehörenden Wertpapierbeständen tätigen. Diese Anlagebeschränkung gibt es bezogen auf Rückversicherungsunternehmen nicht. Pensionsfonds dürfen nach § 1 Abs. 1 Nr. 2 PFKapAV und gem. § 2 Abs. 2 PFKapAV höchstens 10% der Wertpapiere, die ihrem sog. Gebundenen Vermögen zugeordnet werden, darlehensweise vergeben.

III. Aufsicht über Kapitalanlagegesellschaften

Gemäß § 1 Abs. 1 Nr. 6 KWG sind Kapitalanlagegesellschaften (Investmentgesellschaften) nicht nur als Kreditinstitute anzusehen. Sie unterliegen neben dem KWG noch einem speziellen Gesetz, dem Investmentgesetz (InvG), das aus dem frühen Gesetz über Kapitalanlagegesellschaften (KAGG) hervorgegangen ist.[683]

1. Allgemeine Vorschriften für Wertpapierdarlehen

Seit der Novelle des KAGG durch das 2. Finanzmarkförderungsgesetz[684] darf eine Kapitalanlagegesellschaft (KAG) Wertpapiere des Sondervermögens[685] i.S.v. § 30 InvG (§ 6 KAGG a.F.) an Dritte auf bestimmte oder unbestimmte

[683] Vgl. Adrian, Der Bankbetrieb, S. 34.
[684] Am 26.07-1994 in Kraft getreten.
[685] Das Sondervermögen entstammt dem Geschäftsbetrieb der KAG. Es ist wirtschaftlich betrachtet nicht das Vermögen der KAG, sondern der Anteilsinhaber. Die KAG hat jedoch nach § 31 Investmentgesetz n.F. das Recht im eigenen Namen zu verfügen. Es besteht das Rechtverhältnis einer Ermächtigungstreuhand.

Zeit darlehensweise vergeben.[686] Darüber hinaus sind einer KAG Leerverkäufe nach § 59 InvG (§ 9 Abs. 5 KAGG a.F.) untersagt. Des Weiteren bietet § 54 InvG (§ 9a Abs. 1 KAGG a.F.) erstmals eine Legaldefinition des Begriffs des Wertpapierdarlehens und ordnet Wertpapierdarlehensgeschäfte als Sachdarlehensverträge gem. §607 BGB ein.[687]

Wie bei allen riskanteren Geschäften der KAG muss die Absicht, Wertpapierdarlehen zu vergeben, den Kunden in den Vertragsbedingungen gemäß § 54 Abs.1 InvG (§ 9a Abs. 1 Satz 1 KAGG a. F.) mitgeteilt werden.[688]

Bei der Vergabe von Wertpapierdarlehen dürfen je Darlehensnehmer nicht mehr als 10% des Sondervermögens der KAG aus Gründen der Risikostreuung eingesetzt werden.[689] Wertpapierdarlehen an Konzernunternehmen im Sinne des § 18 AktG gelten gemäß § 54 Abs. 1 InvG in diesem Zusammenhang als Wertpapierdarlehen an dasselbe Unternehmen. Dadurch wird das Adressenausfallrisiko immer noch begrenzt, falls ein Darlehensnehmer trotz der vertraglichen Vereinbarung die darlehensweise überlassenen Wertpapiere einmal nicht zurückübereignen könnte.[690] Der Kurswert der für eine bestimmte Zeit zu übertragenden Wertpapiere darf zusammen mit dem Kurswert der für Rechnung des Sondervermögens bereits als Wertpapierdarlehen für eine bestimmte Zeit übertragenen Wertpapiere insgesamt 15% des Wertes des Sondervermögens nicht übersteigen. Im Hinblick auf eine mögliche spätere Insolvenz des Darlehensnehmers muss das Wertpapierdarlehen mit einer kurzen Frist kündbar sein.[691] Die Dauer eines befristeten Wertpapierdarlehens darf 30 Tage nicht überschreiten. Unbefristete Wertpapierdarlehen dürfen nur abgeschlossen werden, wenn die Kapitalanlagegesellschaften gemäß § 54 Abs. 1 InvG jederzeit kündigen können. Danach sind die Wertpapiere innerhalb von höchstens fünf Börsentagen zurückzugeben. Schließlich haben KAG der Bankaufsichtsbehörde für KAG und der Deutschen Bundesbank nach jedem Kalendervierteljahr unverzüglich eine Überschreitung der oben genannten Grenzen für Wertpapierdarlehen unter Angabe der Vermögensgegenstände, des Zeitraums, der Grenzüberschreitung und der Gründe für die Grenzüberschreitung anzuzeigen.[692]

---

[686] Vgl. Kümpel, Bank- und Kapitalmarktrecht, Rn. 12.146.
[687] Vgl. BT-Drucks. 12/6679, S. 80.
[688] Köndgen in: Schimansky/Bunte/Lwowski, Bankrechts-Handbuch, 2. Aufl., § 113, Investmentgeschäft, Rn. 78.
[689] BT-Drucks. 13/8933, S.64.111; Pötzsch, WM 1998, 949, 949ff.
[690] Vgl. Kümpel, Bank- und Kapitalmarktrecht, Rn. 12.131.
[691] Vgl. § 54 Abs. 1 InvG (§ 9a Abs. 2 Satz 1 und Satz 2 KAGG a.F.).
[692] Archner, Die Bank 2001, 800, 803.

Für Rechnung von Grundstückssondervermögen dürfen Kapitalanlagegesellschaften Wertpapierdarlehen gemäß § 80 Abs. 3 InvG (§ 35 Abs. 2 KAGG a.F.) nur auf unbestimmte Zeit gewähren.[693]

2. Erfordernis von Sicherheitsleistungen

Um das Kreditrisiko zu minimieren, müssen marktgerechte Sicherheiten durch den Darlehensnehmer gestellt werden. Gemäß § 54 Abs. 2 Satz 2 bis 5 InvG (§9b Abs.1, Satz 1 KAGG a. F.) setzt eine Übertragung von darlehensweise hingegebenen Wertpapieren eine vorherige Bestellung von Sicherheiten für Rechnung des Sondervermögens der KAG voraus. Geeignete Sicherheiten sind hierbei Guthaben der KAG bei der Depotbank gem. § 54 Abs.2 Satz 2 InvG (§9b I Satz 2 KAGG a. F.) sowie lombardfähige Schuldverschreibungen und Aktien gem. § 54 Abs.2 Satz 4 InvG (§ 9b Abs. 1 Satz 3 KAGG a.F.), sofern diese an einer deutschen Börse, in einem Mitgliedsstaat der EU oder des EWR zum amtlichen Markt zugelassen sind und von einem geeigneten Kreditinstitut i.S.v. § 1 KWG verwahrt werden. Hinsichtlich der Guthaben als Sicherheit bei Wertpapierdarlehen außerhalb der organisierten Darlehenssysteme (CBF, Zentralverwahrer) verlangt § 54 Abs. 2 Satz 2 InvG (§ 9b Abs. 1 Satz 2 KAGG a. F.), dass diese auf Euro lauten und bei der Depotbank unterhalten werden müssen. Aus Gründen des Anlegerschutzes darf es sich jedoch nur um solche Kreditinstitute handeln, bei denen die Einlagen in besonderer Weise gesichert sind. Darüber hinaus werden Verfügungen über die bei anderen Kreditinstituten unterhaltenen Guthaben der Zustimmung der Depotbank unterworfen.[694] Als Sicherheit unzulässig sind Wertpapiere, die vom Wertpapierdarlehensnehmer oder von einem zu demselben Konzern gehörenden Unternehmen ausgestellt sind, es sei denn, es handelt sich um Pfandbriefe oder Kommunalschuldverschreibungen. Die Depotbank hat dafür zu sorgen, dass die erforderlichen Sicherheiten rechtswirksam bestellt und jederzeit verfügbar sind.[695]

Als Wert der Sicherheit ist der Kurswert einschließlich der Erträge anzusetzen.[696] Die Sicherheitsleistung bestimmt sich - wie auch sonst üblich - aus dem Sicherungswert zuzüglich eines aus der Art der Sicherheit folgenden Aufschlages.[697] Der Umfang der Sicherheitsleistung ist insbesondere unter Berücksichtigung der wirtschaftlichen Verhältnisse des Wertpapierdarlehensnehmers zu bestimmen. Die KAG hat unverzüglich die Leistung weiterer Sicherheiten gem. § 54 Abs. 3 InvG zu verlangen, wenn sich aufgrund der

[693] Kienle in: Schimansky/Bunte/Lwowski, Bankrechts-Handbuch, 2. Aufl., § 105 Rn. 73.
[694] BT-Drucks. 936/01, S. 284.
[695] Paul, Das deutsche Investmentrecht 1999, S. 182.
[696] Vgl. § 54 Abs. 2 Satz 3 InvG (vormals 9b Abs.1, Satz 3 KAGG).
[697] Vgl. § 54 Abs. 3 InvG (§ 9b Abs. 2, Satz 3 KAGG).

börsentäglichen Ermittlung des Sicherungswertes und der erhaltenen Sicherheitsleistung oder einer Veränderung der wirtschaftlichen Verhältnisse des Wertpapierdarlehensnehmers ergibt, dass die Sicherheiten nicht mehr ausreichen. Neben den materiellen Anforderungen ist gegebenenfalls die Anzeigepflicht des § 54 Abs. 4 InvG (§ 9b Abs. 2 KAGG) durch die KAG bei der Unterschreitung des Wertes der Sicherheitsleistung unter den Sicherungswert zu beachten.

3. Mindestanforderung an Wertpapierdarlehensverträge

Neben den in § 54 InvG (§§ 9a und 9b KAGG a. F.) formulierten Vorgaben existieren weitere - ebenfalls zwingende - Anforderungen an die Vertragsgestaltung gem. § 55 InvG. Insbesondere gilt dies bezüglich der Zahlung von Erträgen zugunsten des Sondervermögens bei deren Fälligkeit an die Depotbank gem. § 55 Nr. 1 InvG (§ 9c Nr. 1 KAGG a.F.), bezüglich der Rückerstattung erhaltener Aktien in Sonderfällen zur Ausübung verbriefter Rechte i.S.v. § 55 Nr. 2 InvG (§ 9c Nr. 2 KAGG a.F.) sowie bezüglich der Behandlung des Verzugs des Wertpapierdarlehensnehmers und hinsichtlich seiner Pflichten i.S.v. § 55 Nr. 3 InvG (§ 9c Nr. 3 KAGG a.F.).[698]

Das Wertpapierdarlehen ist für Darlehensgeber von der Ertragsseite her ein ausgesprochen risikoarmes Geschäft; Vorsorge treffen muss der Darlehensgeber allerdings für die pünktliche Realisierung seines Rückgewähranspruchs. Insoweit verlässt sich das InvG nicht auf das Eigeninteresse der darlehensgewährenden KAG bezogen auf eine hinreichende Kreditsicherung, sondern schreibt ihr die Vertragsgestaltung gegenüber dem Darlehensnehmer im Detail vor.[699] Wie sonst bei Vertragsvereinbarungen üblich sorgen die gesetzlichen Vorschriften gemäß § 55 Nr. 1 InvG (§ 9c Nr. 1 KAGG a.F.) zuerst dafür, dass die Erträge aus den entliehenen Wertpapieren bereits bei Fälligkeit, d.h. am Valutatag, vom Darlehensnehmer der Depotbank zugunsten des Sondervermögens zu vergüten sind. Ferner ist die Rückübertragung der als Wertpapierdarlehen erhaltenen Aktien an die KAG vor der Hauptversammlung in § 55 Nr. 2 InvG (§9c Nr. 2 KAGG a.F.) vorgeschrieben, um die Wahrnehmung der mit den Aktien verbundenen Stimmrechte durch die KAG zu sichern.[700] Sofern die KAG die Stimmrechte trotz des Wertpapierdarlehens ausüben kann, ist die Rückerstattung der Aktien entbehrlich.[701]

Falls der Darlehensnehmer seine vertraglichen Verpflichtungen nicht rechtzeitig erfüllt, müssen gemäß § 55 Nr. 3 InvG (§ 9c Nr. 3 KAGG a.F.) Ausgleichs-

[698] Grimm, Das Vertragsrecht des Wertpapierdarlehens, S. 163ff.
[699] Vgl. § 55 InvG .
[700] Beckmann/Scholtz, Investment, Kz. 425.
[701] BT-Druchsache 936/01, S. 284.

leistungen und Sanktionen unter Inanspruchnahme der geleisteten Sicherheiten vorgesehen werden, so dass sich das Verhalten des Darlehensnehmers nicht zum Nachteil des Darlehensgebers und damit des Sondervermögens auswirken kann.[702]

4. Teilnahme von KAGen an institutsübergreifenden Wertpapierdarlehenssystemen

Während die Einschränkung i.S.v. §§ 54 InvG (§ 9a Abs. 2 Satz 2 KAGG a.F.) bei nicht organisierten Wertpapierdarlehen maßgebend ist, darf bei organisierten Wertpapierdarlehensgeschäften wie z.B. bei durch das CBF-Wertpapierdarlehenssystem abgeschlossene Wertpapierdarlehensgeschäften, eine abweichende Vertragsbedingung vorliegen, derzufolge die Anlagebeschränkung gem. §§ 54 InvG bei Wertpapierdarlehensgeschäften nicht eingehalten werden muss .

Gemäß § 56 InvG (§ 9d KAGG a.F.) ist eine Höchstgrenze von 10% des Sondervermögens der KAG für einen einzelnen Darlehensnehmer i.S.v. §54 Abs. 1 InvG (§ 9a Abs. 2 Satz 2 KAGG a.F.) bei Einschaltung organisierter Darlehenssysteme (z.B. unter Einschaltung der CBF) nicht anzuwenden, da bei Benutzung eines solchen Wertpapierdarlehenssystems der Darlehensnehmer der KAG nicht bekannt gegeben wird.[703] Einerseits bestehen in diesen Fällen häufig keine unmittelbaren Vertragsbeziehungen mehr zwischen Darlehensgeber und Darlehensnehmer, so dass anspruchsvollere Techniken der vertraglichen Kreditsicherung erforderlich sind. Andererseits ist die Wahrung der Interessen der Anteilsinhaber durch die gesonderten Bedingungen des Wertpapierdarlehenssystems (z.B. Sonderbedingungen der CBF) gewährleistet.[704]

Die KAG kann sich eines Wertpapierdarlehenssystems, das von einer Wertpapiersammelbank oder von einem anderen Unternehmen, dessen Unternehmensgegenstand die Abwicklung von grenzüberschreitenden Effektengeschäften für Unternehmen ist, zur Vermittlung von Wertpapierdarlehen bedienen. Voraussetzung ist, dass durch die Bedingungen dieses Wertpapierdarlehenssystems gem. § 55 InvG (§ 9d KAGG a.F.) eine Wahrung der Interessen der Anteilsinhaber gesichert wird. Dies gilt insbesondere für das Wertpapierdarlehenssystem der CBF. Allerdings ist die Teilnahme am Wertpapierdarlehenssystem der Depotbank auch zulässig, sofern die gesetzlich vorgeschriebenen Sicherheiten bestellt werden.[705] Dies folgt schon aus § 54 Abs. 1 Satz 1 InvG (§ 9a Abs. 1 Satz 1 KAGG a.F.), wonach die KAG Wertpapier-

[702] Baur, Investmentgesetze, S. 592.
[703] Scheurle/Rheinbach, WM 1998, S. 1101.
[704] Vgl. oben § 4 sowie Sonderbedingungen für Wertpapierdarlehen der CBF.
[705] Vgl. oben § 7 III 2.

darlehen mit einem „Dritten" als Darlehensnehmer tätigen darf. Eine besondere Regelung für solche institutsübergreifenden Wertpapierdarlehenssysteme, etwa das der CBF, ist erforderlich gewesen, weil die CBF nicht Darlehensnehmer gegenüber der KAG wird, sondern solche Wertpapierdarlehensgeschäfte nur zwischen den Kontoinhabern durch die CBF vermittelt werden.[706]

IV. Börsensaufsichtsrechtliche Vorschriften

1. Meldepflichten. § 9 WpHG

§ 9 Abs. 1 WpHG erlegt Kreditinstituten i.S.v. § 1 Abs. 1 KWG und den zum Handel an einer Börse zugelassenen Maklern eine Meldepflicht gegenüber der Bundesanstalt für Finanzdienstleistungsaufsicht (BAfin) auf. Dies gilt für bestimmte Wertpapier- und Derivatgeschäfte. Dieser Pflicht müssen die Kreditinstitute unmittelbar nach Abschluss der entsprechenden Geschäfte nachkommen.[707] Mit Hilfe dieser Meldevorschrift soll verbotenem Insiderhandel vorgebeugt werden und eine Verfolgung erleichtert werden.[708]

Als meldepflichtige Geschäfte gelten Kauf, Verkauf und Vermittlung von Wertpapieren oder Derivaten, die auf die für die Feststellung von Insiderhandel relevanten Vorgänge beschränkt werden. Transaktionen, die im Rahmen von Wertpapierdarlehen- und echten Wertpapier-Pensionsgeschäften stattfinden, werden von der Meldepflicht nicht erfasst.[709] Es wird zum Teil die Ansicht vertreten[710], dass ein Darlehensnehmer bei Wertpapierdarlehensgeschäften und ein Pensionsnehmer bei echten Wertpapierpensionsgeschäften die Wertpapiere zu einem bei Abschluss des Geschäfts bereits fixierten Zeitpunkt und Preis an den Darlehensgeber oder Pensionsgeber zurückgeben müsste. Danach dürfte bei der Durchführung dieser Geschäfte Insiderwissen ausgenutzt werden können;[711] insbesondere bei Wertpapierdarlehensgeschäften, bei denen keine endgültige Entäußerung, sondern nur eine vorübergehende Übertragung auf den Darlehensnehmer stattfindet.[712] Außerdem kann hierdurch verhindert werden, dass ein einheitlicher wirtschaftlicher Vorgang einer doppelten Meldepflicht unterworfen wird. Denn die mit Wertpapierdarlehen verbundenen weiteren Geschäfte, bzw.

---

[706] Vgl. oben § 4 I 2.
[707] Assmann, WpHG, § 9 Rn. 17.
[708] Schwark-Beck, Kapitalmarktrechtskommentar, § 9 WpHG, Rn. 16; Süßmann, WM 1996, 937, 937.
[709] Süßmann, WM 1996, 937, 940.
[710] Süßmann, WM 1996, 937, 940.
[711] Schwark-Beck, Kapitalmarktrechtskommentar, § 14 Rn. 6.
[712] Süßmann, WM 1996, 937, 940.

Lieferungsgeschäfte, Veräußerungsgeschäfte stellen ebenfalls meldepflichtige Geschäfte i.S.v. § 9 WpHG dar.[713]

2. Verbote von Insidergeschäften

§ 14 WpHG untersagt so genannten Primärinsidern[714] - beispielsweise gesetzlichen Vertretern von juristischen Personen, Anteilseignern oder externen Beratern -, Insidertatsachen, d.h. Informationen, die zu einer nicht unerheblichen Kursbeeinflussung geeignet sind, zu verwerten. Dies kann im Wege einer Veräußerung für eigene oder fremde Rechnung oder durch bloße Empfehlung geschehen.[715] Außerdem sind Sekundärinsider[716], die vielleicht nur zufällig Zugang zu Insidertatsachen erhalten haben, nicht befugt, Wertpapiere für eigene Rechnung aufgrund dieses Insiderwissens zu handeln.[717]

§ 14 Abs. 1 Nr. 1 WpHG enthält den klassischen Insidertatbestand, indem er den „Erwerb“ und die „Veräußerung“ von Insiderpapieren für eigene oder fremde Rechnung verbietet. Fraglich ist, was genau unter den verwendeten Begriffen „Erwerb“ und „Veräußerung“ verstanden werden kann. Es ist auch zweifelhaft, ob Wertpapierdarlehensgeschäfte und die damit verbundenen Transaktionen unter diesen Verbotstatbestand fallen.

a. Wertpapierdarlehensgeschäfte

Der überwiegende Teil der Literatur versteht die Begriffe „Erwerb“ sowie „Veräußerung“ dahingehend, dass der Insider ein Wertpapiergeschäft vorgenommen haben muss. Ein Vollerwerb von Wertpapieren ist indes nicht erforderlich, da für Wertpapiergeschäfte unterschiedliche Transaktionsformen entwickelt wurden, die als wertpapierrechtlich relevant anzusehen sind.[718] Jedoch muss das jeweils vorgenommene Wertpapiergeschäft zu einer „Verschiebung der Verfügungsmacht“ führen;[719] außerdem sollen alle „wertrechtlich relevanten Transaktionen“ erfasst werden.[720] Des Weiteren ist auch erforderlich, dass alle Bestandteile des

---

[713] Vgl. Kienle in: Schimansky/Bunte/Lwowski, Bankrechts-Handbuch, 2. Aufl., § 105 Rn.79.

[714] Primärinsider i.S.v. § 13 Abs. 1 WpHG sind die Personen, die unmittelbar Zugang zu Insiderinformation haben oder über diese verfügen. Nach § 13 Abs. 1 WpHG werden drei weitere Fallgruppen als Untergliederung gebildet.

[715] Claussen, DB 1994, 27, 31; Schwark-Beck, Kapitalmarktrechtskommentar, § 14 Rn. 5.

[716] Sekundärinsider ist jeder Dritte, der, ohne Primärinsider zu sein, Kenntnis von Insiderinformationen hat.

[717] Claussen, DB 1994, 27, 31.

[718] Vgl. Assmann, AG 1994, 237, 246; Claussen, ZBB 1992, 267, 281; Immenga, ZBB 1995, 197, 204; Claussen, DB 1994, 27, 31.

[719] Assmann, AG 1994, 237,246f.; ders., in: Assmann/Schneider, WpHG, §14 Rn. 6ff.

[720] Claussen, ZBB 1992, 267, 281; ders., DB 1994, 27, 31; ähnlich Hopt, ZGR 1991,18, 42.

Wertpapiergeschäfts auch tatsächlich ausgeführt wurden. So genügt es für die Erfüllung des Tatbestandsmerkmals „Erwerb" bzw. „Veräußerung" nicht, dass lediglich der schuldrechtliche Vertrag abgeschlossen oder die Order erteilt worden ist, wenn die sachenrechtliche Erfüllung ausbleibt oder wenn die Order nicht ausgeführt wird.[721]

Der Verbotstatbestand könnte daher neben Wertpapierpensionsgeschäften auch die Wertpapierdarlehen betreffen, ohne dass es dabei auf deren zivilrechtliche Einordnung als Leihe, Darlehen oder Kauf mit Rückkaufverpflichtung ankommt.[722] Eine bloße Verpfändung von Wertpapieren stellt dagegen keinen Erwerbs- oder Veräußerungstatbestand dar.[723] Für die mangelnde Bedeutung einer solchen Einordnung spricht, dass es bei Wertpapierdarlehensgeschäften nicht auf den Abschluss eines schuldrechtlichen Vertrages oder lediglich auf die Erteilung einer Order als der Vorstufe zum Abschluss eines schuldrechtlichen Vertrages ankommen kann.

Des Weiteren findet bei Wertpapierdarlehensgeschäften eine Verschiebung der Verfügungsmacht statt. Deshalb dürfte grundsätzlich auch der Abschluss und die Erfüllung eines Wertpapierdarlehensvertrags einen Verstoß gegen das Nutzungsverbot begründen können.[724] Indes erscheint es aufgrund der Qualifikation von Wertpapierdarlehen als Sachdarlehen[725] nur schwer vorstellbar, wie ein Insider ein Wertpapierdarlehen zur Ausnutzung seiner Insiderformationen benutzen will, ohne zusätzlich zu dem Wertpapierdarlehen noch einen Kauf oder Verkauf eines Wertpapiers abzuschließen.[726] Hierbei ist allerdings auch zu berück-sichtigen, dass Wertpapierdarlehen im Gegensatz zu den auf Erwerb oder Veräußerung abzielenden Insidergeschäften i.d.R. nicht der Erzielung von Kurs-vorteilen dienen; sie werden typischerweise dazu eingesetzt, Kassageschäfte abzuwickeln, typische Risiken bei Börsentermingeschäften zu begrenzen oder um Arbitragegeschäfte zwischen Termin- und Kassamarkt zu ermöglichen.[727] Das Problem, ob das Wertpapierdarlehen grundsätzlich als ein Instrument zum Verstoß gegen das Erwerbs- oder Veräußerungsverbot geeignet ist, dürfte daher

---

721 Süßmann, WM 1996, 937, 940.

722 Dazu etwa Dörge, Rechtliche Aspekte der Wertpapierleihe, S.37 ff.; Kümpel, Bank- und Kapitalmarktrecht, Rn. 5.313 ff.; ebenso Hopt, in: Schimansky/Bunte/Lwowski, Bankrechts-Handbuch, § 107 Rn. 32.

723 Claussen, Insiderhandelsverbot, Rn. 38; Assmann/Cramer in: Assmann/Schneider, WpHG, § 14 Rn. 8.

724 Assmann in: Assmann/Schneider, WpHG, § 14 Rn. 8.

725 Vgl. Oben § 1 IV 2.

726 Vgl. Schäfer in: Geibel/ Schäfer, Wertpapierhandelsgesetz, Börsengesetz mit BörsZulV, Verkaufsprospektgesetz mit VerkProspV: Kommentar, S. 128.

727 Kümpel, WM 1990, 909, 909.

nur von geringer praktischer Bedeutung sein.[728] Daher ist die Ansicht abzulehnen, wonach auch das Wertpapierdarlehen ein verbotenes Insidergeschäft darstellen kann.

b. Wertpapierdarlehensgeschäfte und damit verbundene Leerverkäufe

Demzufolge könnte mittels eines Wertpapierdarlehens nur ausnahmsweise, wie im Falle eines Leerverkaufs im Kassamarkt, ein insiderrechtlicher Verbotstatbestand erfüllt werden. Fraglich ist, ob in diesem Zusammenhang das Wertpapierdarlehen lediglich als Hilfsgeschäft betrachtet werden könnte und damit aus dem Ausnutzungsverbot wieder herauszunehmen wäre.

c. Stellungnahme

Wie oben erwähnt, beinhaltet das Wertpapierdarlehen einen Erwerbs- oder Veräußerungsvorgang. Somit fällt es unter die Verbotstatbestände i.S.v. § 14 WpHG.

Ein Wertpapierdarlehen ist regelmäßig mit einer weiteren Wertpapiertransaktion verbunden. In einigen Fällen können Wertpapierdarlehen unstreitig von Insidergeschäften herausgenommen werden, nämlich wenn sie nicht zur Erziehung eines Kursvorteils dienen. Fraglich ist jedoch, ob ein Wertpapierdarlehen wie oben erwähnt, als Hilfsgeschäft angesehen werden sollte, wenn mit Hilfe eines Wertpapierdarlehens im Falle eines Leerverkaufes ein insiderrechtlicher Verbotstatbestand erfüllt werden könnte.

Meiner Ansicht nach ist ein Wertpapierdarlehen ein untrennbarer Bestandteil eines Leerverkaufs. In dieser besonderen Fallgestaltung bildet das Wertpapierdarlehen sogar das einzige Instrument zur Ermöglichung von Leerverkäufen. Daher ist bei Leerverkäufen mit Hilfe von Wertpapierdarlehen eine Gesamtbetrachtung unabdingbar. Falls durch einen Leerverkauf ein insiderrechtlicher Verbotstatbestand erfüllt wird, ist zu beachten, dass zwei Tatbestände betroffen sind: erstens bezogen auf das Wertpapierdarlehen selbst und zweitens bezogen auf die entsprechende Veräußerung. Des Weiteren beeinflusst ein Leerverkauf unter Ausnutzung von Insiderwissen den Kapitalmarkt in einem ungleich stärkeren Ausmaß als eine einfache Kombination von Kauf- und Veräußerungsgeschäften; denn Insider können sich bei Leerverkäufen mit wesentlich geringeren Mitteleinsatz gleiche Kursvorteile wie bei anderen Verbotsgeschäfte durch die Ausnutzung von Insiderwissen verschaffen. Somit sollte das Wert-

[728] Opitz in: Geibel/Schäfer, Wertpapierhandelsgesetz, Börsengesetz mit BörsZulV, Verkaufsprospektgesetz mit VerkProspV: Kommentar, S. 128; vgl. Hopt in: Schimansky/Bunte/Lwowski, Bankrechts-Handbuch, 2. Aufl., § 107 Rn. 32.

papierdarlehen zu den Verbotstatbeständen i.S.v. § 14 WpHG gezählt werden, besonders im Falle von Leerverkäufen mittels Wertpapierdarlehen. Durch die Einordnung des Wertpapierdarlehens als Hilfsgeschäft im Bezug auf Leerverkäufe[729] käme der Zusammenhang zwischen Wertpapierdarlehen und Leerverkauf und damit die Gefahr, dass Insiderwissen durch Leerverkäufe ausgenutzt werden können, nicht genügend zum Ausdruck.

3. Mitteilungs- und Veröffentlichungspflichten gemäß § 15a WpHG

Seit dem 01.07.2002 müssen Geschäfte von Vorstands- und Aufsichtsratsmitgliedern börsennotierter Gesellschaften und ihrer Familienangehörigen bezogen auf Wertpapiere der eigenen Gesellschaft nach § 15a WpHG unverzüglich mitgeteilt und veröffentlicht werden.[730] § 15a WpHG dient nicht nur zur Ergänzung von § 15 WpHG, sondern auch zur Vorbeugung gegenüber Insidergeschäften.[731] Mitteilungspflichtig sind der Erwerb oder die Veräußerung von Aktien des Emittenten und anderen aktienbezogenen Wertpapieren, sowie von Rechten, deren Wert unmittelbar vom Marktwert der Aktien des Emittenten abhängt.

„Erwerb" oder „Veräußerung" sind im Hinblick auf den Zweck der Vorschrift des § 15a WpHG im insiderrechtlichen Sinne zu verstehen.[732] Als Erwerbs- oder Veräußerungsvorgänge sind danach auch Wertpapierdarlehen und Wertpapierpensionsgeschäfte mitteilungspflichtig.[733] Die bloße Verpfändung von Wertpapieren stellt dagegen keinen Erwerbs- oder Veräußerungstatbestand dar.[734] Gleiches gilt für Transaktionen im Zusammenhang mit Erbschaften und Schenkungen.[735] Depotübertragungen sind nicht mitteilungspflichtig. Allerdings ann das zugrunde liegende Kausalgeschäft der Mitteilungspflicht unterliegen.[736]

---

[729] Vgl. Kümpel, WpHG, S. 70.

[730] Rundschreiben der BAFin zu den Mitteilungs- und Veröffentlichungspflichten gemäß §15a WpHG in AG 10/2002, 386, 386ff.

[731] Zu den Funktionen von § 15a WpHG: Schneider, BB 2002, 1817,1818; Assmann/ Schneider, WpHG, § 15a Rn. 3ff.

[732] Rundschreiben der BAFin zu den Mitteilungs- und Veröffentlichungspflichten gemäß §15a WpHG in: AG Report 10/2002, 386, 386ff.

[733] Rundschreiben der BAFin zu den Mitteilungs- und Veröffentlichungspflichten gemäß §15a WpHG in: AG Report 10/2002, 386, 386ff.

[734] Claussen, Insiderhandelsverbot, Rn. 38; Assmann/Cramer, in: Assmann/Schneider, WpHG § 14 Rn. 8; Schneider, BB 2002, 1817, 1819.

[735] Schneider, AG 2002, S.473, 474; ders., BB 2002, 1817, 1819, Fleischer, ZIP 2002, 1217, 1227.

[736] Rundschreiben der BAFin zu den Mitteilungs- und Veröffentlichungspflichten gemäß §15a WpHG in AG 10/2002, 386, 386ff.

4. Mitteilungspflichten gemäß §§ 21 ff. WpHG

Gemäß §§ 21 ff. WpHG ist jede - natürliche oder juristische - Person verpflichtet, der BAFin und der börsennotierten Gesellschaft ihre Stimmrechte mitzuteilen, sofern durch Erwerb, Veräußerung oder auf sonstige Weise ein Schwellenwert von 5%, 10%, 25%, 50% oder 75% erreicht bzw. über- oder unterschritten wird.[737] Bezüglich der Zurechnungstatbestände, die sich i.S.v. §22 WpHG[738] auf eine Vielzahl rechtlicher Gestaltungsformen beziehen können, ergibt sich hinsichtlich der Zurechnung von Stimmrechten an den Meldepflichtigen ein Problem, insbesondere im Rahmen von Wertpapierdarlehensgeschäften. Im Sinne von § 21 WpHG handelt es sich hierbei nicht um einen Erwerb oder eine Veräußerung von Stimmrechten, sondern um in Aktien verbriefte Mitgliedschaftsrechte. Somit kann eine Meldepflicht nach § 21 WpHG entstehen, wenn der meldepflichtigen Person ein Stimmrecht „aus ihm gehörenden Anteilen zustehen" oder wem nach § 22 WpHG Stimmrechte zugerechnet werden können.[739]

a. Mitteilungspflichten des Darlehensnehmers

Der Darlehensnehmer könnte durch „Erwerb" oder „Veräußerung" i.S.v. § 21 Abs. 1 WpHG als Aktionär der darlehensweise überlassenen Wertpapiere gemäß §§ 21 ff. WpHG meldepflichtig sein; dies könnte daraus folgen, dass die in § 21 Abs. 1 WpHG erwähnten Tatbestände „Erwerb" und „Veräußerung" nur die dingliche Übertragung der in Aktien verbrieften Mitgliedschaftsrechte umfassen, die unabhängig von dem Verpflichtungsgeschäft bestehen.[740] Darunter fallen allerdings auch Wertpapierdarlehensgeschäfte. Nachdem die darlehensweise überlassenen Wertpapiere vertragsgemäß an den Darlehensnehmer übertragen worden sind, wird der Darlehensnehmer Eigentümer der Wertpapiere und somit bei Aktien Inhaber der Mitgliedschaftsrechte. Dem Darlehensnehmer steht daher auch das Stimmrecht zu. Dies spricht für eine Zurechnung der Stimmrechte aus darlehensweise überlassenen Aktien gem. §§ 21 ff. WpHG bezogen auf den Darlehensnehmer.[741] Folglich ist der Darlehensnehmer im Rahmen des Wertpapierdarlehensgeschäftes als Eigentümer bei einer Verwirklichung der

---

[737] Drucksache 12/6679, S. 52.

[738] Die Zurechnungstatbestände des § 22 WpHG entsprechen - zwar nicht wörtlich, aber inhaltlich - denen des § 30 WpÜG, dazu etw. lange, Oliver, Aktuelle Rechtsfragen der kapitalmarktrechtlichen Zurechnung, ZBB 2004, 22, 22ff. m.w.N.

[739] Schneider in: Assmann/Schneider, WpHG, § 21 Rn. 20.

[740] Schneider in: Assmann/Schneider, WpHG, § 22 Rn. 71; Nottmeier/Schäfer, AG 1997, 87, 88.

[741] Schneider in: Assmann/Schneider, WpHG, § 22 Rn. 71; Schneider, AG 1997, 81, 81.

Schwellenquoten[742] mitteilungspflichtig nach § 21 Abs. 1 WpHG, sofern er die darlehensweise überlassenen Papiere selbst hält.[743] Problematisch erscheint dies allerdings im Fall von sog. „Ketten-Wertpapierdarlehen"; bei dieser Gestaltung werden die darlehensweise überlassenen Aktien in Form von Wertpapierdarlehen weiter vergeben.[744] In diesem Fall wird vorgeschlagen, dass die Berechnung der Stimmrechtsanteile vom Handelsbestand nach § 23 WpHG befreit wird, falls der Darlehensnehmer ein Kreditinstitut oder ein sonstiger institutioneller Anleger ist. Demzufolge werden die durch das Wertpapierdarlehensgeschäft überlassenen Aktien bei der Berechnung der Stimmrechtsanteile gemäß § 23 WpHG nicht berücksichtigt.[745]

Zusammenfassend ist der Wertpapierdarlehensnehmer sowohl zum Zeitpunkt des Abschlusses des Wertpapierdarlehensgeschäfts, als auch zum Zeitpunkt der Rückabwicklung meldepflichtig; denn ein Darlehensnehmer erwirbt das Eigentum an den Aktien, und kann damit mögliche Stimmrechte ausüben. Falls der Darlehensnehmer ein Kreditinstitut oder ein sonstiger institutioneller Anleger ist, können die Stimmrechte aus darlehensweise überlassenen Aktien durch die Befreiung von Handelsbestand i.S.v. § 23 WpHG unberücksichtigt bleiben.

b. Mitteilungspflichten des Darlehensgebers

Neben dem Darlehensnehmer ist auch der Darlehensgeber möglicherweise meldepflichtig, weil dieser nach Übertragung der darlehensweise überlassenen Wertpapiere gemäß § 21 Abs. 1 WpHG eine Meldeschwelle unterschreitet. Dieser Tatbestand setzt voraus, dass der Darlehensnehmer Aktionär bezogen auf die darlehensweise überlassenen Aktien wird und damit dem Darlehensnehmer die mit den Aktien verbundenen Stimmrechte zuzurechnen sind.[746] Dieser Tatbestand setzt außerdem voraus, dass die hier betroffenen Stimmrechte nicht dem Darlehensgeber zugerechnet werden könnten, da § 22 Abs. 1 WpHG von einer doppelten Meldepflicht ausgeht; nämlich für den Aktionär, gegebenenfalls für den Darlehensnehmer, und für ihre „Treuhänder", gegebenenfalls für den Darlehensgeber; demzufolge könnten beide - Darlehensgeber und Darlehensnehmer - hinsichtlich desselben Stimmrechtsanteiles meldepflichtig sein.[747]

---

[742] Siehe oben 5%, 10%, 25%, 50% oder 75%.

[743] Vgl. Opitz in: Geibel/Schäfer, Wertpapierhandelsgesetz, Börsengesetz mit BörsZulV, Verkaufsprospektgesetz mit VerkProspV: Kommentar, S. 253.

[744] Vgl. Schneider in: Assmann/Schneider, WpHG, § 22 Rn. 78.

[745] Vgl. Schneider in: Assmann/Schneider, WpHG, § 22 Rn. 76.

[746] A.A. Nach einem Teil der Literatur führen die Stimmen für den Darlehensgeber zu keinen Mitteilungspflichten, da er nur den schuldrechtlichen Rückübertragungsanspruch besitzt, was wiederum zu einer Zurechnung nach § 22 Abs. 1 Nr. 5 WpHG führt. Zu solchen Ergebnissen: siehe Schneider, AG 1997, 81, 84.

[747] Vgl. Schneider in: Assmann/Schneider, WpHG, § 21 Rn. 57ff.

Fraglich ist, ob die Aktien zugleich auch dem „Darlehensgeber“ nach § 22 Abs.1 Nr. 2 WpHG zugerechnet werden müssen, falls die darlehensweise überlassenen Aktien im Depot des Darlehensnehmers gehalten werden. Nach § 22 Abs. 1 Nr.2 WpHG sind dem Mitteilungspflichtigen diejenigen Stimmrechte aus Aktien jedoch zuzurechnen, die einem Dritten gehören und von diesem für Rechnung des Meldepflichtigen gehalten werden. Hierfür bedarf es der Erfüllung zweier Tatbestandsmerkmale: erstens „einem Dritten gehören“ und zweitens „für Rechnung des Meldepflichtigen“. Davon ausgehend fallen rechtliche und wirtschaftliche Betrachtung auseinander. Unbestritten wird der Begriff „gehören“ als Ausdruck der Eigentümerstellung im Rechtssinne angesehen.[748] Dagegen ist unklar, was unter dem Tatbestandsmerkmal „für Rechnung“ genau verstanden werden soll. Die Gesetzesbegründung weist nur darauf hin, dass diese Voraussetzung insbesondere bei treuhänderisch gehaltenen Aktien vorliegen soll.[749] Daher ergibt sich die Frage, ob bei einem Darlehensgeschäft über Aktien der Darlehensnehmer für den Darlehensgeber als „Treuhänder“ die darlehensweise überlassenen Aktien gehalten hat.

Von dem größten Teil der Literatur wird vertreten, dass die Stimmrechtsanteile dem Darlehensgeber nach § 22 Abs. 1 Nr. 2 WpHG zuzurechnen sind. Begründet wird dies damit, dass der Darlehensgeber bei einem Wertpapierdarlehensgeschäft vertraglich so gestellt wird, als ob er Eigentümer der Wertpapiere bliebe. Diesen betreffen daher weiterhin alle wirtschaftlichen Chancen und Risiken der Aktien.[750] Danach wird eine treuhänderische Bindung zwischen dem Darlehensgeber und dem Darlehensnehmer begründet; d. h. nach dieser Ansicht handelt der Darlehensnehmer durch ein Wertpapierdarlehensgeschäft über Aktien „für Rechnung“ des Darlehensgebers.

Diese Auffassung würde zu einer doppelten Meldepflicht des Darlehensgebers und des Darlehensnehmers hinsichtlich desselben Stimmrechtsanteils führen.[751] Darüber hinaus kann es zur Begründung einer treuhänderischen Bindung nicht ausreichen, dass wie oben ausgeführt, der Darlehensgeber das Kursrisiko und damit das wirtschaftliche Risiko trägt. Dies folgt daraus, dass der Darlehens-

---

[748] Opitz in: Geibel/Schäfer, Wertpapierhandelsgesetz, Börsengesetz mit BörsZulV, Verkaufsprospektgesetz mit VerkProspV , Kommentar, S. 253.

[749] Vgl. hierzu auch die Gesetzesbegründung, BT-Drucks. 12/6679, S. 53.

[750] Vgl. Burgard, BB 1995, 2069, 2073f. ; Zur rechtlichen Einordnung und praktischen Durchführung der Wertpapierleihe vgl. Kümpel, WpHG, S. 137f.; Nottmeier/Schäfer, AG 1997, 87, 93.

[751] Vgl. Schneider in: Assmann/Schneider, WpHG, § 21 Rn. 31b; Kienle in: Schimansky/Bunte/Lwowski, Bankrechts-Handbuch, 2. Aufl., § 105 Rn.81f.

geber normalerweise hinsichtlich der Stimmrechtsausübung[752] weder Einfluss, noch ein Weisungsrecht besitzt. Darüber hinaus fehlt es dem Darlehensgeber an einem Weisungsrecht zur Verwaltung der darlehensweise überlassenen Aktien; somit fallen Gewinne aus der weiteren Veräußerung sowie weitere Darlehensvergaben bezüglich der darlehensweise überlassenen Aktien nicht dem Darlehensgeber zu. Daraus folgt, dass der Darlehensnehmer die darlehensweise hingenommenen Aktien gerade nicht „für Rechnung" des Darlehensgebers hält. Der Darlehensnehmer ist lediglich verpflichtet, dem Darlehensgeber die darlehensweise überlassenen Wertpapiere nach der vereinbarten Laufzeit des Wertpapierdarlehensgeschäfts zurück zu übertragen. Damit sind in aller Regel die Aktienbestände nach § 21 Abs.1 WpHG beim Darlehensnehmer mitteilungspflichtig und die Stimmrechte daraus nicht dem Darlehensgeber nach § 22 Abs.1 Nr. 2 WpHG zuzurechnen.[753]

Jedoch kann der Darlehensnehmer die darlehensweise hingenommenen Aktien „für Rechnung" des Darlehensgebers bei dem Wertpapierdarlehen halten, wenn die wirtschaftliche Verfügungsbefugnis über die Stimmrechte dem Darlehensgeber zusteht.[754] Danach kann sich jedoch eine Zurechnung nach § 22 Abs. 1 Nr. 1 WpHG beim Darlehensgeber ergeben.

Veräußert der Darlehensnehmer die Aktien an einen Dritten, wird der Dritte Eigentümer der Wertpapiere. In diesem Fall scheidet allerdings auch eine Zurechnung der Stimmrechte an den Darlehensgeber nach § 22 Abs. 1 Nr. 2 WpHG aus. Dies gilt auch für den Fall des Ketten-Wertpapierdarlehens. Jedoch kommt für den Darlehensgeber eine Zurechnung nach § 22 Abs. 1 Nr. 5 WpHG in Betracht. § 22 Abs. 1 Nr. 5 WpHG sieht eine Hinzurechnung von Stimmrechten auch dann vor, wenn der Meldepflichtige die Aktien durch einseitige Willenserklärung erwerben kann. Die Beantwortung der Frage, ob der Rückübertragungsanspruch des Darlehensgebers gegen den Darlehensnehmer unter §22 Abs. 1 Nr. 5 WpHG fällt, hängt davon ab, ob die Vertragsparteien einen

---

[752] Die Auffassung von Kümpel, dass die Stimmrechtsausübung durch den Entleiher unzulässig sei, weil sie eine Ordnungswidrigkeit nach § 405 Abs.3 Nr. 2 AktG sei, ist unzutreffend, da hierbei entscheidend ist, dass der Entleiher eigene Aktien im Fall des Wertpapierleihgeschäfts benutzt. Die ausführliche Erläuterung hierzu siehe unter § 9 I. ; Nach anderer Ansicht von Kümpel, demzufolge der Entleiher aufgrund einer vertraglichen Nebenpflicht zur Nicht-Ausübung des Stimmrechts verpflichtet sei, entbehrt jeglicher Grundlage. Diese Auffassung würde dazu führen, dass Stimmrechte aus entliehenen Aktien nicht ausgeübt werden können, was aber keinen Sinn ergibt; zumal die Aktien in der Praxis häufig vom Entleiher weiter übertragen werden, ohne dass dem Empfänger der Wertpapiere die ursprüngliche Wertpapierleihe bekannt ist.

[753] Gleiches Ergebnis siehe Opitz in: Geibel/ Schäfer, Wertpapierhandelsgesetz, Börsengesetz mit BörsZulV, Verkaufsprospektgesetz mit VerkProspV: Kommentar, S.255.

[754] Z.B. Wertpapierdarlehensgeschäfte im CBF-Wertpapierdarlehenssystem.

Rückübertragungsanspruch vorher vereinbart haben, kraft dessen der Meldepflichtige die Aktien durch einseitige Willenserklärung erwerben kann.

Unter Hinweis auf diese Zurechnungsnorm wird teilweise eine Meldepflicht des Darlehensgebers angenommen, da er einen Anspruch auf Rückerstattung der darlehensweise überlassenen Aktien besitzt.[755] Dieser Anspruch beinhaltet jedoch regelmäßig kein Recht zum Erwerb durch einseitige Willenserklärung; vielmehr müssen die Parteien ein solches Recht zum Erwerb ausdrücklich im Wertpapierdarlehensvertrag vorher vereinbart haben. Eine Zurechnung der Stimmrechte nach § 22 Abs. 1 Nr. 5 WpHG erscheint damit zweifelhaft.[756]

c. Zwischenergebnis

Zusammenfassend stehen bei der herkömmlichen Gestaltung von Wertpapierdarlehensgeschäften die Stimmrechte dem Darlehensnehmer zu. Hinsichtlich besonderer Vertragsvereinbarungen bezogen auf Wertpapierdarlehensgeschäfte mit Aktien kann sich nach § 22 Abs. 1 Nr.5 WpHG eine Zurechnung der Stimmrechtsanteile beim Darlehensgeber ergeben. Eine Zurechung der Stimmrechtsanteile nach § 22 Abs. 1 Nr. 5 WpHG kann ebenfalls in Betracht kommen, erscheint aber zweifelhaft.

---

[755] Schneider in: Assmann/Schneider WpHG, § 22 Rn. 73.

[756] Ablehnend Kümpel, WpHG, S. 140 und Steuer/Baur ,WM 1996, 1477, 1483; Burgard, BB 1995, 2069, 2074; Schneider, in: Assmann/Schneider, WpHG, § 22 Rn. 73 u. Rn. 89.

§ 8. Geltende wirtschaftliche und rechtliche Rahmenbedingungen für die Einführung von Wertpapierdarlehensgeschäften in der VR China

I. Wirtschaftliche Bedürfnisse zum Aufbau eines Wertpapierdarlehensmarkts in der VR China

Wie oben bereits dargestellt können Wertpapierdarlehensgeschäfte in vielen Bereichen nutzbringend angewendet werden. Die Schaffung eines funktionierenden Wertpapierdarlehensmarktes entfaltet eine immer größere Bedeutung für moderne Geld- und Kapitalmarktaktivitäten. Ohne einen effizienten Markt für Wertpapierdarlehen und Repo-Geschäft (Wertpapierpensionsgeschäfte) wäre ein professioneller Wertpapierhandel heute grundsätzlich nicht mehr möglich.[757] Während das Wertpapierdarlehen als Finanzinstrument zur Umsetzung von Arbitrage- und Hedging-Strategien in Deutschland schon seit längerer Zeit eingesetzt wird,[758] existiert es in der VR China wegen der gesetzlichen Restriktionen noch nicht. Fraglich ist, ob die rechtlichen Beschränkungen bezüglich des Wertpapierdarlehens wegfallen sollten, da sie einer wirtschaftlichen Entwicklung im Weg stehen. Bedingt durch die weitergehende Entwicklung und zunehmende Institutionalisierung des chinesischen Kapitalmarktes bedarf es zum einen Investoren zu einer Umsetzung von Handelsstrategien und zum anderen eines liquiden Kapitamarkts. Darüber hinaus könnte dies hinsichtlich des Zusammenhangs zwischen dem Wertpapierdarlehensmarkt und dem Finanzterminmarkt eine gute Vorbereitung für den Wiederaufbau eines Finanzterminmarkts in der VR China sein. Somit stellt der Aufbau eines funktionsfähigen Wertpapierdarlehensmarkts einen bedeutenden Schritt dar. Im Folgenden wird zuerst das wirtschaftliche Bedürfnis für den Aufbau eines Wertpapierdarlehensmarkts näher erläutert.

1. Positiver Einfluss auf den Wiederaufbau eines Finanzterminmarkts in der VR China

Aufgrund negativer Erfahrungen bei der Eröffnung des chinesischen Finanzterminmarktes im Zeitraum von 1992 bis 1995[759] ist die Entwicklung eines funktionsfähigen Wertpapierdarlehenssystems unverzichtbar. Die historischen Erfahrungen von 1992 bis 1995 in der VR China haben gezeigt, dass ein Finanz-

---

757 Kümpel, Bank- und Kapitalmarktrecht, Rn. 13.2.

758 Vgl. oben § 1 II, III.

759 Die durch eingegangene „Short Position" („Leerverkäufe") ausgelösten Schwierigkeiten bezüglich einer fristgerechten Erfüllung wurden nicht überwunden. Ferner verstärkten die Investoren die höhere Rechtsunsicherheit durch deren kurzfristige und hochspekulative Orientierung.

terminmarkt ohne flankierende Maßnahmen zur fristgerechten Erfüllung von Wertpapiergeschäften wie z.B. Wertpapierdarlehensgeschäften zu einem Marktchaos geführt hat. Daher musste der Terminhandel in der VR China im Jahr 1995 schließlich eingestellt werden; bis heute ist dieser nicht wieder aufgenommen worden. Erfahrungen in westlichen Ländern zufolge, bedarf jede Finanzinnovation eines „Leerverkauf"-Systems.[760] Dies ist als Voraussetzung zum Aufbau eines Finanzterminmarkts anzusehen; denn dies ist die grundlegende Bedingung zur Einführung von Future- und Optionsgeschäften. Durch die Einführung von Wertpapierdarlehensgeschäften würden „Leerverkäufe" mittelbar ermöglicht. In Deutschland ist der „Leerverkauf" nur mit Hilfe eines Wertpapierdarlehens möglich.[761] Durch die Einführung von derartigen mittelbaren „Leerverkäufen" nach dem Vorbild Deutschlands könnten Schwierigkeiten bei der Abwicklung vermieden werden.

2. Unterstützung für den Sekundärmarkt

Der chinesische Wertpapierhandelsmarkt ist ein typischer „einseitiger Markt"; d.h. alle Marktteilnehmer erwarten steigende Kurse. Wenn die Kurse steigen, werden Aktien aktiv gehandelt; im umgekehrten Fall steigen die Marktteilnehmer aus dem Wertpapierhandelsmarkt aus. Wegen fehlender alternativer Anlagemöglichkeiten, z.B. Erwartung von fallenden Kursen, Terminhandel, ist der Markt während des stetigen Abwärtstrends der Aktienkurse außer Kontrolle geraten.[762] Der Grund dafür ist, dass der Wertpapierhandel nach den gesetzlichen Vorgaben zum einen nur den Abschluss von Kassageschäften erlaubt.[763] Zum anderen ist ein sog. „Leerverkauf" verboten.[764] Somit ist eine Erzielung von Gewinnen aus Kursdifferenzen nur möglich, wenn die Investoren auf steigende Kurse spekulieren. D.h. die Investoren müssen zuerst die Aktien zu einem niedrigen Preis kaufen und dann zu einem höheren Preis verkaufen. Dies führt dazu, dass solche mit Wertpapierdarlehen verknüpfte Anlagestrategien von den Investoren nicht ausgenutzt werden können. Darüber hinaus stehen den Investoren auch keine derivativen Instrumente zur Verfügung. Diese Faktoren tragen zu den starken Schwankungen auf dem chinesischen Wertpapiermarkt bei. Die Einführung von Wertpapierdarlehensgeschäften könnte eine Stabilisierung der Preisbildung auf dem chinesischen Wertpapiermarkt bewirken. Denn beispielsweise mit Hilfe von Wertpapierdarlehen erzeugte Leerverkäufe

---

[760] http://cn.biz.yahoo.com/040226/2/1nba_2.html .
[761] Bruns/Meyer-Bullerdiek, Professionelles Portfoliomanagement, S. 425.
[762] http://cn.biz.yahoo.com/040226/2/1nba_2.html.
[763] Vgl. § 35 des chinesischen Wertpapiergesetzes.
[764] Vgl. § 36 des chinesischen Wertpapiergesetzes.

werden, wie oben bereits beschrieben, als ein typisches Instrument im Zusammenhang mit fallenden Kursen eingesetzt. Es handelt sich damit um eine Gegenmaßnahme zur Bekämpfung überbewerteter Aktien oder Anleihepreise. Auf diese Weise kann eine Marktangleichung stattfinden.

Ferner schränkt die Segmentierung des Aktienmarkts den Handel mit Aktien deutlich ein. Somit kann die Preisbildung einzelner Aktien sehr leicht beeinflusst werden. Durch Wertpapierdarlehen zusätzlich in Umlauf gebrachter Aktien könnten nicht nur im Rahmen von Preisangleichungen stärkere Preisschwankungen zustande kommen, sondern diese könnten zusätzlich auch einer Verringerung von Manipulationen von Aktienkursen durch „Großaktionäre" dienen. Folglich würde ein professionellerer Wertpapierhandel gefördert. Außerdem würde dies einen fairen Wettbewerb begünstigen.

Schließlich verlangt die rasante Öffnung des chinesischen Finanzmarkts eine umgehende und rasche Ausrichtung auf internationale Standards. In vielen westlichen Staaten existiert und funktioniert ein Wertpapierdarlehensmarkt, wo Wertpapierdarlehensgeschäfte, Repo-Geschäfte (Wertpapierpensionsgeschäfte) bzw. Sell/buy-back Geschäfte durchgeführt werden können. Weiterhin setzen ausländische Finanzdienstleister zunehmend ein professionelles Verhalten bezüglich des Wertpapierhandels voraus. Demzufolge erscheint es wünschenswert, dass die folgenden Restriktionen zum Wertpapierhandel wegfallen sollten.[765]

3. Positive Wirkung auf eine Institutionalisierung des chinesischen Kapitalmarkts

Während auf dem deutschen Kapitalmarkt im Wesentlichen institutionelle Anleger tätig sind, spielen auf dem chinesischen Markt Privatanleger eine große Rolle; dies gilt, obwohl die Institutionalisierung auf dem chinesischen Kapitalmarkt von der chinesischen Regierung von Anfang an gefördert wurde. Denn die Institutionalisierung trägt zu einer gesunden Entwicklung des chinesischen Kapitalmarkts bei.

Eine Zulassung von Wertpapierdarlehensgeschäften würde nicht nur zu einer Erschließung neuer Einnahmequellen für chinesische Wertpapierunternehmen führen, sondern es könnte den Fondsgesellschaften eine Erweiterung ihrer Möglichkeiten zu Umsetzung eines effektiven, renditesteigernden Portfoliomanagements erlauben.[766] Wertpapierdarlehensgeschäfte könnten nicht nur eine Möglichkeit zur Gewinnerzielung beim Kursabstieg darstellen, sie könnten auch

[765] Siehe unter § 8 II 1.
[766] Vgl. Oben § 1 III.

zur Risikobegrenzung bei Finanztermingeschäften verwendet werden. Auf diese Weise könnte der chinesische Kapitalmarkt für institutionelle Anleger attraktiver werden. Schließlich würde dies den institutionellen Wandel auf dem chinesischen Kapitalmarkt beschleunigen.

4. Förderung der Fortentwicklung des chinesischen Finanzmarkts

Der Wertpapierdarlehensmarkt bildet eine Brücke zwischen dem Geldmarkt und dem Kapitalmarkt. Die Integration dieser beiden Märkte erlaubt eine effiziente Allokation von Finanzmitteln und damit auch des Risikos. Bis heute hat der chinesische Finanzmarkt noch nicht einen Integrationsstand wie in Deutschland erreicht. Der Geldmarkt ist grundsätzlich von dem Kapitalmarkt getrennt. Folglich trägt der Aufbau eines Wertpapierdarlehensmarkts in der VR China einen Teil zur Integration der beiden Märkte bei und unterstützt damit die Fortentwicklung des chinesischen Finanzmarkts insgesamt.

Bislang war die VR China dem internationalen Regulierungswettbewerb kaum ausgesetzt, der auf die Schaffung kompetitiv günstiger Anlagemöglichkeiten, effizienter Märkte und marktnaher Regulierung ausgerichtet ist. Jedoch herrscht nach dem Beitritt der VR China zur WTO, sowie der rasanten Öffnung des chinesischen Kapitalmarkts ein enormer Anpassungs- und Wettbewerbsdruck. Des Weiteren ist das zukünftige Wachstumspotential des chinesischen Kapitalmarktes beachtlich. Zhou, Daojiong, der ehemalige Vorsitzende der CSRC (China Securities Regulatory Commission) prognostizierte im März 2002, dass China in fünf bis zehn Jahren bis zu 10.000 börsennotierte Gesellschaften haben würde.[767] Des Weiteren sind die Spareinlagen chinesischer Bürger, deren Mobilisierung ein erklärtes Ziel der Errichtung eines Kapitalmarktes in China ist, mit mehr als 7.000 Mrd. Yuan (also ungefähr 1000 Mrd. Euro) sehr hoch.[768] Daraus ist abzuleiten, dass die wirtschaftliche Entwicklung die rechtlichen Reformen in der VR China übertrifft. Somit ist der chinesische Gesetzgeber aufgefordert, einen passenden Rechtsrahmen zu schaffen.

Schließlich ist im Zusammenhang mit dem Aufbau eines Wertpapierdarlehensmarktes seit Anfang dieses Jahres in den chinesischen Finanzmedien immer wieder erwähnt worden, dass an Korrekturen entsprechender Vorschriften des Wertpapiergesetzes gearbeitet würde, um das Wertpapierdarlehensgeschäft legalisieren zu können. Der Grund dafür ist, dass nach dem Wortlaut der Vorschrift des § 36 des VRC-WPGs den Wertpapierhandelsgesellschaften untersagt ist, ihren Kunden Wertpapierdarlehen zum Wertpapierhandel anzubieten. Des Weiteren schreibt § 141 des VRC-WPGs vor, dass Wertpapierhandels-

[767] China Securities Journal v. 21.03.2002, S. 1.
[768] China Securities Journal v. 15.11.2001, S. 1.

gesellschaften keine solchen Kundenaufträge annehmen dürfen, die den Verkauf von Wertpapieren, die sich nicht im kundeneigenen Wertpapierkonto befinden, betreffen.

Aufgrund der oben begründeten wirtschaftlichen Bedürfnisse zum Aufbau eines Wertpapierdarlehensmarktes in der VR China ergibt sich die Folge, dass die gegenwärtige rechtliche Beschränkung von Wertpapierdarlehensgeschäften die Fortentwicklung des chinesischen Finanzmarkts behindert. Daher stellt sich die Frage, welche rechtlichen Rahmenbedingungen geschaffen werden sollten, die zum einen die wirtschaftlichen Bedürfnisse von Investoren befriedigen und zum anderen die Stabilität des sich sprunghaft entwickelnden Wertpapiermarktes in der VR China sicherstellen könnten.

Unter Berücksichtigung der Besonderheiten des chinesischen Finanzmarktes im Vergleich mit Deutschland werden im Folgenden rechtliche Bewertungen bezüglich der Einführung von Wertpapierdarlehensgeschäften in der VR China gegeben.

II. Rechtliche Bewertung und Möglichkeiten für eine Einführung von Wertpapierdarlehensgeschäften in der VR China

1. Überblick bezüglich des chinesischen Kapitalmarktrechts

Die in den Industrieländern, z.B. in Deutschland bereits seit langem bestehende Vielzahl von Gesetzen für den Finanzsektor sind in China erst seit einigen Jahren vorhanden. Das Prinzip des „schrittweisen Versuchens“ galt in besonderem Maße nicht nur für die Entstehung der Gesetzgebung im Wertpapierbereich, sondern wirkt sich immerhin auf einige geregelte Marktsegmente, besonderes bei der Einführung von neuen Finanzinstrumenten aus. Somit werden zahlreiche Verordnungen, Vorschriften bzw. Mitteilungen an Stelle von Gesetzen eingesetzt.

Seit 1998 wird der chinesische Rechtsrahmen für den Wertpapiermarkt im Wesentlichen durch das chinesische Wertpapiergesetz (VRC-WPG) geregelt. Erstmals gibt es im chinesischen Kapitalmarkt ein Gesetz mit umfassenden rechtlichen Regelungen und klaren Zuständigkeiten. Das chinesische Wertpapiergesetz besteht aus 214 Artikeln, aufgeteilt in 12 Kapitel. Es regelt die Emission von Wertpapieren und den Handel mit Aktien, Unternehmensschuldverschreibungen und weiteren zugelassenen Wertpapieren. Jedoch normiert dieses Gesetz den Wertpapiermarkt nicht umfassend, da vor allem die Staatsanleihen aus dem Anwendungsbereich gem. Art 2 Abs. 2 des VRC-WPG herausgenommen sind. Somit wird der Handel von Staatsanleihen durch eine gesonderte Regelung durch die chinesischen Notenbanken - der chinesischen Volksbank- oder der CSRC vorgeschrieben.[769] Dies führt dazu, dass der Markt für Staatsanleihen und der Wertpapiermarkt in der VR China getrennt sind.

Eine weitere Abgrenzung ergibt sich aus der Trennung zwischen Geschäftsbanken und Investmentbanken.[770] Das Geschäftsbankengesetz von 15.05.1995 schränkt den Handel mit Wertpapieren ein,[771] indes erlaubt das Gesetz den Banken selbst, in Staatsanleihen bzw. Finanzanleihen zu investieren. Darüber hinaus können die Banken auch Staatsanleihen bzw. Finanzanleihen zeichnen und vertreiben. Das Prinzip der Trennung der Banken von dem Wertpapiergewerbe wurde auch in § 6 VRC-WPG verankert. Denn der Gesetzgeber befürchtet, dass eine Verflechtung die Solidarität und Sicherheit des Banksektors gefährden könnte. Das Investmentgeschäft wird in China stattdessen von spezialisierten Investmentbanken in Form von so genannten Wertpapierhandelsgesellschaften wahrgenommen. Neben Wertpapierhandelsgesellschaften sind die Fondsgesellschaften als wichtige Akteure auf dem chinesischen Kapitalmarkt anzusehen. Als Rechtsgrundlage ist das seit 2004 geltende Investmentfondsgesetz zu nennen.

Auch Versicherungsgesellschaften als weitere klassische institutionelle Anleger sind von Investitionen auf dem Kapitalmarkt grundsätzlich ausgeschlossen. Das „Versicherungsgesetz der VR China“ beschränkt bislang den Einsatz von Geldmitteln der Versicherungsgesellschaften grundsätzlich auf Einlagen bei Banken sowie auf den Kauf von Staatsanleihen und Finanzanleihen.[772] Allerdings genehmigte der Staatsrat im Oktober 1999, dass Versicherungsgesellschaften durch den Kauf von Anteilen an Wertpapierinvestmentfonds indirekt in den Kapitalmarkt investieren dürfen.

Neben den oben genannten Spezialgesetzen ist auf nationaler Ebene vor allem das Gesellschaftsgesetz (VRC-GG) von 1993 kapitalmarktrechtlich von Bedeutung. Als weiteres nationales Gesetz ist zusätzlich das Strafgesetzbuch von 1997 zu nennen, dessen strafrechtliche Sanktionen gegen Insiderhandel und Marktmanipulationen ebenfalls eine kapitalmarktrechtliche Relevanz besitzen. Schließlich zählen auch die allgemeinen zivilrechtlichen Grundlagen hierzu:

---

[769] Vgl. Liang, Huixing, Das chinesische Zivil- und Wirtschaftsrecht, S.168.

[770] Die Investment Banking umfasst das nationale und internationale Handels-, Emissions- und Platzierungsgeschäft bei Wertpapieren und wertpapierähnlichen Instrumenten bis hin zu den Finanzinnovationen.

[771] § 43 „Geschäftsbankgesetz der VR China“ von 10.05.1995, CSRC-Vorschriften-Sammlung 1995, S.12ff, in deutscher Übersetzung: http://www.mpipriv-hh.mpg.de.

[772] Siehe § 104 Abs. 2 „Versicheurngsgesetz der VR China“ v. 30.06.1995, CSRC-Vorschriftensammlung 1995.

diese setzen sich aus den Allgemeinen Grundsätzen des Zivilrechts (VRC-AGZ) von 1986, dem Gesetz über Sicherheiten (Sicherheitengesetz) von 1995, sowie dem Vertragsgesetz (VRC-VG) von 1999 zusammen.

Darüber hinaus gelten eine Vielzahl von Verordnungen, die der Staatsrat, die Zentralbank oder CSRC zur Regelung der einzelnen Kapitalmarktsegmente erlassen haben. Die Tatsache, dass dieser Entwicklungsprozess in vollem Gange ist, zeigt die ständige Ergänzung der rechtlichen Rahmenbedingungen durch eine große Anzahl von Regelungen, erlassen durch die Wertpapieraufsichtsbehörde CSRC[773], sowie die immer lebhaftere Diskussion der zugrunde liegenden Rechtsprobleme durch die Wissenschaft.

Im Prinzip sollte die Einführung von Finanzinnovationen oder eine Erweiterung des Wertpapierhandels zunächst in einem kleinen Kreis, z.B. eine ausgewählte Region oder ein ausgewählter Teilmarkt wie Interbankenmarkt, durchgeführt werden; dann sollte als Folge der entsprechenden Entwicklung eine Übernahme auf nationaler Ebene stattfinden. Daher tauchen im chinesischen Wertpapiermarkt viele Marktsegmente auf. Die meisten Marktsegmente schließen sich gegenseitig aus. Auf dieser Grundlage sind - rechtlich betrachtet - immer die jeweils aktuellen Verordnungen maßgebend. Deshalb hat sich ein kaum noch durchschaubares Regelungsgeflecht entwickelt. Die ausdrückliche Normierung der verschiedenen Methoden für die Zuteilung von Wertpapieren ist eine Besonderheit des chinesischen Rechts; im deutschen Recht beispielsweise existieren insoweit keine gesetzlichen Vorgaben; die Beziehungen zwischen den beteiligten Parteien werden alleine durch deren vertragliche Regelungen bestimmt.[774]

Die Situation hinsichtlich der Verteilung der Zuständigkeiten von Behörden stellt sich ähnlich dar. Zur Zeit hat die chinesische Zentralbank (People's Bank of China) weiterhin die Rechtsetzungskompetenz bezüglich Finanzintermediären behalten, obwohl sie im Jahr 1992 die Zuständigkeit zur Überwachung der Wertpapiermärkte an die Wertpapierkommission des Staatsrates (State Council Securities Comittee) und die Wertpapierhandels- und Börsenaufsichtsbehörde CSRC abgeben musste. Zur weiteren Fortentwicklung des chinesischen Kapitalmarktes könnte es allerdings erforderlich werden, verschiedene, nach Anlage-

---

[773] Neben dem Wertpapiergesetz waren bis Ende des Jahres 2000 57 Verwaltungsrechtnormen des Staatsrates sowie 306 regeln und normierende Dokumente der CSRC erlassen worden, die dem Kapitalmarktrecht zugerechnet werden. Weitere 29 Abteilungsregeln, die von anderen Abteilungen des chinesischen Staatsrates allein oder gemeinsam mit der CSRC erlassen worden sind ; Vgl. Pißler, Chinesisches Kapitalmarktrecht, S. 7.

[774] Vgl. Claussen, Bank- und Börsenrecht, S. 617ff.

risiko differenzierte, Marktsegmente mit verschiedenen Anforderungen zu entwickeln; starre gesetzliche Vorgaben könnten diesen Prozess eher behindern.[775]

Zusammenfassend konnten die rechtlichen Rahmenbedingungen bislang mit der wirtschaftlichen Entwicklung nicht Schritt halten. Trotz noch bestehender Unklarheiten oder Mängel stellt das Wertpapiergesetz die Grundlage für die Institution der Börse als Plattform ökonomisch effizienter Kapitalallokation dar und sichert mithin einen der Grundpfeiler einer marktwirtschaftlichen Wirtschaftsordnung. Nach Berichten chinesischer Medien befindet sich das Wertpapiergesetz von 1998 in einer Überarbeitungsphase, da dieses Gesetz kurz nach der Asienkrise erlassen wurde.[776] Deshalb war das Vorsichtsprinzip maßgeblich; außerdem wurde nur der damalige Entwicklungsstand des chinesischen Kapitalmarkts berücksichtigt. In den vergangenen fünf Jahren ist der chinesische Kapitalmarkt erstaunlich rasch gewachsen. Dies hätte dazu führen müssen, dass die Wertpapiergesetze den weitergehenden Entwicklungen des chinesischen Kapitalmarkts hätten angepasst werden müssen.

2. Rechtliche Hindernisse bei dem Aufbau eines Wertpapierdarlehensmarktes in der VR China

Der Aufbau eines rechtsstaatlichen Systems und eines professionelleren und effizienteren Justizwesens ist nicht nur ein Erfordernis zur Gewährleistung der Rechtssicherheit von Wirtschaftsaktivitäten, sondern stellt auch eine der wichtigsten Forderungen ausländischer Investoren dar. Besonders die QFII Methode[777] erlaubt ausländischen Investoren mittelbar auf dem chinesischen Kapitalmarkt einzusteigen. Dies hat zur Folge, dass den rechtlichen Rahmenbedingungen auf dem chinesischen Kapitalmarkt immer größere Aufmerksamkeit geschenkt wird. Die Rechtsreform in der VR China macht zwar Fortschritte, hat jedoch noch nicht internationale Standards erreicht. Zu den Hindernissen bei dem Aufbau eines Wertpapierdarlehensmarkts in der VR China zählen vor allem die gesetzlichen Restriktionen bezogen auf den Wertpapierhandel im chinesischen Wertpapiergesetz von 1998. Immerhin ist das Wertpapiergesetz (VRC-WPG) eines der bedeutendsten Gesetze auf dem chinesischen Kapitalmarkt.

---

[775] Zu der Herausbildung der verschiedenen Segmente auf dem deutschen Wertpapiermarkt, vgl. Assmann, Handbuch des Kapitalmarktrechts, S. 1ff. und 33ff.

[776] http://www.fsi.com.cn/policy200/explain203/203_0302/203_03022701.htm.

[777] QFII Methode: Vorläufige Methode zur Verwaltung von Wertpapierinvestitionen innerhalb der VRC durch „Qualified Foreign Institutional Investors". QFII Methode trat am 1. Dezember 2002 in Kraft. Als QFII kommen Fondsverwaltungsinstitute, Versicherungsgesellschaften, Wertpapierhandelsgesellschaften und andere Vermögensverwaltungsinstitute außerhalb des Gebietes der VR China in Betracht.

a. Restriktion des Wertpapierhandels durch das VRC-WPG

Bei der Verabschiedung des VRC-WPGs Ende 1998 war gerade der Höhepunkt der asiatischen Finanzkrise erreicht. Die Gefahren für das gesamte Wirtschaftssystem, die von Finanzrisiken ausgingen, führten damals zu einer starken Zurückhaltung des Gesetzgebers.[778] Darüber hinaus übte das Scheitern des Finanzterminhandels in China von 1992 bis 1995 einen zusätzlichen negativen Einfluss auf die Entscheidungen im Gesetzgebungsverfahren aus. Dies hatte zur Folge, dass in § 35 VRC-WPG Wertpapierhandel nur in Form von Kassageschäften vorgesehen ist.[779] Dies weist darauf hin, dass der Terminhandel in der gegenwärtigen Phase untersagt ist, da das Kassageschäft ein Gegengeschäft zum Termingeschäft darstellt.[780] Das Kassageschäft ist eine einfache und sichere Transaktionsform, da bei dem Kassageschäft die Leistungen von beiden Parteien Zug-um-Zug ausgetauscht werden.

Vorbeugend schreibt der Gesetzgeber in § 36 VRC-WPG weiter vor, dass Wertpapierhandelsgesellschaften in China ihren Kunden weder Leerkäufe noch Leerverkäufe von Wertpapieren anbieten dürfen. Dementsprechend sind sowohl Leerkäufe[781] als auch Leerverkäufe von Wertpapieren nicht gestattet. Als Leerkäufe bezeichnet man Käufe von Aktien durch Anleger unter Inanspruchnahme von Geldmitteln, die ihm durch den Wertpapierhändler im Rahmen einer Überziehung des Kapitalkontos zur Verfügung gestellt worden sind. Die auf diese Weise gekauften Aktien dienen dem Wertpapierhändler als Pfand.[782] Als Leerverkäufe werden die entgegengesetzten Geschäfte bezeichnet: Der Anleger verkauft Aktien, die nicht auf seinem Wertpapierkonto vorhanden sind, ihm aber von dem Wertpapierhändler im Rahmen eines Wertpapierdarlehens gewährt worden sind. Während in Deutschland Leerverkäufe Wertpapierdarlehen vor-

---

778 http://www.fsi.com.cn/policy200/explain203/203_0302/203_03022701.htm.

779 So Li, Yining zuletzt in einem 16 Punkte-Vorschlag zur Entwicklung des Wertpapiermarktes in: Caijing, Nr. 37, April 2001, S. 66f.

780 Es ist streitig, ob in der gegenwärtigen Entwicklungsphase der VR- China gleichzeitig mit dem Aufbau des Kassahandels mit Wertpapieren auch ein Terminhandel entwickelt werden sollte. Die Befürworter hätten vorgebracht, dass zwar gegenwärtig ein Verbot für den Handel mit Financial Futures bestehe, der chinesische Wertpapiermarkt sich aber längerfristig an die Märkte der entwickelten Länder anzupassen habe. Die Gegner hätten ins Feld geführt, dass sich der chinesische Wertpapiermarkt noch in der Anfangsphase befinde und man daher eine vorsichtige Haltung gegenüber dem risikoreichen und schwer kontrollierbaren Markt für derivative Finanzinstrumente einnehmen müsse.

781 Das Problem der Leerkäufe kann zurückgeführt werden auf das in China praktizierte Trennbankensystem, d.h. die strikte Trennung von Geschäftsbanken (Kreditinstitute) und Investmentbanken.

782 Huang, Chidong/Gan, shengping, Das Wertpapiergesetz und ergänzende Bestimmungen mit neuen Erläuterungen, S. 66.

aussetzen, erfordern Leerverkäufe in China eigentlich kein Wertpapierdarlehen. Vielmehr wird der Leerverkauf so definiert, dass Wertpapiergeschäfte mit Wertpapieren durchgeführt werden, die man gar nicht hält, um dadurch einen späteren Deckungskauf abzusichern. In beiden Varianten spekuliert der Anleger auf einen steigenden bzw. sinkenden Kurs der betreffenden Aktien; zu einem späteren Zeitpunkt nimmt der Anleger dann einen entsprechenden Deckungskauf bzw. -verkauf vor, um die darlehensweise übernommenen Wertpapiere zurückzugeben bzw. das zur Verfügung gestellte Kapital zurückzuzahlen.[783]

Des Weiteren dürfen die Wertpapierhandelsgesellschaften gem. § 141 VRC-WPG Aufträge zum Verkauf von Wertpapieren nur für Wertpapiere annehmen, die sich tatsächlich auf dem Wertpapierkonto des Kunden befinden. Somit sollten Wertpapierhandelsgesellschaften eine Überwachungsfunktion bezüglich Leerverkäufen wahrnehmen. Die §§ 40, 41 Börsenhandelsvorschriften[784] wiederholen insofern nur das Verbot von Leerverkäufen und Leerkäufen in §§141 Abs. 1 und Abs. 2 VRC-WPG. Leerverkäufe gelten nach § 71 Nr. 2 VRC-WPG außerdem als eine verbotene Manipulationstechnik, sofern Wertpapierhandelsgesellschaften diese als Eigengeschäfte tätigen.[785]

Wenn eine Wertpapierhandelsgesellschaft für einen Kunden Wertpapiere verkauft, die sich nicht tatsächlich auf seinem Konto befinden, oder wenn sie einem Kunden dessen Wertpapierkäufe finanziert, wird das rechtswidrig Erlangte gem. § 186 VRC-WPG eingezogen und eine Geldbuße in Höhe des Wertes der rechtswidrig gekauften oder verkauften Wertpapiere verhängt. Unmittelbar verantwortliche oder zuständige bzw. sonst direkt verantwortliche Personen werden verwarnt und mit einer Geldbuße zwischen 30.000 und 300.000 Yuan (ca. 3.000 und 30.000 Euro) belegt. Bildet der Sachverhalt Anlass zur Annahme einer Straftat, so wird von Amts wegen die strafrechtliche Verantwortung verfolgt. Derartige Sanktionen richten sich aber nur gegen Wertpapierhandelsgesellschaften.

Mit der weitergehenden Entwicklung des Wertpapiermarktes in der VR China in den letzten 5 Jahren und den inzwischen veränderten Wettbewerbsbedingungen haben immer mehr Rechts- bzw. Wirtschaftswissenschaftler in der Literatur bzw. in den Medien betont, dass die Anleger eine größere Auswahl benötigen. Die gesetzlichen Beschränkungen bzgl. Termingeschäften, Leerverkäufen sowie

---

[783] Pißler, Chinesisches Kapitalmarktrecht: Eine Einführung in die rechtliche Regulierung der Emission und des Handels von Aktien in China (2 Teil) in: Newsletter der Deutsch-Chinesischen Juristenvereinigung 2001, S. 97ff.

[784] Börsenhandelsvorschriften sind die Handelsregeln der Wertpapierbörsen in Schanghai und Shenzhen.

[785] Pißler, Chinesisches Kapitalmarktrecht, S. 451.

Wertpapierdarlehen sollten wegfallen.[786] Dies würde dem Entwicklungstand des chinesischen Kapitalmarktes entsprechen. Viele der Vorsorgegedanken waren weit entfernt von marktwirtschaftlichen Überlegungen. Aus heutiger Sicht haben diese Bedenken ihre ursprüngliche Bedeutung verloren. Wie von chinesischen Medien berichtet, befindet sich das Wertpapiergesetz von 1998 derzeit in einer Überarbeitungsphase. In dem jüngsten Entwurf werden die oben genannten Beschränkungen bezüglich des Sekundärmarktes gestrichen.[787] Jedoch steht noch offen, ob der zuständige Ausschuss sich dafür entscheidet, die Restriktionen zum Wertpapierhandel abzuschaffen oder nicht.

Wenn die Restriktionen bezüglich Wertpapierdarlehen abgeschafft würden, würden andere Fragen auftauchen: nämlich wie dieses in das bestehende Zivilrecht eingeordnet werden könnte.

b. Einordnung der Wertpapierdarlehen gem. § 90 VRC-AGZ

Unstreitig ist, dass das in § 36 VRC-WPG verbotene Wertpapierdarlehen ein Darlehensverhältnis darstellt. Gemäß § 90 VRC-AGZ dürfen nur gesetzlich zugelassene Darlehensverhältnisse kraft Gesetzes wirksam sein.[788] Ein Darlehensverhältnis wird allerdings im VRC-AGZ nicht mit einer Legaldefinition versehen. Nach allgemeinem Verständnis ist anerkannt, dass ein Darlehensverhältnis sich folgendermaßen beschreiben lässt: der Darlehensgeber stellt dem Darlehensnehmer durch einen Darlehensvertrag Geld oder vertretbare Sachen zur Verfügung. Bei Fälligkeit ist der Darlehensnehmer verpflichtet, das darlehensweise übernommene Geld oder vertretbare Sache gleicher Art, Güte und Menge dem Darlehensgeber zurückzuerstatten.[789] Eine derartige Formulierung ähnelt der Legaldefinition eines Sachdarlehens gem. § 607 BGB a.F. (ebenfalls § 607 BGB n.F. bzw. Gelddarlehen in § 488 BGB n.F.) Jedoch sieht der chinesische Gesetzgeber vor, dass nur gesetzlich ausdrücklich zu-gelassene Darlehen durch das Gesetz geschützt werden. Die Voraussetzungen für ein gesetzlich zugelassenes Darlehensverhältnis werden in § 55 VRC-AGZ aufgeführt. Fraglich ist, ob Wertpapierdarlehen die gesetzlichen Bedingungen i.S.v. § 55 Abs. 3 VRC-AGZ erfüllen.

---

[786] Vgl. zu den Vorbereitungsarbeiten im Hinblick auf Aktienindex-Futures und zu den gegenwärtigen Hindernissen auch das Interview mit der stellvertretenden Hauptgeschäftsführerin der Futuresbörse von Shanghai, (Wu, Heqing) in: ZGZQB von 7.4.2001, S. 2.

[787] http://www.dzdaily.com.cn/luzhongchenbao/luzhongxinwengailan/200310040443.htm.; http://www.fsi.com.cn/policy200/explain203/203_0302/203_03022701.htm.

[788] Wortlaut des § 90 VRC-AGZ: Gesetzlich zugelassene Darlehensbeziehungen erhalten den Schutz des Gesetzes.

[789] Mu, Shengqing, Erklärung der chinesischen Allgemeinen Grundsätze des Zivilrechts, S.99f.; Zhang, Xinbao u.a., die Untersuchung der neuen chinesischen Allgemeinen Grundsätze des Zivilrechts, S. 199.

Ein sog. „gesetzlich zugelassenes Verhältnis" ist nach dem chinesischen Gesetz nicht klar formuliert. Daher ergibt sich eine große Grauzone zwischen gesetzlich zugelassenen und nicht gesetzlich zugelassenen Darlehen. Hieran zeigt sich die Rechtsunsicherheit. Nach der Ansicht von Zhou, Xiaochuan -Ehemaliger Vorsitzender der chinesischen Wertpapieraufsichtskommission (CSRC)- sollte jeder nicht positiv gesetzlich geregelte Sachverhalt bzw. Verhalten als gesetzlich verboten oder zumindest als von der Regierung genehmigungsbedürftig angesehen werden. Denn der chinesische Finanzmarkt befinde sich noch in einer unreifen Phase und das chinesische Rechtssystem sei derzeit noch unvollständig und lückenhaft. Daher wird jeder gesetzlich zugelassene Sachverhalt bzw. jedes gesetzlich zugelassene Verhalten im Gesetzestext ausdrücklich aufgelistet.[790] Dagegen wird im Finanzbereich gesetzlich nicht geregeltes Verhalten von den meisten Marktteilnehmern als „verboten" angesehen.

Gemäß § 55 Nr. 3 VRC-AGZ i.V.m. § 35 VRC-WPG begründet ein Wertpapierdarlehen nach der bisherigen Rechtslage in der VR China kein gesetzlich zugelassenes Verhältnis. Falls das gesetzliche Verbot für Wertpapierdarlehensgeschäfte abgeschafft würde, könnte es unproblematisch nach §90 VRC-AGZ als Darlehen eingeordnet werden. Folglich könnte der Darlehensnehmer durch einen Wertpapierdarlehensvertrag unbeschränkte Eigentumsrechte an Wertpapieren erhalten. Der Darlehensvertrag ist in den §§ 196 ff des chinesischen Vertragsgesetzes (VRC-VG) geregelt. Indes ist unklar, ob die Vorschriften nur für Gelddarlehen gelten oder auch Sachdarlehen mitein-beziehen. Ausgehend von dem Wortlaut des § 196 VRC-VG wollte der Gesetzgeber an dieser Stelle nur Gelddarlehen regeln.[791] Dies hat zur Folge, dass die gesetzlichen Regelungen für Wertpapierdarlehensverträge die Grundregelungen für Verträge heranziehen sollten.

c. Eigentumsrechte

Die Eigentumsübertragung von dem Darlehensgeber auf den Darlehensnehmer spielt eine entscheidende Rolle bei Wertpapierdarlehensgeschäften, da der Darlehensnehmer den Erwerb von Eigentum an den darlehensweise überlassenen Wertpapieren bezweckt. Andernfalls könnte er die darlehensweise übernommenen Wertpapiere wirtschaftlich nicht verwerten. Inhalt des Eigentumsrechts gemäß § 71 VRC-AGZ ist das Recht „das Vermögensgut zu besitzen, zu gebrauchen, Früchte daraus zu ziehen und darüber zu verfügen". Daraus ergibt

[790] Zhou, Xiaochuan, Die Struktur des chinesischen Kapitalmarkts, unter: http://www.csrc.gov.cn/CSRCSite/search/searchnews85.htm.

[791] Scheil, Das neue chinesische Vertragsgesetz (Teil 2) in: Newsletter der Deutsch-Chinesischen Juristenvereinigungen e.V. 1999, Nr.2, S. 36.

sich die Frage, wie das Eigentumsrecht nach der bisherigen chinesischen Rechtslage geregelt wird.

Die über die Börsen in Schanghai und Shenzhen gehandelten Wertpapiere müssen gem. § 150 VRC-WPG durch die „China Wertpapierregistrierungs- und Clearing GmbH" zentral verwahrt werden. Die „China Wertpapierregistrierungs- und Clearing GmbH" wurde am 30.03.2001 durch den Zusammenschluss der Zentralen Wertpapierregistrierungs- und Clearinggesellschaft von Schanghai und der Zentralen Wertpapierregistrierungs- und Clearinggesellschaft von Shenzhen gegründet.[792] Von dieser zentralen Organisation werden Stammaktien (A-Aktien und B-Aktien), Fondsanteile, Anleihen von Unternehmen und Gesellschaften, Finanzanleihen sowie Staatsanleihen erfasst.[793] Auch für nichthandelbare Aktien gilt die Sammelverwahrung. Bei handelbaren Aktien werden nur Inhaberaktien sammelverwahrt.[794] Dies hat zur Folge, dass der Eigentumsübergang von Aktien in zwei Vorgängen erfolgen soll: erstens nämlich der Vorgang der Umbuchung und zweitens der Vorgang der Umschreibung im Aktionärsregister der Emittenten. Ohne die Umschreibung im Aktionärsregister der Emittenten könnte der Eigentumserwerb an den Aktien nicht erfolgen. Ohne Umschreibung im Aktionärsregister würde das unbeschränkte Eigentumsrecht trotz der Umbuchung nicht auf den neuen Aktionär übertragen werden. Diese beiden Vorgänge werden in der Praxis meistens als ein Vorgang betrachtet; denn die beiden Vorgänge werden durch die Registrierungs- und Clearinggesellschaften gleichzeitig durchgeführt. Somit werden diese Vorgänge allein durch die Buchungen nach außen erkennbar.

Die Verwaltung von Aktien in Form der Sammelverwahrung kann zum einen die Bildung eines Schwarzmarktes verhindern,[795] zum anderen können durch Buchungsvorgänge statt der körperlichen Lieferung von Wertpapieren Personal und Ressourcen eingespart werden.[796] Die rechtlichen Beziehungen zwischen den an der Sammelverwahrung von Aktien beteiligten Personen werden gesetzlich nicht klar beschrieben. Nach einer Ansicht[797] soll „eine Art Treuhand" begründet werden: Die Wertpapiere seien der Registrierungs- und Clearing-

---

[792] Vgl. Zhou, Xiaochuan, die zwei getrennt bestehenden Clearingsystem sollen vereinheitlicht werden, ZGZQB v. 31.03.2001, S. 1.

[793] Pißler, Chinesisches Kapitalmarktrecht, S. 101.

[794] Argument aus § 67 Nr. 3 Methode zur Verwaltung der Wertpapierbörsen, der allein das Deponieren von Namensaktien als Aufgabe der Registrierungs- und Clearinggesellschaften bestimmt.

[795] Huang, Chidong/Gao, Shengping, Wertpapiergesetz, S. 1857f.

[796] Fu, Qilin, Untersuchung der Rechtsordnung im chinesischen Wertpapierhandel, S.168; Gu, Xiaorong, Lehrbuch des Wertpapierrechts, S.109.

[797] Huang, Chidong/Gao, Shenping, Wertpapiergesetz, S. 1858; vgl. Pißler, Chinesisches Kapitalmarktrecht, S. 459.

gesellschaft lediglich zur Verwahrung anvertraut worden; das Eigentumsrecht und die Verfügungsgewalt stehe weiterhin dem Inhaber der Wertpapiere zu.

Der Eigentumserwerb findet als Folge und auf der Grundlage obligatorischer Verträge durch Übergabe gem. § 133 VRC-VG statt. Das chinesische Recht verzichtet - im Unterschied zum deutschen BGB § 929 - auf einen besonderen dinglichen Vertrag und damit auf das sog. „Abstraktionsprinzip" bezüglich des Eigentumsübergangs.[798] Eine dingliche Einigung wird für den Eigentumsübergang also nicht vorausgesetzt.

Statt dessen setzt der Eigentumsübergang die Übergabe und ein wirksames Verpflichtungsgeschäft voraus; die Wirksamkeit des Verpflichtungsgeschäfts hängt von der Verfügungsbefugnis ab; denn gemäß § 132 VRC-VG muss der Kaufgegenstand im Eigentum des Verkäufers stehen, oder er muss zumindest das Recht haben, darüber zu verfügen. Die rechtsgeschäftliche Übertragung des Eigentums betreffend findet sich in § 72 VRC-AGZ. Wenn das Vermögensgut nach einem Vertrag oder in einer anderen legalen Form erlangt wird, geht das Vermögenseigentum im Zeitpunkt der Übergabe des Vermögens über, soweit das Gesetz nichts anders bestimmt bzw. die Beteiligten nichts anderes vereinbaren.[799] Dies regelt § 133 VRC-VG. Hierbei verfügen §133 VRC-VG i.V.m. § 72 VRC-AGZ über einerseits dispositiven, andererseits zwingenden Charakter. D.h. zum einen können die Parteien zwar den gesetzlichen Grundsatz, nämlich den Übergang des Eigentums mit Übergabe durch Vereinbarungen abbedingen; zum anderen gilt dies nur vorbehaltlich der Spezialregelungen.[800]

Da es sich bei den börsenzugelassenen Aktien um papierlose Aktien handelt, die von Registrierungs- und Clearinggesellschaften verwahrt werden, kann der Verkäufer seine Verpflichtung nicht durch eine Übergabe nach § 72 Abs. 2 VRC-AGZ erfüllen, also müsste eine andere Form der Übertragung in Gesetzen oder Verwaltungsrechtsnormen bestimmt sein. Das Wertpapiergesetz enthält keine derartige ausdrückliche Vorschrift. Jedoch schreiben die §§ 145 Abs. 1 und 2, 146 des chinesischen Gesellschaftsgesetzes (VRC-GG) besondere Vorschriften zur Übertragung des Eigentums an Namens- und Inhaberaktien vor.

---

798 Li, Guoguang, Erklärung und Praxis des Vertragsgesetzes, S. 634.

799 Übersetzung aus Frank Münzel, http: www.mpipriv-hh.mpg.de. Ähnlich in § 133 VRC-VG: „Das Eigentum am Gegenstand wird mit Übergabe des Gegenstands übertragen, es sei denn, Gesetze enthalten andere Bestimmungen, oder die Parteien haben etwas anderes vereinbart." Übersetzung aus Scheil u.a., Vertragsgesetz der VR China, Mitteilungen des Instituts für Asienkunde Nr. 309.

800 Vgl. Li, Guoguang, Erklärung und Praxis des Vertragsgesetzes, S. 630.

Nach § 146 VRC-GG wird die Übertragung von Inhaberaktien wirksam, sobald die Aktien bei einem der gesetzlich errichteten Wertpapierhandelsplätze (Shenzhen, Schanghai) dem Übertragungsempfänger übergeben wird. Inhaberaktien werden gemäß § 145 Abs.1 VRC-GG vom Aktionär durch Indossament oder mit Hilfe einer anderen durch Gesetz oder Verwaltungsrechtsnorm bestimmten Form übertragen.

Die chinesische Literatur beschreibt den Vorgang der Eigentumsübertragung pragmatisch ohne Nennung einer gesetzlichen Grundlage, was bereits darauf hindeutet, dass eine solche gegenwärtig nicht existiert.[801] Jedoch deutet die h.M. an, dass die Übertragung des Eigentums an sammelverwahrten Wertpapieren durch „Belastung von Konten" erfolgen soll.[802] Die Übergabe gemäß § 72 VRC-AGZ bedeutet in Bezug auf Wertpapiere, dass das Eigentum an Wertpapieren nach Erfüllung der gesetzlich bestimmten Formalitäten übergehen soll.[803] Den „Kontoübertrag" definiert die Literatur als Verfahren, bei dem das Eigentum an Aktien vom ursprünglichen Eigentümer auf den neuen Eigentümer übergeht.[804] Hierbei wird die Übergabe i.S.v. § 72 VRC-AGZ durch den „Kontoübertrag" ersetzt.[805] Die Durchführung des „Kontoübertrags" ist gem. § 148 Nr. 2 VRC-WPG Aufgabe der Registrierungs- und Clearinggesellschaften. Bei Inhaberaktien wird gleichzeitig die Umschreibung durch die Registrierungs- und Clearinggesellschaften vorgenommen. Diese Rechtslage ist auch durch Erlass der Wertpapierkonten Vorschrift[806] nicht deutlicher geworden.[807] Nach einer An-

---

[801] Für die Übertragung des Eigentums an sammelverwahrten Aktien würde zurzeit eine rechtliche Grundlage fehlen.

[802] Huang, Chidong/Gao, Shengping, Wertpapiergesetz, S. 1274; Huang, Chidong/Gao, Shenping, Gesellschaftsgesetz, S. 1538ff.; Wu, Zhenhan/Chen, Xuerong, S. 185f.

[803] Siehe auch Jin, Jiandong u.a., Enzyklopädie der Aktien und Schuldverschreibungen, S.670: „Der Kontoübertag von Aktien ist das Verfahren zur Registrierung des Übergangs des Eigentums an Aktien vom ursprünglichen Eigentümer auf einen neuen Eigentümer."

[804] Yu, Jinyun, Wirtschaft und Recht 1992, Nr. 9, S. 31. Eine Rechtsgrundlage für diese Definition gibt Yu, Jinyun nicht an.

[805] Siehe Li, Yining/Jiang, Ping, Komplettwerk über die Praxis mit Wertpapieren, S.243. („Im papierlosen Handel...zirkulieren Aktien nicht mehr in materieller Form auf dem Markt, sondern die Buchung ersetzt vollständig das Clearing, die Lieferung und die Durchführung des Eigentumsübergangs".); Li, Yining/Jang, Ping, Komplettwerk über die Praxis mit Wertpapieren, S. 242; Jin, Jiandong u.a., Enzyklopädie der Aktien und Schuldverschreibungen, S.670; Huang, Chidong/Gao, Shengping, Wertpapiergesetz, S. 653.

[806] Vorschrift der Chinesischen Wertpapier- Registrierungs- und Clearinggesellschaft GmbH zur Verwaltung von Wertpapierkonten.

[807] Ziffer 1.4 Wertpapierkonten Vorschrift definiert Wertpapierkonten als „Rechtsbelege, die von dieser Gesellschaft für Antragsteller ausgestellt werden, und die von ihnen gehaltenen Wertpapiere aufzeichnen". Ziffer 3.14 Wertpapierkonten Vorschrift bestimmt außerdem, dass der Inhaber des Wertpapierkontos die Rechte an den auf seinem Konto registrierten Wertpapieren genießt.

sicht geht die Wertpapierkonten Vorschrift lediglich davon aus, dass die Inhaber der Wertpapierkonten als Inhaber der Aktien gelten, die auf ihren Konten registriert sind.[808] Falls Wertpapierdarlehensgeschäfte in der VR China zukünftig erlaubt würden, hätte dies ebenfalls eine Verdeutlichung der rechtlichen Grundlage für Eigentumsrechte zur Folge.

3. „Irreguläre Wertpapierdarlehensgeschäfte“ in der VR China

Wie oben erwähnt gibt es die Wertpapierdarlehensgeschäfte im Sinne des deutschen Begriffs ”Wertpapierdarlehen” oder der internationalen Bezeichnung „Securities lending“ in der VR China offiziell noch nicht. Allerdings werden sog. „irreguläre Wertpapierdarlehensgeschäfte“ seit dem Jahr 2000 zunehmend in der VR China von sog. „Investmentgesellschaften“ oder „Privatvermögensverwaltungsunternehmen“ auf einem grauen Markt ausgeführt. Dieser „graue“ Wertpapierdarlehensmarkt ist noch nicht geregelt und ausgesprochen intransparent.

Bislang waren nur die Marktaktivitäten offiziell registrierter Marktteilnehmer Gegenstand vieler Untersuchungen. Das Bild des chinesischen Wertpapiermarktes aber wäre unvollständig, wenn die wichtige Rolle der Akteure auf illegalen „Schwarzen“ oder halblegalen „grauen“ Märkten unerwähnt bliebe. Einem Bericht der Volksbank der VR China zufolge sollen Aktien in einem geschätzten Gesamtwert von RMB 700 Milliarden Yuan (USD 84 Mrd.) im Form von Privatfonds oder Privatvermögenveraltung gehandelt werden.[809] An dieser Stelle sei darauf hingewiesen, dass die Mehrdeutigkeiten des Wertpapiergesetzes, sowie unscharfe Formulierungen nicht nur den eigentlichen illegalen Handel ermöglichen, sondern auch viele „graue“ Märkte unterstützen könnten. Dies könnte sogar die Entwicklung des chinesischen Kapitalmarkts gefährden.

Wie oben dargestellt, dürfen Wertpapierhandelsgesellschaften, die auch als Wertpapiergesellschaft, Wertpapierhäuser oder Wertpapierunternehmen bezeichnet werden, gem. § 36 i.V.m. § 141 VRC-WPG ihren Kunden weder Wertpapierdarlehen zum Wertpapierhandel anbieten noch Leerverkäufe als Aufträge von Kunden annehmen. Indes ist zwischen Privatpersonen ein Verbot von Wertpapierdarlehen nicht vorgesehen. Daher ist fraglich, ob solche privat vereinbarten „Wertpapierdarlehensverträge“ wirksam sind. Beispielsweise wenn eine private Investmentgesellschaft ihren Kunden anbietet, deren Wertpapierdepot z.B. ein Jahr lang zu verwalten. Dies setzt voraus, dass am Ende dieses Jahres Wertpapiere gleicher Art und Menge an die Kunden zurückgegeben werden müssen. Als Gegenleistung zahlt diese Investmentgesellschaft ihren

---

[808] Pißler, Chinesisches Kapitalmarktrecht, S. 461.
[809] Dies enthüllt der Bericht von Xia, Bin, Leiter des bankfremden Bereichs der Zentralbank.

Kunden eine angemessene Verzinsung. Derartige Vereinbarungen sind bisher von den meisten Kunden angenommen worden; dies folgt daraus, dass bislang ca. 90% der Aktionäre individuelle Kleinanleger mit wenig Erfahrung und Risikoverständnis sind. Gemäß einer Marktumfrage zeigt sich, dass ca. 50% aller Wertpapierdepots chinesischer Anleger über lange Zeiträume nicht gehandelt wurden, besonders während des stetigen Abwärtstrends der Aktienkurse. Zum Teil handelt es sich um Anleger mit einer langfristigen Orientierung; zum Teil handelt es sich um aus dem Aktienmarkt aussteigende Marktteilnehmer.[810]

Auf Basis solcher Vereinbarungen können die Gesellschaften über Wertpapier- und Kapitalkonten[811] ihrer Kunden verfügen. Zur Sicherheit werden üblicherweise unabhängige Dritte zum Zweck der Überwachung und Kontrolle während der Geschäftsausführung eingeschaltet. Die überlassenen Wertpapiere der Kunden werden nicht auf die Konten der Gesellschaften übertragen. Jedoch können die Gesellschaften wie Eigentümer über diese verfügen; die vertraglichen Vereinbarungen erlauben den Zugang der Gesellschaften zu den Kundenkonten. Danach sind die Gesellschaften wegen der Genehmigung seitens der Kunden zur Verfügung über die Konten berechtigt. Wertpapiergesellschaften ist die Nutzung von Kunden-Konten oder Kundennamen für den Wertpapierhandel im Rahmen ihrer Geschäftstätigkeit gem. § 73 Nr. 4 VRC-WPG nicht gestattet. Ob sich dies auch auf private Unternehmen erstrecken sollte, ist dem Wortlaut des Wertpapiergesetzes nicht zu entnehmen.

Ausgehend von den Inhalt der Vereinbarung stellt dieser Fall vielmehr ein Darlehensverhältnis gem. § 90 VRC-AGZ dar, das ebenfalls mit einem Wertpapierdarlehen i.S.v. § 607 BGB nach deutschen Recht vergleichbar ist. Umstritten ist indes, wie ein solcher Fall nach der bisherigen chinesischen Rechtslage beurteilt werden könnte.

Einer Ansicht von chinesischen Rechtsexperten zufolge sind solche von privater Seite vereinbarten Wertpapierdarlehen nicht im Wertpapiergesetz geregelt. Indes

---

810 Vgl. http://finance.tom.com/Archive/1015/1017/2003/3/10-51974.html.

811 Chinesische Anleger müssen vor einer Transaktion zunächst Wertpapierkonten und Kapitalkonten einrichten. Das Wertpapierkonto wird von der Wertpapiergesellschaft, bei welcher der Anleger auch das Kapitalkonto eröffnet, für den Anleger bei der Registrierungs- und Clearinggesellschaften der jeweiligen Börse eröffnet. Zurzeit existieren zwei verschiedene Registrierungs- und Clearinggesellschaften in Schanghai und in Shenzhen. Diese Registrierungs- und Clearinggesellschaften verwahren zentral alle emittierten Aktienzertifikate, § 150 Abs. 1 VRC-WPG. Sie stellen den Aktionären hierfür eine Aktieninhaberschafts-Bescheinigung aus. Eine körperliche Bewegung von Aktienurkunden findet nicht statt, vielmehr geschieht die Lieferung von Aktien durch bloße Umbuchung auf den bei der Registrierungs- und Clearinggesellschaft unterhaltenen Wertpapierkonten.

könnte es sich bei einem Wertpapierdarlehen auch um einen Wertpapierhandel außerhalb der Börsen handeln- nämlich sog. OTC-Geschäfte. Gemäß dem noch geltenden chinesischen Wertpapiergesetz ist ein Wertpapierhandel außerhalb der Wertpapierbörsen gem. § 32 VRC-WPG nicht gestattet. Ausgehend davon wären solche Wertpapierdarlehensverträge damit unwirksam. Indes soll nach Sicht der betroffenen Gesellschaften in diesem Fall ein Treuhandverhältnis begründet werden. Die derzeitige Rechtslage in der VR China sieht nicht vor, dass ein Treuhandverhältnis nur mit Geldmitteln begründet werden kann. Daher könnten die Gesellschaften als Treuhänder die Wertpapiere der Kunden verwalten. Demzufolge sind die hier erwähnten „Wertpapierdarlehensverträge" wirksam.

Meines Erachtens nach begründet zum einen ein hier dargestellter Vertrag keine Treuhandbeziehung i.S.v. § 2 Treuhandgesetz der VR China, da nach dem Wortlaut von § 2 Treuhandgesetz der VR China ein Treuhänder im eigenen Namen für Rechnung der Kunden die von diesen überlassenen Wertpapiere verwalten sollten. Darüber hinaus tragen bei einem Treuhänderverhältnis die Treuhandgeber das Erfolgsrisiko, die Treuhänder bekommen nur die Provision als Entgelt. Vorliegend ist dies nicht der Fall. Die hier beschriebenen Verträge sollten vielmehr als Wertpapierdarlehensverträge angesehen werden. Bei der Investmentgesellschaft handelt es sich nicht um einen Treuhänder, sondern vielmehr um einen Darlehensnehmer. Denn es ist auf den inneren Willen der Investmentgesellschaft abzustellen: die Investmentgesellschaft wollte die von ihren Kunden überlassenen Wertpapiere zwar im Namen der Kunden, jedoch für die eigene Rechnung einsetzen. Dennoch ist der hier beschriebene Wertpapierdarlehensvertrag wirksam, da die in diesem Fall betroffene Investmentgesellschaften weder Wertpapiergesellschaften i.S.d. chinesischen Wertpapiergesetz noch Fondsgesellschaften i.S.d. chinesischen Investmentfondsgesetz darstellen. Daher unterliegen sie weder einer Aufsicht durch die chinesische Volksbank noch einer Beaufsichtigung durch die CSRC.[812]

Diese werden nach bisheriger Rechtslage nicht anders wie kaufmännische Unternehmen behandelt. Das chinesische Wertpapiergesetz beschäftigt sich vielmehr mit Wertpapierdarlehensgeschäften durch Wertpapierhandelsgesellschaften und ahndet diese mit Geldstrafen. Solche privat vereinbarten Wertpapierdarlehen bleiben davon unberührt. Darüber hinaus kann die Wertpapiergesellschaft nur schwierig erkennen, dass die Aufträge der Kunden gerade die darlehensweise übernommenen Wertpapiere betreffen, da die Gesellschaft in fremdem Namen, aber für eigene Rechnung gehandelt hat. Inwiefern solche verdeckten „Wertpapierdarlehensgeschäfte" als Wertpapierhandel i.S.v. § 32

---

[812] Wertpapiergesellschaften, Anlageberatungsgesellschaften und Wertpapierinvestmentfonds unterliegt der Beaufsichtigung von CSCR und bedürfen zur Gründung einer Genehmigung.

VRC-WPG eingeordnet werden können, ist noch ungeklärt, da allgemein unter dem Begriff Wertpapierhandel lediglich Kaufen und Verkaufen verstanden werden. Somit sollte § 32 VRC-WPG nicht angewendet werden. Die dadurch verursachten Rechtsunsicherheiten könnten nur zu einem Teil auf die Unklarheiten des Wertpapiergesetzes von 1998 zurückgeführt werden, zu einem anderen Teil beruhen sie auf zumutbaren gesetzlichen Beschränkungen. Wegen der wirtschaftlichen Bedürfnisse werden solche „Wertpapierdarlehensgeschäfte" unter dem Deckmantel einer „Vermögensverwaltung" verbreitet.

Des Weiteren wurde die Vermögensverwaltung - in China auch als Finanzverwaltung oder „beauftragte Finanzverwaltung" bezeichnet- in der Literatur wenig beachtet. Das Wertpapiergesetz erwähnt in den §§ 129, 130 VRC-WPG die Vermögensverwaltung nicht ausdrücklich als eigenes Geschäft, das von Wertpapiergesellschaften getätigt werden darf. § 142 VRC-WPG verbietet Wertpapierhandelsgesellschaften im Rahmen von Kommissionsgeschäft eine Generalvollmacht von Kunden anzunehmen und aufgrund des hiermit eingeräumten Entscheidungsspielraumes Wertpapiere zu kaufen oder zu verkaufen. Ebenso wird eine Vereinbarung mit den Kunden bezüglich der Aufteilung von Gewinnen und Verlusten verboten.[813] Der Wortlaut des § 142 VRC-WPG ist aber insofern eindeutig.

Die rechtliche Zulässigkeit einer Vermögensverwaltung durch Wertpapierhandelsgesellschaften bleibt unverändert, obwohl Nr. 4 der Methode zur Verwaltung von Wertpapierhandelsgesellschaften seit dem 1. März 2002 Universalwertpapierhandelsgesellschaften eine „beauftragte Verwaltung von Anlagen" erlaubt. Vor diesem Zeitpunkt hatte die CSRC auch verschiedenen Wertpapierhandelsgesellschaften Vermögensverwaltungsgeschäfte genehmigt.[814] Der Vertrag über die Vermögensverwaltung darf keine Versprechen enthalten, dass der Auftragnehmer gegenüber dem Auftraggeber Erträge oder Verluste teilweise zu übernehmen hat.

[813] Sanktion der CSRC v. 31.03.2000 gegen die Zhejiang Wertpapier GmbH, der das Repräsentanzbüro der Schanghai Wertpapierregistrierungs- und Clearinggesellschaft in Shenzhen im Jahr 1997 eine Generalvollmacht erteilte, stellvertretend mit RMB 8,5 Mio. Yuan Aktien zu handeln. (CSRC-Amtsblatt 2000, Nr.4, S.42f.) Sanktion der CSRC v.31.03.2000 gegen die Huaxia Wertpapier GmbH, die im Mai 1997 mit der Sichuan maschinen- und Elektrozubehör Gesellschaft eine Vereinbarung über eine Generalvollmacht schloss, RMB 5 Mio. Yuan bei einer Gewinnaufteilung von 30% zu 70% im Aktienhandel zu investieren (CSRC-Amtsblatt 2000, Nr. 4, S. 24f.).

[814] Im Mai 2000 wurde zum Beispiel der China Galaxie Wertpapier GmbH und im November 2001 der Hengxin Wertpapier GmbH das Vermögensverwaltungsgeschäft als Teil ihrer Geschäftsbereiche genehmigt. (CSRC-Amtsblatt 2000, Nr. 5, S. 34; ZGZQB v. 19.11.2001, S.1).

Die inzwischen massenhafte Beteiligung von Privatanlegern, die oft einen Grossteil ihres Vermögen am Aktienmarkt einsetzen, führt nicht nur unmittelbar zu einer Forderung nach einem staatlichen Schutz von deren Eigentumsrechten, sondern auch zu einer Forderung die Spielräume freizugeben, wo deren Marktrisiken bezüglich des Eigentums durch entsprechende Maßnahmen begrenzt werden. Wenn die Bedürfnisse der Anleger im offiziell geregelten Markt nicht befriedigt werden könnten, würden die Anleger in den ungeregelten Markt oder den „Schwarzmarkt" abwandern.[815]

4. Sonderregelung bezüglich des Handels mit Staatsanleihen

Gemäß des Verweises in § 2 Abs. 2 VRC-WPG der VR China ist das Marktsegment von Staatsanleihen aus dem Wertpapierrecht herausgenommen. Die für das gesamte Marktsegment von Staatsanleihen geltende Rechtsgrundlage sind nur die im Jahr 1992 in Kraft getretenen „Vorschriften für Staatsanleihen". Diese Vorschriften sind aus heutiger Sicht viel zu einfach ausgestaltet und verlieren daher ihre Bedeutung. Obwohl das Marktsegment von Staatsanleihen sich rasant entwickelt und zunehmend wächst, regelt kein Gesetz deren Emission, Handel oder Beaufsichtigung in der VR China. Die Ausführung von Geschäften mit Staatsanleihen findet meistens ohne eine gesetzliche Orientierung statt. Hinsichtlich der Teilnehmer an den Geschäften bezüglich Staatsanleihen bzw. der Trennung der Banken von dem Wertpapiergewerbe entsprechend wird dieses Marktsegment der Staatsanleihen wiederum in drei Teilmärkte untergliedert, nämlich den Staatsanleihenmarkt bezüglich organisierter Börsen, den Interbanken-Markt bezüglich Staatsanleihen und die Over-the-Counter (OTC)- Geschäfte. Die drei Teilmärkte sind voneinander ausgeschlossen.[816]

Die OTC Geschäfte wurden erst Anfang 2002 und nur für Staatsanleihen geschaffen, wo indes die „Repo-Geschäfte" (Pensionsgeschäfte) bzw. Wertpapierdarlehen nicht zugelassen sind. Somit ist dies nicht der Gegenstand der vorliegenden Untersuchung. Die erwähnten Teilmärkte werden im Folgenden näher erläutert.

---

[815] Solche Situation ist vergleichbar mit dem früheren Handel mit Staatsanleihen auf dem „Schwarzmarkt" in 1986. Denn in 1986 gab es noch keine offiziellen Wertpapierbörsen. Jedoch bestanden bei Anlegern starke Bedürfnisse nach einer vorzeitigen Liquidierung ihrer Wertpapieranlagen.

[816] http://www.ifpc.org.cn/lobbx/tzgjg/glll.htm.

a. Handel von Staatsanleihen über organisierte Börsenmärkte

An den seit 1990 in Schanghai und Shenzhen bestehenden Wertpapierbörsen ist der Handel von Schuldverschreibungen neben dem Kassageschäft auch seit 1994 in Form von Pensionsgeschäften gem. § 17 Nr. 4 der BörsenHandels Vorschriften[817] in Schanghai und Shenzhen zulässig. Pensionsgeschäfte werden in der chinesischen Literatur oder den Medien auch als „geschlossene Repo-Geschäfte" bezeichnet, die von den „offenen Repo-Geschäften" zu unterscheiden sind. Hierzu zählt auch die Bezeichnung der Pensionsgeschäfte als „Repo-Geschäft in Form einer Verpfändung". Für das Pensionsgeschäft ist in der VR China keine Legaldefinition vorhanden. Gemäß § 104 der Börsenhandels Vorschriften wird das Pensionsgeschäft mit Schuldverschreibungen als ein Handel bezeichnet, bei dem der Eigentümer der Schuldverschreibungen mit dem Käufer eine zeitweise Überlassung einer bestimmten Anzahl von Schuldverschreibungen in Form von Verkäufen vereinbart, wobei nach der vereinbarten Zeit zu einem bestimmten Preis die gleiche Anzahl von Schuldverschreibung wieder zurückgekauft wird. Die verkauften Schuldverschreibungen werden auf ein Sonderkonto der Registrierungs- und Clearinggesellschaft übertragen; dieses Konto wird während der Laufzeit der Pensionsgeschäfte gesperrt. Die Pensionsgeschäfte dienen als Sicherheiten für Refinanzierungsmöglichkeiten. Rechtlich betrachtet sind die Pensionsgeschäfte damit eher als Gelddarlehen durch Verpfändung der Schuldverschreibung als Sicherheiten einzuordnen. Diese sind mit dem klassischen Pensionsgeschäft zur Sicherungsübertragung gem. § 340b Abs. 1 HGB in Deutschland vergleichbar. Obwohl hier die Bezeichnungen „Verkaufen" und „Rückkaufen" verwendet werden, findet ein effektives Verkaufen und Kaufen nicht statt. Dies hat zur Folge, dass der Pensionsgeber (Inhaber der Schuldverschreibungen) während der Vertragslaufzeit weiterhin Eigentümer der in Pension genommenen Schuldverschreibungen bleibt. Somit hat der Pensionsnehmer (oder Repo-Käufer) dass unbeschränkte Verfügungsrecht an der betroffenen Schuldverschreibung nicht erworben. An dieser Stelle sind diese von den Repo-Geschäften, die als Sonderform von Wertpapierdarlehen eingesetzt werden, zu unterscheiden.

Die Teilnehmer der Pensionsgeschäfte an den chinesischen Börsen sind vor allem die Mitglieder der Börsen. Im Wesentlichen handelt es sich um Wertpapiergesellschaften bzw. zugelassene Finanzinstitutionen, die sich am Wertpapierhandel beteiligen, dagegen können Privatpersonen nicht Börsenmitglieder werden. Sie können nur über Wertpapiergesellschaften Wertpapiere

---

[817] Vgl. Chinesische Wertpapierzeitung von 31.08.2001 Handelsregeln der Wertpapierbörsen von Schanghai und Shenzhen (BörsenHandels Vorschriften); deutsche Übersetzung in: Newsletter der Deutsch-chinesischen Juristenvereinigung e.V. 2002, S. 38ff. und S. 94ff.

kaufen oder verkaufen. Zulassungen zur Mitgliedschaft an der Börse werden von der CSRC verliehen.

b. Interbankenmarkt für Staatsanleihen

Der Interbankenmarkt ist ein von der chinesischen Volksbank organisierter institutioneller Markt. Marktteilnehmer sind in erster Linie die Geschäftsbanken. In jüngster Zeit dürfen die von der chinesischen Volksbank genehmigten Fondsgesellschaften, Wertpapierhandelsgesellschaften sowie andere Finanzinstitute auch auf diesem Markt einsteigen. Der Interbankenmarkt entstand in 1997 wegen des Trennbankensystems in der VR China und der damit verbundenen Trennung von dem Wertpapiermarkt über die Börsen. Anfangs waren in 1997 nur Kassageschäften über Staatsanleihen zulässig. Heutzutage sind im Interbankenmarkt grundsätzlich neben den Kassageschäften bezogen auf Anleihen ebenfalls „Repo-Geschäfte in Form von Verpfändungen", „Wertpapierdarlehensgeschäften" bzw. „Repo-Geschäfte in Form von effektiven Käufen und Verkäufen" zulässig. Vertragsgegenstände sowie die Teilnehmer werden den verschiedenen Geschäftsformen entsprechend unterschiedlich geregelt. Als Rechtsgrundlage dienen zurzeit allerdings nur die von der chinesischen Volksbank erlassenen Vorschriften oder Mitteilungen.

aa. Die Situation im Jahr 1998 „Repo-Geschäfte in Form von Verpfändungen" (Pensionsgeschäfte)

Mit Wirkung ab dem 26.05.1998 konnten „Repo-Geschäfte" in Form von Verpfändungen durch „qualifizierte Konsortialgruppen" durchgeführt werden. Diese sind durch Erlass der Mitteilungen der chinesischen Volksbank- „die Mitteilung über die Wiederaufnahme von Repo-Geschäften im Interbankenmarkt" am 26.05.1998 genehmigt worden. Als sog. „qualifizierte Konsortialgruppen", die von der chinesischen Volksbank genehmigt worden sind, gelten Geschäftsbanken, Wertpapierhandelsgesellschaften sowie andere Nicht-Finanzinstitute. Sie sind dafür zuständig den Absatz der emittierten Anleihen durchzuführen und sie an die Anleger weiter zu verkaufen. Als Absatzgegenstände kommen Staatsanleihen, Finanzanleihen sowie Anleihen der chinesischen Volksbank in Betracht. Die in diesem Zusammenhang genehmigten „Repo-Geschäfte" in Form von Verpfändungen werden zum Zweck der Steuerung der Liquidität des Geldmarkts durch die chinesische Volksbank eingesetzt. Im Rechtssinn ist das „Repo-Geschäft" in Form von einer Verpfändung ein Gelddarlehen. Es ist dabei als inhaltlich gleichbedeutend mit den klassischen Pensionsgeschäften gem. § 340b Abs. 1 HGB anzusehen. Die in Pension genommenen Wertpapiere werden von der chinesischen zentralen Registrierungs- und Clearinggesellschaft über Staatsanleihen gesperrt. Somit findet ein Eigentumsübergang auf den Pensionsnehmer nicht statt. Die Rückgabepflicht des Pensionsnehmers (Repo-Käufers) beschränkt sich auf dieselben Anleihen. Die vertragliche Gestaltung ist die gleiche wie bei einem „Repo-Geschäft“ über Staatsanleihen über den organisierten Börsenmarkt.[818]

bb. Seit 2002 typische Wertpapierdarlehen gleichen Inhalts wie in Deutschland

Nach Erlass der „Vorschriften über das Wertpapierdarlehensgeschäft zwischen der chinesischen Volksbank und Market Makern“ (im Folgenden verkürzt: „Vorschriften über Wertpapierdarlehen“) wurden weitere Geschäftsformen - nämlich Wertpapierdarlehen- seitens der chinesischen Volksbank erlaubt. Allerdings dürfen sie nur von einem kleinen Kreis vorgenommen werden. Die Qualifikation als Market Maker wird durch die chinesische Volksbank verliehen.[819] Die als Darlehensnehmer auftretenden „Market Maker“ bilden sich wegen des Market Maker Prinzips bei dem Handel mit Staatsanleihen heraus. Das Market Maker Prinzip zeichnet sich dadurch aus, dass sich der Handel bei den Market Makern konzentriert. Ein Market Maker stellt fortlaufend selbständig oder auf Anforderung über dieselben Staatsanleihen gleichzeitig einen Geld- (Bid-Kurs) und einen Briefkurs (Ask-Kurs) auf, zu dem dieser jeweils bereit ist mindestens eine bestimmte Stückzahl zu kaufen oder zu verkaufen. Das Angebot ständiger Handelsbereitschaft setzt voraus, dass die Market Maker einen bestimmten Bestand an Wertpapieren unterhalten.[820] Zum Zweck der Verstärkung der Liquidität des Interbankenmarkts für Staatsanleihen bzw. der Unterstützung des Handels durch die „Market Maker“ hat die Volksbank das Wertpapierdarlehen angeboten. Somit ist es den Market Makern erlaubt in gewissem Maß leer zu verkaufen. Als einzige Darlehensgeberin tritt die chinesische Volksbank auf. Zur Verstärkung der Liquidität des Interbankenmarkts und zur Unterstützung der Dienstleistungen der „Market Maker“ bietet die Volksbank Wertpapierdarlehen an. Daher sind Market Maker berechtigt, sowohl Repo-Geschäfte in Form von Verpfändungen als auch Wertpapierdarlehensgeschäfte zu tätigen; denn die Market Maker werden auch als „qualifizierte Konsortialgruppe“ eingeordnet. Die zwischen der chinesischen Volksbank und den Market Makern abgeschlossenen Wertpapierdarlehensgeschäfte weisen rechtlich betrachtet den gleichen Inhalt wie Wertpapierdarlehen gem. §607 BGB

---

818 Vgl. oben § 8 II 4 a.

819 In 09.2001 wurden 9 staatliche Geschäftsbanken als erste „Market Maker“ von der Volksbank zugelassen; vgl. http://www.chinabond.com.cn/chinabond/cjxw/content.jsp.osId=2426, stammt aus Finanzzeitung 07.05.2004.

820 Sun, Min, Funktionen, entwicklungspotentiale und Gestaltungskonzepte der Wertpapiermärkt in der VR China, S. 302f.

in Deutschland auf. Dem chinesischen Zivilrecht zufolge stellt dies ein gesetzlich zugelassenes Darlehensverhältnis i.S.v. § 70 VRC-AGZ dar.

Der entsprechend den „Vorschriften über Wertpapierdarlehen" konzipierte Rahmenvertrag enthält Regelungen bezüglich der Vertragsgegenstände: Pflichten der Vertragsparteien, Laufzeit, Darlehensentgelt, Sicherheiten, Kompensationszahlungen sowie Vorschriften bezüglich möglicher Leistungsstörungen. Die Vertragsparteien sind verpflichtet, die Regelungen im Rahmenvertrag einzuhalten. Die Laufzeit des Wertpapierdarlehens darf höchstens einen Monat betragen. Sicherheiten kommen nur im Form von Verpfändungen in Betracht. Die kurzfristige „Marking to Market" Methode ist nicht vorgesehen. Allerdings können abweichende vertragliche Vereinbarungen aufgrund der „Vorschriften über Wertpapierdarlehen" nicht getroffen werden.

cc. Situation im Jahr 2004- „Repo-geschäfte in Form von effektiven Käufen und Verkäufen" („offene Repo-Geschäfte")

Zum Zweck einer Unterstützung der Fortentwicklung des Interbankenmarkts und einer Begrenzung von Marktrisiken hatte sich die chinesische Volksbank dafür entschieden, Repo-Geschäfte in Form von effektiven Käufen und Verkäufen, die auch als „offene Repo-Geschäfte" bezeichnet werden, auf dem Interbankenmarkt einzuführen.[821] Seit dem 20.05.2004 dürfen „offene Repo-Geschäfte" auf dem Interbankenmarkt getätigt werden.[822] Als Grundlage für die neu eingeführten „offenen Repo-Geschäfte" dienen die „Verordnungen über die Durchführung und Verwaltung von offenen Repo-Geschäften auf dem Interbankenmarkt" vom 12.04.2004 sowie der Rahmenvertrag bezüglich „offener Repo-Geschäfte".[823] Alle im Rahmen von Kassageschäften gehandelten Anleihen können der Repo-Ordnung zufolge Gegenstand „Offener Repo-Geschäfte" sein.

Das sog. „offene Repo-Geschäft" steht dem früheren „geschlossenen Repo-Geschäft" gegenüber. Es wird gem. der Repo-Ordnung als eine solche vertraglichen Vereinbarung definiert, in deren Verlauf eine Partei (Repo-Verkäufer) der anderen Partei (Repo-Käufer) Wertpapiere gegen Entrichtung eines Kaufpreises im Rahmen eines Kassa- Geschäftes verkauft und gleichzeitig vereinbart wird, die Wertpapiere zu einem späteren Zeitpunkt gegen Zahlung eines

---

[821] Vgl. chinesische Volkbank Mitteilung [2004] Nr. 1, die Mitteilung der Verwaltungsregelungen über die „Repo-Geschäfte in Form von effektiven Käufen und Verkäufen" im Interbankenmarkt für Staatsanleihen.

[822] http://www.cnstock.com/sypd/sycjxw/t20040419_550450.htm.

[823] Vgl. chinesisches Volksbank Mitteilung [2004] Nr.107, Der Rahmenvertrag für Repo-Geschäfte in Form von effektiven Käufen und Verkäufen.

vereinbarten Preises sodann Wertpapiere gleicher Art und Menge an den Repo-Verkäufer zurückzuverkaufen.[824] Derartige Definitionen lehnen sich an die international üblichen Repo-Geschäfte an, die im deutschen Recht als Wertpapierpensionsgeschäfte gem. § 340b Abs. 1 HGB eingeordnet werden und für die die entsprechenden Regelungen herangezogen werden.

Anders als bei „geschlossenen Repo-Geschäften" findet eine Eigentumsübertragung statt. Daher haben die Repo-Käufer das Eigentum an den betroffenen Wertpapieren erworben. Als Sicherheiten für die Rückkaufspflicht stellt der Repo-Käufer eine Sicherheit in Bargeld in Höhe des Kaufpreises für die Wertpapiere.[825] Somit könnte dies als eine Sonderform von Wertpapierdarlehen in Verbindung mit einer Geldsicherheit verstanden werden. Es bleibt die Frage offen, wie „offene Repo-Geschäfte" nach dem chinesischen Recht eingeordnet werden können. Dafür steht bisher keine rechtliche Grundlage zur Verfügung.

Die maximale Laufzeit von „offenen Repo-geschäften" darf mehr als 91 Tage betragen. Eine Verlängerung von „Repo-Geschäften" ist ausgeschlossen. Das Repo-Geschäft wird einmal als einheitlich standardisiertes Geschäft vereinbart und technisch als getrenntes Geschäft abgewickelt. Das Kursänderungsrisiko während der Laufzeit der Repo-Geschäfte wird durch eine ergänzende Sicherungsabrede abgesichert. Eine Rechtsgrundlage für die Durchführung täglicher Bewertungen („Marking to Market") ist nicht vorgesehen.

Zusammenfassend betrachtet wird der Handel bezüglich Anleihen, besonders bezüglich Staatsanleihen gesondert geregelt. Hinsichtlich des Wertpapierdarlehens und der „Repo-Geschäfte" wird auf zweifache Art und Weise der Teilmarkt bezüglich Interbanken und der Teilmarkt für organisierte Börsenplätze untersucht. Während an den Börsenplätzen nur „Repo-Geschäfte" in Form von Verpfändungen zulässig sind, werden auf dem Interbankenmarkt Repo-Geschäfte entweder in Form von Verpfändungen oder in Form von effektiven Käufen und Verkäufen erlaubt. Ferner findet der Handel mit Wertpapierdarlehen in einem kleinen Kreis statt. Ausgehend von der Entwicklung des Interbankenmarkts ist zu vermuten, dass das Wertpapierdarlehen sowie sog. „offene Repo-Geschäfte" in naher Zukunft auf den Börsenmarkt übertragen werden könnte.[826] Jedoch ist zu beachten, dass kein ausreichendes Rechtsmaterial bezüglich solcher Geschäfte zur Verfügung steht. Darüber hinaus ist auch fraglich, ob die Hindernisse für solche Geschäfte im Wertpapiergesetz abgeschafft werden.

---

[824] Vgl. Nr. 2 der chinesischen Volksbank Mittelung [2004] Nr.1.
[825] Vgl. die chinesischen Volksbank Mittelung [2004] Nr.1.
[826] http://www.china.org.cn/chinese/FI-c/652689.htm; http://www.beinet.net.cn/economic/eco_detail.jsp?cid=39347.

§ 9. Die Einführungsmöglichkeit von Wertpapierdarlehensgeschäften auf dem chinesischen Finanzmarkt

I. Vorschläge bezüglich des Wertpapierdarlehens im Vergleich zu den rechtlichen Rahmenbedingungen in Deutschland

Der Weg in die Marktwirtschaft ist nicht ohne Risiken. Um effizient funktionieren zu können, bedarf jede Art von Finanzgeschäften einer Rechtssicherheit. Dies stellt eine Herausforderung für den Gesetzgeber dar, welche rechtlichen Rahmenbedingungen den Marktteilnehmern angeboten werden sollten, um die Risiken reduzieren zu können. Die Entwicklung des Kapitalmarkts in der VR China benötigt einen verlässlichen rechtlichen Rahmen. Dieser Rechtsrahmen muss dafür sorgen, dass die Marktteilnehmer am Kapitalmarkt Rechtssicherheit genießen können. Abgesehen von den gesetzlichen Hindernissen gibt es auch keine ausreichende Rechtsgrundlage bezüglich der Wertpapierdarlehens- und Repo-Geschäfte. Die rechtliche Behandlung dieser beiden Geschäfte im Interbankenmarkt wird durch spezialgesetzliche Regelungen und einen vorformulierten Rahmenvertrag nominiert. Eine zivilrechtliche Einordnung wird weder durch die Volksbank oder durch die Literatur vorgenommen. Dies würde die Gefahr in sich bergen, dass die gleichen wirtschaftlichen Vorgänge trotz unterschiedlicher rechtlicher Ausgestaltung im Effektenhandel gleich behandelt würden. Wie oben bereits erwähnt, können Wertpapierdarlehen und Repo-Geschäften zu den gleichen wirtschaftlichen Ergebnissen führen. Indes werden sie rechtlich unterschiedlich ausgestaltet. Zivilrechtlich werden die beiden Geschäfte nach dem deutschen BGB unterschiedlich eingeordnet. Aus aufsichtsrechtlicher Perspektive werden sie nach dem deutschen KWG wegen der gleichen Risikostruktur in gleicher Art und Weise behandelt. Ferner gelten im deutschen BGB auch umfassende sachenrechtliche Vorschriften. Somit wird das Eigentumsrecht bei dem Effektengiroverkehr bzw. den Wertpapierdarlehen oder den Repo-Geschäften herangezogen. Bei Effekten werden Eigentumswechsel häufiger vorgenommen als bei anderen Wirtschaftsgütern. Deshalb wird die Frage aufgeworfen, wie das Eigentumsrecht beim Effektengiroverkehr sachgerecht geschützt werden könnte. Besonders bezüglich Wertpapierdarlehen sollte das Eigentumsrecht der Darlehensgeber trotz der Eigentumsübertragung an den Darlehensnehmer während der Laufzeit des Darlehens durch die vertraglichen Vereinbarungen sichergestellt werden: z.B. Vereinbarungen bezüglich der Kompensationszahlungen. Als Vorbild bietet sich das deutsche Recht als Orientierungshilfe an. An dieser Stelle möchte ich meine Lösungsvorschläge in Form einer Konzeption zur Übertragung des CBF-Wertpapierdarlehenssystem auf die VR China vorstellen.

II. Konzeption zur Übertragung des CBF-Wertpapierdarlehenssystem auf die VR China

Wie oben erläutert bestehen auf der einen Seite bislang noch gesetzliche Hindernisse zur Einführung von Wertpapierdarlehensgeschäften auf dem ganzen Wertpapiermarkt in der VR China. Darüber hinaus gibt es nach der bestehenden Rechtslage im Vergleich zu Deutschland ein Defizit bezüglich des Schutzes der Interessen der Anleger, wenn die gesetzlichen Beschränkungen direkt abeschafft würden. Auf der anderen Seite zeigt sich immer deutlicher ein wirtschaftliches Bedürfnis zur Einführung von Wertpapierdarlehensgeschäften. Die Tendenz Wertpapierdarlehens- sowie Repo-Geschäfte (Pensionsgeschäfte) im Interbankenmarkt für Regierungsanleihen zuzulassen, könnte vermuten lassen, dass der chinesische Gesetzgeber die oben beschriebenen gesetzlichen Hindernisse abschaffen wollte. Danach stellt sich die Frage, welches Wertpapierdarlehenssystem am besten auf dem chinesischen Wertpapiermarkt eingeführt werden sollte, das sowohl die Rechtssicherheit und Stabilität des Wertpapiermarkts in der VR China sicherstellen kann, als auch schnell und leicht an die bestehende Infrastruktur angepasst werden kann. In der Literatur wurden in der jüngsten Zeit unterschiedliche Lösungen angeboten: es sollte eine Übertragung der Modelle von Japan, Korea und Taiwan bzw. Hongkong stattfinden. Meiner Ansicht nach erscheint das Wertpapierdarlehenssystem der CBF in Deutschland für eine Anpassung des Systems in der VR China besser geeignet. Dies soll als ein Ansatz verstanden werden, einen Beitrag zur Rechtssicherheit im Zusammenhang mit der Einführung von Wertpapierdarlehensgeschäften zu leisten. Der Grund dieses Konzepts ist darin zu sehen, dass zum einen das zugunsten der Darlehensgeber dienende Sicherungskonzept Ausfallrisiken der Darlehensnehmer verringern bzw. vermeiden könnte. Zum anderen verfügt die chinesische Zentrale Registrierungs- und Clearinggesellschaft über eine ähnliche Stellung wie die CBF. Sie hat eine günstige Infrastruktur und kann daher eine schnelle und kostengünstige Abwicklung der Wertpapiergeschäfte gewährleisten. Des Weiteren könnte sie die während der Laufzeit von Wertpapierdarlehen anfallenden Zinsen, Bezugsrechte sowie Dividenden direkt an die Darlehensgeber weiterleiten, da alle Wertpapiere von ihr registriert und verwahrt werden. Somit besitzt sie bessere Kontrollmöglichkeiten, um eine Durchführung von Wertpapierdarlehensgeschäften sicherzustellen. Schließlich orientieren sich die chinesischen zivilrechtlichen Grundlagen der Allgemeinen Grundsätze des Zivilrechts und des Vertragsrechts bzw. der Regelungen bezüglich der Sicherheiten an dem deutschen BGB. Somit würde eine Übertragung des CBF Wertpapierdarlehenssystem gut zu den geltenden gesetzlichen Grundlagen passen. Im Folgenden werden meine Lösungsvorschläge näher dargestellt.

1. Rechtsbeziehungen zwischen der chinesischen Zentralen Registrierungs- und Clearinggesellschaft und den Teilnehmern an Wertpapierdarlehensgeschäften

An dem von der chinesischen Zentralen Registrierungs- und Clearinggesellschaft organisierten Wertpapierdarlehenssystem sollten sich ausschließlich Wertpapiergesellschaften bzw. andere Mitglieder der Börsen beteiligen dürfen. Sie verfügen bereits über Erfahrungen im Bezug auf Kassa- und Pensionsgeschäfte an Börsen und nehmen aktiv an Wertpapiergeschäften an den Börsen teil. Die Registrierungs- und Clearinggesellschaft könnte die Aufgabe der Vermittlung und Durchführung der Wertpapierdarlehensgeschäfte wahrnehmen. Hinsichtlich der Wertpapierdarlehen könnte sie die Vertretung für den Darlehensgeber und den Darlehensnehmer vorbehaltlich der Zustimmung der Vertretenen aufgrund einer zweiseitigen verdeckten Vollmacht übernehmen. Damit wäre die neutrale Rechtsstellung der Registrierungs- und Clearinggesellschaft vollkommen und derjenigen der CBF vergleichbar.

In Anlehnung an die Struktur der CBF sollte die Clearinggesellschaft einen Geschäftsbesorgungsvertrag gem. § 396 des chinesischen Vertragsgesetzes mit den Teilnehmern der Wertpapierdarlehensgeschäfte abschließen. Die geltenden Gesetze, sowohl das VRC-AGZ als auch das Vertragsrecht erlauben hingegen eine Mehrfachvertretung. Deswegen ist bezogen auf die VR China auch keine Befreiung von einem Verbot wie § 181 des deutschen BGB erforderlich. Dennoch sollte die Registrierungs- und Clearinggesellschaft mit Außenwirkung erklären, dass sie als Vertreterin sowohl für Darlehensgeber und Darlehensnehmer auftreten will. Somit würde die Rechtsbeziehung zwischen der Registrierungs- und Clearinggesellschaft, sowie den Teilnehmern wie die entsprechenden Rechtsbeziehungen der CBF und deren Teilnehmern konzipiert.

2. Rechtsbeziehungen zwischen den als Darlehensgeber auftretenden Börsenmitgliedern und den als Darlehensnehmer auftretenden Börsenmitgliedern

Die Rechtsbeziehungen zwischen den als Darlehensgeber auftretenden Börsenmitgliedern und den als Darlehensnehmer auftretenden Börsenmitgliedern sollte ein Darlehensverhältnis im Sinne von § 90 VRC-AGZ darstellen. Die Pflichten der Darlehensgeber und der Darlehensnehmer könnten sich an den Vorschriften der CBF orientieren.

3. Rechtsbeziehungen zwischen den Wertpapiergesellschaften und den Endkunden

Kunden, die nicht als Teilnehmer für das organisierte Wertpapierdarlehenssystem qualifiziert werden, können als Kunden ihre Wertpapiergesellschaft beauftragen, für Rechung der Kunden, aber im eigenen Namen, Wertpapierdarlehen abzuschließen. Die Wertpapiergesellschaft könnte das Geschäft für die Kunden durch einen kommissionären Vertrag gem. § 414 des chinesischen Vertragsgesetzes durchführen. Depotrechtliche Vorschriften zur Weiterleitung der Sicherheiten wie in Deutschland gibt es in der VR China nicht. Somit könnte die als Darlehensnehmer auftretende Wertpapierhandelsgesellschaft mit dem Endkunden als Darlehensnehmer auch ein kommissionäres Verhältnis konzipieren. Die kommissionären rechtlichen Grundlagen für Kommissionsgeschäfte sind in der VR China ähnlich wie in Deutschland geregelt. Dies wäre auch ein weiterer Vorteil, wenn sich das Wertpapierdarlehenssystem in der VR China an dem CBF-Wertpapierdarlehenssystem ausrichten würde. Allerdings müssten andere Hindernisse wegfallen: denn Kommissionsgeschäfte in Bezug auf Wertpapierdarlehen werden noch von § 129 VRC-WPG als von den Wertpapiergesellschaften betriebene Geschäfte erfasst. Sollte der Gesetzgeber nicht bezweckt haben, dass Wertpapierdarlehen auf die Ebene der Privatkunden auszudehnen, sollten nur die oben dargestellten zwei Rechtsbeziehungen geschaffen werden.

§ 10. Zusammenfassung

1. Die Untersuchung von Wertpapierdarlehen in Deutschland zielt darauf ab, dem Gesetzgeber in China eine Anleitung für eine entsprechende Gesetzgebung anzubieten. Im Rahmen der vorliegenden Untersuchung wird dabei besonders auf Wertpapierdarlehensgeschäfte nach dem deutschen Recht eingegangen. Neben der klassischen Verwendung von Wertpapierdarlehen, die zum Überbrücken von Lieferengpässen bei der Abwicklung von Wertpapiergeschäften dient, werden aus heutiger Sicht Wertpapierdarlehen vielmehr zur Verfolgerung von Handelsstrategien eingesetzt, wie bspw. Leerverkauf, Arbitrage, Hedging und Portfoliomanage-ment.

Wirtschaftlich betrachtet, wurde „Wertpapierleihe" als Oberbegriff für unterschiedliche Transaktionen verwendet, bei denen die verschiedenartigsten Vertragskonstruktionen gewählt wurden. Somit ergibt sich das Problem, dass mit der gleichen Bezeichnung „Wertpapierleihe" wirtschaftlich ähnliche, jedoch rechtlich unterschiedliche Geschäftsvorgänge erfasst werden können. Es kann sich um Wertpapierdarlehen, Wertpapierpensionsgeschäfte, Repo-Geschäfte oder andere Ausgestaltungen handeln. Aus zivilrechtlicher Sicht beschreibt die Bezeichnung „Wertpapierdarlehen" diese rechtlichen Vorgänge präziser als die „Wertpapierleihe". In diesem Zusammenhang ist die Abgrenzung zwischen der „Wertpapierleihe" nach §598 BGB und dem „Wertpapierdarlehen" nach § 607 BGB von besonderer Bedeutung, da in der wirtschaftlichen Praxis Geschäfte häufig als „Wertpapierleihe" bezeichnet werden, obwohl diesen Sachdarlehensverträge zugrunde liegen. Das Wertpapierdarlehen nach § 607 BGB ist im Unterschied zur Wertpapierleihe nach § 598 BGB ein Gebrauchsüberlassungsvertrag mit Vollrechtsübertragung. Während der Entleiher dem Verleiher dieselbe Sache zurückgeben muss, ist der Darlehensnehmer lediglich verpflichtet, Wertpapiere gleicher Art und Gattung zurückzugeben. Schließlich ist die Entgeltlichkeit bei dem Wertpapierdarlehen auch ein Unterscheidungsmerkmal gegenüber der Wertpapierleihe nach § 598 BGB. Daher wird statt der früher üblichen Bezeichnung als „Wertpapierleihe" in der Praxis zunehmend die Bezeichnung als „Wertpapierdarlehen" benutzt. Ein wichtiger Grund dafür ist sicherlich, dass ein Wertpapierdarlehen nach zivilrechtlicher Einordnung als Sachdarlehen gem. § 607 BGB qualifiziert werden kann. Ebenso stellen die Frage der Eigentumsübertragung bezogen auf die betroffenen Wertpapiere sowie die Art der bestellten Sicherheiten wichtige Abgrenzungskriterien gegenüber anderen, ähnlichen Geschäften, wie Pensionsgeschäften oder Effektenlombardkrediten, dar.

2. Gesetzlich geregelt werden jedoch nur die Grundprinzipien des Sachdarlehens. In der Praxis sind detailliertere vertragliche Vereinbarungen durch Individualabreden oder mit Hilfe von Rahmenverträgen prägend für Wertpapierdarlehensgeschäfte. Bezogen auf Wertpapierdarlehensgeschäfte erscheint die Verwendung einheitlicher Rahmenverträge im Interesse von Rechtssicherheit, Markttransparenz sowie Markteffizienz wünschenswert. Hierbei gewinnt der in Anlehnung an das EMA ausarbeitete „Rahmenvertrag für Wertpapierdarlehen“ immer mehr an Bedeutung. Im Einzelnen kommen die folgenden Punkte sowohl bei individuellen Vereinbarungen als auch bei einer Einbeziehung von Rahmenverträgen in Betracht.

Zuerst muss die Vereinbarung bezüglich Eigentumsübertragung und Verfügungsbefugnis dem Darlehensnehmer erlauben, das unbeschränkte Eigentum an den Wertpapieren zu erwerben; dies ist notwendig, damit der Darlehensnehmer die darlehensweise hingenommenen Wertpapiere sinnvoll wirtschaftlich verwerten kann. Als Gegenleistung soll der Darlehensnehmer verpflichtet werden, eine angemessene Darlehensgebühr zu entrichten. Des Weiteren ist der Darlehensnehmer zusätzlich verpflichtet, Wertpapiere gleicher Art, Güte und Menge zurückzugeben. Außerdem werden in der Praxis häufig ausgesprochen umfangreiche und detaillierte Regelungen bezogen auf die Behandlung von Erträgen getroffen, da die während der Laufzeit des Darlehens anfallenden Zinsen, Dividenden sowie Bezugsrechte u.ä. –abweichend von dem gesetzlichen Leitbild des Sachdarlehens gem. §§ 607 ff. BGB- dem Darlehensgeber zustehen. Sie sollten in Form von Kompensationszahlungen an den Darlehensgeber weitergeleitet werden. Allerdings ist zu beachten, dass Kompensationsvereinbarung den Verlust von Stimmenrechten bei Darlehensgeschäften über Aktien nicht einschließen. Die hier auf individueller Basis getroffenen Vereinbarungen sind in ähnlicher Form bereits sowohl im EMA als auch im „Rahmenvertrag für Wertpapierdarlehen“ enthalten. Sie sollten grundsätzlich nicht von den Bestimmungen der standardisierten Rahmenverträge abweichen.

Ab 2002 steht im Mittelpunkt des Leistungsstörungsrechts der Begriff der Pflichtverletzung gemäß § 280 BGB. Der Begriff der Pflichtverletzung deckt alle Leistungsstörungen ab: Unmöglichkeit, Verzug, Schlechtleistung sowie die Verletzung leistungsbezogener oder leistungsbegleitender Nebenpflichten. Die häufig verwendeten vertraglichen Regelungen bezogen auf Leistungsstörungen bei Wertpapierdarlehensgeschäften entsprechen den gesetzlichen Vorgaben gem. §§ 280 ff. BGB, konkretisieren diese jedoch wesentlich. Dies gilt auch im EMA und in dem Rahmenvertrag für Wertpapierdarlehen. Die Regelungen bezogen auf Leistungsstörungen hinsichtlich der Wertpapierdarlehensgeschäften weichen sowohl im EMA, als auch im Rahmenvertrag für Wertpapierdarlehen nicht wesentlich von den Regelungen des deutschen Rechts ab. Indes ist hier besonders zu beachten, dass die Pflichtverletzungen möglicherweise eine Beendigung des Gesamtvertrags verursachen, wenn die Wertpapierdarlehensgeschäfte unter Zugrundelegung eines der oben erwähnten Rahmenverträge miteinander verbunden worden sind. Nach Beendigung des Gesamtvertrags werden alle Schadensersatzansprüche mit Hilfe eines einheitlichen Ausgleichsanspruches zusammengefasst.

Zum Zweck der Minimierung von eventuellen Unsicherheiten sowohl auf Seiten des Darlehensgebers als auch des Darlehensnehmers bezogen auf den Abschluss von Wertpapierdarlehensgeschäften ist in der Praxis regelmäßig eine Sicherungsvereinbarung erforderlich. Klassischerweise wurde regelmäßig ein Pfandrecht gem. §§ 1204 ff. BGB durch den Darlehensgeber bestellt. Im Rahmenvertrag für Wertpapierdarlehen sowie im EMA ist ein anderer Sicherungsweg vorgesehen: nämlich mit Hilfe des sog. „Wertausgleichs“. Im Vergleich zu einer Verpfändung erfolgt bei einem „Wertausgleich“ eine Vollrechtsübertragung. Daher bezieht sich eine durch Vollrechtsübertragung erfolgte Bestellung von Sicherheiten nicht nur auf ein einzelnes Wertpapierdarlehensgeschäft, sondern erstreckt sich auf alle unter dem Rahmenvertrag zusammengefassten Wertpapierdarlehensgeschäfte. Besonders bei wechselseitigen Geschäftsbeziehungen ist dies sinnvoll, wenn die Vertragsparteien sich etwa gegenseitig Wertpapierdarlehen gewähren. Dann tritt jede Vertragspartei sowohl als Darlehensgeber, als auch als Darlehensnehmer auf. Folglich reicht der Differenzwert dieser wechselseitigen Darlehen als Sicherungssumme aus. Dies führt insbesondere im Vergleich mit der früheren Praxis, Pfandrechte zu vereinbaren, zu einer wesentlich vereinfachten Handhabung. Des Weiteren besitzt dies im Wesentlichen einen kostengünstigen Vorteil wegen der Verfügungsmacht auf Seiten des Sicherungsnehmers bezogen auf die zu dem Sicherungszweck übertragenen Gegenstände im Vergleich mit der Absicherung durch eine Bestellung von Pfandrechten. Jedoch setzt die Absicherung durch den „Wertausgleich“ eine wechselseitige Geschäftsbeziehung zwischen den Vertragsparteien voraus. Diese wechselseitigen Geschäftsbeziehungen sind häufig nur im Interbankenverkehr vorhanden. Somit kann die Sicherungsmethode durch Bestellung von Pfandrechten weiterhin sinnvoll für einzeln abgeschlossene Wertpapierdarlehensgeschäfte eingesetzt werden. Die Verwendung der Sicherungsmethode des sog. „Wertausgleiches“ hat auch positive Auswirkungen auf die Anwendung von Netting-Klauseln im Insolvenzfall. Daher gewinnen Netting-Klauseln bezogen auf Wertpapierdarlehensgeschäfte in Deutschland immer mehr an Bedeutung. Die Durchsetzbarkeit von Netting-Vereinbarungen kann gem. § 104 InsO unbedenklich sein. Ferner kann auch das Wahlrecht des Insolvenzverwalters gem. § 103 InsO durch § 104 InsO ausgeschlossen werden.

Individuell vereinbarte Wertpapierdarlehensgeschäfte können entweder durch Fristablauf oder durch wirksame Kündigung beendet werden. Bei Wertpapierdarlehensgeschäften, die unter Zugrundelegung von einem Rahmenvertrag, z.B. Rahmenvertrag für Wertpapierdarlehen oder EMA, abgeschlossen worden sind, ist eine Teilkündigung in Bezug auf Einzelabschlüsse ausgeschlossen. Falls die Vertragsparteien nur für einen Einzelabschluss eine außerordentliche Kündigung einräumen möchten, bleibt nur die Möglichkeit einen Einzelvertrag für ein bestimmtes Geschäft abzuschließen.

3. Es liegt kein gesetzliches Verbot bezüglich des Abschlusses von Wertpapierdarlehen vor. Das 4. FiFöG hat die Unwirksamkeit durch den Differenzeinwand nach §§ 762, 764 BGB sowie bezüglich des Termineinwands bei Finanztermingeschäften beseitigt. Die Anwendung des Spieleinwands ist durch § 37 e WpHG weitgehend eingeschränkt.

Wertpapierdarlehen können für sich alleine betrachtet nicht als Finanztermingeschäft angesehen werden, da sie grundsätzlich jederzeit kündbar und damit jederzeit erfüllbar sind. Die zu Leerverkäufen eingesetzten Wertpapierdarlehensgeschäfte werden zumeist als Finanztermingeschäfte qualifiziert, wenn sie als untrennbarer Bestandteil eines Leerverkaufs eingeordnet werden können. Somit kann wegen der Sperrwirkung des § 37e WpHG ebenfalls der Spieleinwand nach § 762 BGB nicht geltend gemacht werden. Deshalb sind Wertpapierdarlehen sowie Leerverkäufe grundsätzlich wirksam. Ferner sind die Leerverkäufe auch nicht nach anderen Vorschriften des WpHG unwirksam, da die neue Regelung des § 37d WpHG nicht zur Unwirksamkeit des Geschäfts, sondern nur zu Schadensersatzansprüchen des Kunden bei Verletzung der gesetzlichen Pflicht zur Information über die mit dem Wertpapierdarlehensgeschäft verbundenen Risiken führt.

Der Abschluss von Wertpapierdarlehensverträgen gem. § 607 BGB ist grundsätzlich formfrei möglich. Die Formvorschriften gem. § 15 Abs. 3 i.V.m. Abs. 2 DepotG sind bezogen auf Wertpapierdarlehensverträge nicht anwendbar, da die in vorliegender Untersuchung behandelten Wertpapierdarlehen nach § 607 BGB nicht von den Formvorschriften des § 15 DepotG erfasst werden.

4. Bezogen auf das Wertpapierdarlehenssystem der CBF kommen die einzelnen Wertpapierdarlehen jeweils zwischen dem Darlehensgeber und dem Darlehensnehmer ebenfalls über die als Kommissionäre eingeschalteten Kreditinstitute und der CBF als Vermittlerin zustande. Vertraglich geregelt werden diese jeweiligen Wertpapierdarlehen durch die „Sonderbedingungen für Wertpapierdarlehen“ der CBF. Im Übrigen gelten die Ergänzungsbestimmungen zu diesen Sonderbedingungen und die Allgemeinen Geschäftsbedingungen (AGB) der CBF.

In diesem Zusammenhang stellt die CBF nur eine Neutral-Vertragspartei dar und ist für die Erfüllung der Wertpapierdarlehensgeschäfte nicht verantwortlich; die CBF hat also die Folgen von Verzug oder Nichtleistung bezogen auf die Wertpapierdarlehensgeschäfte nicht zu tragen. Die Pflichten der CBF gegenüber ihren Kunden beschränken sich auf den Geschäftsbesorgungsvertrag gem. § 675 BGB. Daher ist die CBF berechtigt, alle zur Vermittlung, Durchführung und Rückabwicklung der Wertpapierdarlehensgeschäfte erforderlichen Erklärungen sowohl für den Darlehensgeber, als auch für den Darlehensnehmer abzugeben und entgegenzunehmen, sowie die entsprechenden Maßnahmen vorzunehmen. Darüber hinaus übernimmt die CBF auch die Funktion einer Vermittlung und Abwicklung der Wertpapierdarlehensgeschäfte; außerdem tritt sie als Treuhänderin bei Sicherheitsleistungen auf und übt schließlich als Zentralverwahrerin eine Kontroll- und Überwachungsfunktion aus.

Die Vertragsbeziehung zwischen dem darlehensgewährenden Institut und dem darlehensempfangenden Institut ist als ein Sachdarlehen gem. § 607 BGB anzusehen. Die Pflichten von Darlehensgebern und Darlehensnehmern werden durch die Sonderbedingung der CBF konkretisiert. Falls ein Institut über die CBF für Ihren Kunden ein Darlehen abschließen möchte, wird bezogen auf die Vertragsbeziehungen des darlehensgewährenden Kunden zu seinem Kreditinstitut ein kommissionsähnliches Verhältnis gem. §§383,406 HGB begründet. Daher trägt das darlehensgewährende Kreditinstitut bei der Ausführung von Kundenaufträgen Sorgfalts-, Mitteilungs- und Auswahlpflichten. Indes zählt die Übernahme des Bonitätsrisikos der Darlehensnehmer nicht dazu. In der Praxis übernimmt das darlehensgewährende Kreditinstitut nur das Bonitätsrisiko der Darlehensnehmer, wenn die Identität des Darlehensnehmers nicht mitgeteilt wird (§ 384 Abs.3 HGB) oder wenn das Kreditinstitut für die Erfüllung von Wertpapierdarlehensgeschäften eine Delkrederehaftung übernommen hat (§ 394 HGB). Allerdings wird der Kunde vor dem Insolvenzrisiko seines Kreditinstituts gem. §§ 392, 406 HGB geschützt. Die Gestaltung des Verhältnisses zwischen dem Kunden und seinem Kreditinstitut auf Basis von § 607 BGB sorgt dafür, dass eine weitere Verpfändung der Kundenpapiere durch das Kreditinstitut problemlos möglich ist, da solche Verpfändungen nach § 12 DepotG nur im Rahmen von Kreditgeschäften zulässig sind.

5. Grundsätzlich steht dem Darlehensnehmer das Stimmrecht zu. Die Ausübung von Stimmrechten durch darlehensweise hingenommene Aktien kann einem Darlehensnehmer die Erlangung der Kontrolle über ein Unternehmen mit einem vergleichsweise geringen Mitteleinsatz ermöglichen; dies ist ordnungspolitisch unerwünscht. Die Regelungen der §§ 405 Abs. 3 AktG bieten hiergegen keinen ausreichenden Schutz. Zum einen erfassen sie die heutzutage üblicherweise durchgeführten Wertpapierdarlehensgeschäfte nicht. Denn das Verhalten des Darlehensnehmers im Fall eines Wertpapierdarlehens könnte wegen der „Eigentumserlangung an den darlehensweise überlassenen Aktien" von den in § 405 AktG erfassten Missbrauchstatbeständen bezogen auf die Stimmrechte herausgenommen und somit nicht mit einer Geldbuße von bis zu Euro 25.000 geahndet werden. Zum anderen reicht ein Bußgeld in Höhe von Euro 25.000 im Sinne von §405 AktG nicht aus; denn die eingetretenen Verluste von Mitgliedschaftsrechten können wirtschaftlich kaum angemessen ausgeglichen werden. Beispielsweise könnte eine Ausübung von Stimmenrechten durch Darlehensnehmer gesellschaftsrechtliche Veränderungen, wie Eingliederungen, Verschmelzungen oder Unternehmensverträge beeinflussen, da die Stimmrechte der darlehensweise überlassenen Aktien dem Darlehensnehmer zustehen. Somit wird eine verschärfte Regelung vorgeschlagen, z.B. eine Qualifizierung des „Missbrauches von Stimmrechten mittels Wertpapierdarlehen" als Straftatbestand. Zum Schutz der Interessen der Darlehensgeber und der Interessen der übrigen Aktionäre wäre eine solche verschärfte Regelung vorteilhaft.

6. Nach bisher überwiegender Ansicht sind Wertpapierdarlehen bei dem Darlehensgeber als Forderung gegenüber dem Darlehensnehmer zu bilanzieren, während der Darlehensnehmer die erhaltenen Wertpapiere einzubuchen und eine korrespondierende Rückgabeverpflichtung zu passivieren hat. Eine Gewinnrealisierung findet bezogen auf die Wertpapierdarlehensgeschäfte nach allgemeiner Ansicht der Literatur nicht statt.

   Soweit die Wertpapiere zum Privatvermögen des Darlehensgebers gehören, sind die Einkünfte aus dem Darlehensentgelt sowie Kompensationszahlungen durch den Darlehensgeber als sonstige Leistungen nach § 22 Nr.3 EstG zu versteuern; gehören die Wertpapiere zum Betriebsvermögen handelt es sich um Einkünfte aus Gewerbebetrieb i.S.v. § 15 EstG. Das geleistete Darlehensentgelt ist beim gewerblichen Darlehensnehmer als

Betriebsausgabe, beim privaten Darlehensnehmer als Werbungskosten abzugsfähig. Die eintreffenden Vorteile in Form von Steuersenkungen, welche die Hälfte der während der Laufzeit des Darlehens anfallenden Dividenden gem. § 3 Nr. 40 EstG seit 01.01.2002 steuerfrei stellt, soll den Kompensationszahlungen zugerechnet werden; dadurch soll der Darlehensgeber von der Steuerleichterung des § 8 b Abs. 1 KStG bzw. § 3 Nr. 40 EstG profitieren können.

7. Die Aufsicht nach dem KWG ist grundsätzlich risikoorientiert. Wertpapierdarlehen stellen keine Bankgeschäfte im Sinne des §1 Abs. 1 KWG dar. Jedoch fallen diese seit 1.1.1996 als Sachdarlehen unter den Kreditbegriff des § 19 Abs. 1 KWG. Die Aufnahme von Wertpapierdarlehensgeschäften bedarf keiner Lizenz. Es besteht aber eine Anzeigepflicht des Kreditinstituts gegenüber der BAFin gemäß § 24 Abs. 1 Nr. 9 KWG; dies gilt um eventuelle negative Auswirkungen von Wertpapierdarlehensgeschäften auf die übrigen Bankgeschäfte rechtzeitig zu erkennen und drohende Schäden im Vorfeld abzuwenden.

Des Weiteren ist das Kreditinstitut auch verpflichtet, gem. § 10 KWG für eine angemessene Unterlegung mit Eigenkapital zu sorgen, damit die Kreditrisiken, die insbesondere durch einen Adressenausfall wie im Insolvenzfall entstehen könnten, zu minimieren. § 10 KWG wird durch Grundsatz I weiter konkretisiert. Dabei besitzen die bezogen auf Wertpapierdarlehensgeschäfte bestellten Sicherheiten eine risikomindernde Wirkung, somit sind die Differenzbeträge zwischen dem Marktwert der darlehensweise überlassenen Wertpapiere und dem Marktwert der bestellten Sicherheiten als Bemessungsgrundlage zur Berechnung des durch die beteiligten Kreditinstitute zu unterlegenden Eigenkapitals maßgeblich. Wird ein Kreditinstitut im Rahmen des CBF – Wertpapierdarlehenssystem für einen Kunden des Kreditinstituts tätig, bleibt § 10 KWG i.V.m. Grundsatz I unberührt. Um Liquiditätsrisiken zu vermeiden, schreibt § 11 KWG vor, dass Kreditinstitute und Finanzdienstleistungsinstitute verpflichtet sind ihre Zahlungsmittel so anzulegen, „dass jederzeit eine ausreichende Zahlungsbereitschaft gewährleistet ist“. Diese Regelungen werden durch Grundsatz II konkretisiert.

Mit Wertpapierbeständen aus dem freien Vermögen können Versicherungen aufgrund der Befreiung von Anlagebeschränkungen unbeschränkt Wertpapierdarlehensgeschäfte tätigen. Die Wertpapierbestände, die zu dem Deckungsstockvermögen (§ 66 VAG) oder dem übrigen gebundenen Vermögen (§ 54 VAG) gehören, dürfen für Wertpapierdarlehensgeschäfte durch Versicherungsgesellschaften bis zu einer Höchstgrenze von 5% des jeweiligen Vermögens verwendet werden. Rückversicherungsunternehmen sind von dieser Anlagebeschränkung nicht betroffen. Pensionsfonds dürfen nach §1 Abs.1 Nr. 2 PFKapAV und § 2 Abs. 2 PFKapAV höchstens 10% der Wertpapiere, die ihrem sog. Gebundenen Vermögen zugeordnet werden können, darlehensweise vergeben.

Das InvG enthält in §§ 54 ff. (bis 31.12.2003: §§ 9 a ff. KAGG) Regelungen zur Gewährung von Wertpapierdarlehen durch KAGen. Dabei darf eine Anlagebegrenzung von höchstens 15% des Wertes des Sondervermögens nicht überschritten werden. Des Weiteren dürfen Wertpapierdarlehen einem Darlehensnehmer nur in der Höhe gewährt werden, als der Kurswert der zu übertragenden Wertpapiere zusammen mit dem Kurswert der für Rechnung des Sondervermögens dem Darlehensnehmer bereits als Darlehen übertragenen Wertpapiere 10% des Wertes des Sondervermögens nicht überschreitet. Bei dem Wertpapierdarlehensgeschäft wird die Bestellung von Sicherheiten als Vorleistung durch den Darlehensnehmer angesehen. § 55 InvG stellt darüber hinaus Mindestanforderungen für den zwischen der KAG und dem Wertpapierdarlehensnehmer abzuschließenden Darlehensvertrag auf.

Wertpapierdarlehensgeschäfte unterliegen keiner Meldepflicht nach § 9 Abs. 1 WpHG. § 14 Abs. 1 Nr. 1 WpHG enthält den „klassischen" Insidertatbestand, in dem er den „Erwerb" und die „Veräußerung" von Insiderpapieren für eigene oder fremde Rechnung verbietet. Als Kauf- oder Verkaufsalternativen fallen Wertpapierdarlehensgeschäfte objektiv unter diesen Verbotstatbestand. Bezogen auf Wertpapierdarlehen allein erscheint es schwer vorstellbar, wie ein Insider ein Wertpapierdarlehen zur Ausnutzung seiner Insiderinformation benutzen will, ohne zusätzlich zu dem Wertpapierdarlehen noch einen Kauf oder Verkauf eines Wertpapiers abzuschließen. Wie bereits beschrieben sind Wertpapierdarlehen ein untrennbarer Bestandteil bei Leerverkäufen. Somit ist in diesem Zusammenhang das Wertpapierdarlehen lediglich als Hilfsgeschäft zu betrachten; damit ist es aus dem Ausnutzungsverbot herauszunehmen, wenn im Falle eines Leerverkaufs im Kassamarkt ein insiderrechtlicher Verbotstatbestand erfüllt werden sollte.

Bei der Behandlung von Stimmrechtszurechungen nach §§ 21 ff. WpHG ist ein Darlehensnehmer gemäß § 21 Abs. 1 WpHG als Aktionär der darlehensweise überlassenen Wertpapiere gem. §21 ff. WpHG meldepflichtig, sofern durch das Wertpapierdarlehen ein Schwellenwert von 5%, 10%, 25% 50% oder 75% erreicht bzw. über- oder unterschritten wird. Hinsichtlich besonderer Vertragsvereinbarungen bezogen auf Wertpapierdarlehensgeschäfte bezüglich Aktien kann sich nach § 22 Abs. 1 Nr. 2 WpHG eine Zurechnung der Stimmrechtsanteile beim Darlehensgeber ergeben. Eine Zurechung der Stimmrechtsanteile nach § 22 Abs. 1 Nr. 5 WpHG kann ebenfalls in Betracht kommen, erscheint aber zweifelhaft. Die Vorschriften nach §§ 21 ff. WpHG berühren nur das Zurechnungsproblem. Die Frage bezogen auf die Berechtigung zur Ausübung von Stimmrechten durch dem Darlehensnehmer wird im Einzelnen in § 5 beantwortet.

8 Der Bedarf einer Einführung von Wertpapierdarlehensgeschäften in der VR China ist im Interesse der Marktteilnehmer sowie der Entwicklungsstände sowohl wirtschaftlich, als auch rechtlich zu bejahen. Aufgrund der bis zum jetzigen Zeitpunkt geltenden Rechtslage in der VR China sind Wertpapierdarlehensgeschäfte mit einer Reihe rechtlicher Hindernisse belastet; dies kann die Weiterentwicklung des chinesischen Kapitalmarkts beeinträchtigen. Diese Regelungsdefizite und daraus folgende künftige Regelungsaufgaben lassen sich trotz der zur Zeit rasanten Entwicklung des chinesischen Finanzmarkts deutlich erkennen; dies gilt insbesondere für Wertpapierdarlehensgeschäfte.

9. Die Erfahrungen bezogen auf den Auf- und Ausbau sowie die Entwicklung des Wertpapierdarlehensmarkts in Deutschland kann insgesamt betrachtet als ein Vorbild bzw. als eine Orientierungshilfe dienen. Besonders das CBF-System ist meiner Meinung nach empfehlenswert. Dies gilt insbesondere aus folgenden Gründen: der chinesische Finanzmarkt befindet sich noch in einer unreifen Phase. Die rechtlichen Bestimmungen sind lückenhaft. Die Einführung von Wertpapierdarlehensgeschäften unter Verwendung des CBF-Modells bietet eine höhere Rechtssicherheit. Be-sonders das Sicherungskonzept der CBF begünstigt die Durchführung von Wertpapierdarlehensgeschäften. Des Weiteren widerspricht die Regelung der CBF auch nicht den geltenden chinesischen Gesetzen. Daher ist eine leichte und schnelle Implementierung vorstellbar.

Literaturverzeichnis

Acker, Georg
Die Wertpapierleihe: Grundlagen, Abwicklung und Risiken, 2. Aufl., Wiesbaden 1995

Adler, Hans u.a.
Rechnungslegung und Prüfung der Unternehmen, 6.Aufl., Stuttgart 1996

Adrian, Reinhold/Heidorn, Thomas
Der Bankbetrieb, 15. Aufl., 2000

Altvater, Christian
Führt die Rückabwicklung von Wertpapierleihgeschäften zu einem „Erwerb" i.S.v. § 50 EstG? in: DB 1998, S. 1204-1206

Amann, Herman/Kallrath, Jürgen
Die Schuldrechtsreform in der Vertragspraxis: Handbuch für Notare und Vertragsjuristen mit Gestaltungshinweisen und Formulierungsbeispielen, München 2002

Archner, Gernot
Das 4. Finanzmarktförderungsgesetz aus Sicht der Wertpapier-Investmentbranche, in: Die Bank 2001, S. 800-807

Assmann, Heinz-Dieter
Börsentermingeschäftsfähigkeit, in: Festschrift für Theodor Heinsius, Berlin New York, 1991, S. 1-32

ders.
Das künftige deutsche Insiderrecht II, in: AG 1994, S. 237-258

Assmann, Heinz-Dieter (Hrsg.)
Kommentar zum Wertpapierhandelsgesetz, 3. Aufl., Köln 2004

Assmann, Heinz-Dieter(Hrsg.)
Handbuch des Kapitalmarktrechts, München 1997

BAFin
Jahresbericht 1999, unter: www.bafin.de/frame_bak.de

BAKed: I5-A233-1/98
Erläuterungen zur Bekanntmachung über die Änderung und Ergänzung der Grundsätze über die Eigenmittel und die Liquidität der Institute vom 20. Juli 2000 (Zitiert: BAKred Erläuterung von 20.Juli 2000)

Baumbach, Adolf /Hefermehl, Wolfgang
Wechselgesetz und Scheckgesetz, 21Aufl., München 1999

Baumbach, Adolf u.a.
Handelsgesetzbuch, Kommentar. 31. Aufl., München 2003

Bauer, Wolf-Dieter
Die EG-Bilanzrichtlinie und ihre Auswirkungen auf die Bilanzierungsvorschriften der deutschen Kreditinstitute, in: WM 1987, S. 861-868

Baur, Friz (Begr.)
Lehrbuch des Sachenrechts, 16. Aufl., 1992
Bauer, Jürgen
Investmentgesetze 2. Aufl., Berlin1997
Beckmann, Klaus u.a.
Investment: ergänzbares Handbuch für das gesamte Investmentwesen, Berlin <Losebl>
Beck, Holger
Die Wertpapierleihe, ein Instrument für modernes Anlagemanagement und Wertpapiergeschäft, in: Brunner, Wolfgang/Vollath, Johann, Handbuch Finanzdienstleistungen, Stuttgart 1993
Becher, Johann/Größmannm,Wolfgang
Die Änderungen der Allgemeinen Geschäftsbedingungen der privaten Banken, Sparkassen und Landesbanken in: BKR 2002, S. 519-527
Beer, Artur/Schäfer, Hans-Jürgen
Die Wertpapierleihe: ein innovatives Marktsegment, Stuttgart 1992 (Zitiert: Beer/Schäfer: Die Wertpapierleihe)
Bellavite-Hövermann, Yvette u.a.
Handbuch Eigenmittel und Liquidität nach KWG, Stuttgart 2001
Berger, Klaus Peter
Der Aufrechnungsvertrag, Tübingen 1996
Berner, Mirko
Vertragliches Netting zur Reduzierung von Eigenkapitalkosten, in: Die Bank 1996, S. 753-757
Berner, Mirko
Der neue Rahmenvertrag für Wertpapierdarlehen in: Die Bank 1999, S. 868-871
Bertschinger, Urs
Rechtsprobleme des Securities Lending and Borrowing, Zürich 1994
Bieg, Hartmut
Die externe Rechnungslegung der Kreditinstitute und Finanzdienstleistungsinstitute, München 1999
Bigger, Michael
Anatomie und Risikoaspekte des Securities Lending, Bern; Stuttgart; Wien 1995
Bigus, Jochen/Matzke, Dirk
Der neue Grundsatz I zwei Jahre nach Inkrafttreten: Systematische Darstellung und empirische Relevanz Teil (I), in: ZBB 2000, S. 226-244, und Teil (II), in: ZBB 2000, S. 308-321
Bitz, Michael
Finanzdienstleistungen, 5 Aufl., Wien 2000

Blitz, Jürgen/Illhardt, Jörg
Wertpapierleihe beim Deutschen Kassenverein in: Die Bank 1990, S. 142-145

Blaurock, Uwe
Unterbeteiligung und Treuhand an Gesellschaftsanteilen, Baden-Baden 1982 (Zitiert: Blaurock, Unterbeteiligung und Treuhand)

Bohn, Andreas
Der Einsatz von Wertpapierleihe, Repo- und Sell/Buy-Back-Geschäften im Handel und Portfoliomanagement von festverzinslichen Wertpapieren, in: Kleeberg, Handbuch Portfoliomanagement, 1. Aufl., Bad Soden 1998

Boos, Karl-Heinz/Schulte-Mattler, Hermann
Der neue Grundsatz I: Kreditrisiken, in: Die Bank 1997, S. 474-479

Boos, Karl-Heinz u.a.
Kreditwesengesetz: Kommentar zu KWG und Ausführungsvorschriften, München 2000

Bosch, Ulrich
Finanztermingeschäfte in der Insolvenz, in: WM 1995, S. 365-412

Birck, Heinrich
Die Bankbilanz, Wiesbaden 1989

Brink, Ulrich
Rechtsbeziehung und Rechtsübertragung im nationalen und internationalen Effektengiroverkehr, Schriftenreihe des Instituts für internationales Recht des Spar-, Giro- und Kreditwesens an der Universität Mainz, Bd.12, 1. Aufl., Berlin 1976

Braun, Eberhard(Hrsg.)
Insolvenzordnung(InsO), Kommentar, München 2002

Brox, Hans
Handels- und Wertpapierrecht, 17. Aufl., München 2004

Bruns, Georg
Einführung in das Effektenwesen, 1. Aufl., Frankfurt am Main 1959

Bruns, Christoph/Meyer-Bullerdiek, Frieder
Professionelles Portfoliomanagement, Aufbau, Umsetzung und Erfolgskontrolle Strukturierter Anlagestrategien, 2. Aufl., Stuttgart 2000 (Zitiert: Bruns/Meyer-Bullerdiek, Professionelles Portfoliomanagement)

Büchner, Rolf
Die treuhandrechtliche Organisation des Effektengiroverkehrs, Frankfurt am Main 1956

Budde, Wolfgang/Parkow, Max
Beck'scher Bilanz-Kommentar, 4. Aufl., München 1999

Bundesverband deutscher Banken e.V.
Statut des Einlagensicherungsfonds, Köln 1991

Burgard, Ulrich
Die Berechnung des Stimmrechtsanteils nach §§ 21-23 Wertpapierhandelsgesetz, in: BB 1995, S. 2069-2078
Butzke, Volker
Gesetzliche Neuregelungen beim Erwerb eigener Aktien, in: WM 1995, S. 1389- 1392
Canaris, Claus-Wilhelm in
Hermann, Staub, Großkommentar zum Handelsgesetzbuch Bd. III Teil 3 Bankvertragsrecht Berlin; New York 1982 (Zitiert: Canaris, Bankvertragsrecht)
Casper, Matthias
Das neue Recht der Termingeschäfte, in: WM 2003, S. 161-177
Claussen, Carsten
Das neue Insiderrecht, in: DB 1994, S. 27-39
ders.
Insiderhandelsverbot und Ad-hoc-Publizität, Praktikerhinweise und -empfehlungen für Emittenten, Anleger, Banken, Wertpapierdienstleister und ihre Berater, Köln 1996 (Zitiert: Claussen, Insiderhandelsverbot)
ders.
Neues zur kommenden Insidergesetzgebung (II), in: ZBB 1992, S. 267-283
ders.
Bank- und Börsenrecht: Handbuch für Lehre und Praxis, München 2000
Coester-Waltjen, Dagmar
Der Darlehensvertrag, in: Jura 2002, S. 675-678
Consbruch, Johannes u.a.
KWG-Kommentar, München
Dalwigk zu Lichtenfels, Reinhard
Das Effektenkommissions-geschäft, Köln; Berlin; Bonn; München 1975
Dauner-Lieb, Barbara u.a. (Hrsg.)
Anwaltkommentar, Schuldrecht: Erläuterungen der Neuregelungen zum Verjährungsrecht, Schuldrecht, Schadensersatzrecht und Mietrecht, Bonn 2002 (Zitiert: Dauner-Lieb, Anwaltkommentar)
Derleder, Peter u.a. (Hrsg.)
Handbuch zum deutschen und europäischen Bankrecht, Berlin; Heidelberg 2004
Deutsche Bundesbank
Monatsbericht 01.1998, unter http://www.bundesank.de Deutsche Bundesbank: Grundsatz II über die Liquidität der Institute, Bankrechtliche Regelungen 2b, Aug. 1999 (Zitiert.: Deutsche Bundesbank GII 1999)

Dietl, Clara-Erika
Dictionary of Legal, Commercial and Political Terms/Wörterbuch für Recht, Wirtschaft und Politik, Bd. 1 English-German/Englisch-Deutsch, 5. Aufl., München 1990 (Zitiert: Dietl-Bearbeiter)
Dörge, Andreas
Rechtliche Aspekte der Wertpapierleihe, Berlin1992
ders.
Wertpapierleih- und Wertpapierpensionsgeschäfte, in: AG 1997, S. 396-404
Dötsch, Ewald/ Pung, Alexandra
Steuerbereinigungsgesetz 1999: Die Änderungen des KStG, des UmwStG und des GewStG, in: DB 2000,S. 61-68
Dötsch, Ewald u.a.
Körperschaftsteuergesetz und Einkommensteuergesetz, 19. Lief. (Lose-Blatt)
Dürselen, Karl
Die Großkreditnormen des §13 KWG nach der fünften Novelle des Kreditwesengesetzes, in: ZBB 1996, S.46-57
Ebenroth, Carster Thoma/Boujong, Karlheinz/Joost, Detlev
Handelsgesetzbuch Bd. 2 §§343-475 1. Aufl., München 2001
Ebenroth, Carsten Thomas/Bader, Tom
Rechtliche Qualifikation und aufsichtsrechtliche Behandlung grenzüberschreitender Wertpapierpensionsgeschäfte, in: ZBB 1990, S. 75-82
Edelmann, Erwin/Roller, Roland
Wertpapierdarlehen und Wertpapierpensionsgeschäfte: Finanzinnovation für Wertpapierhandel und Portfoliomanagement, Bonn 1996
Einsele, Dorothee
Wertpapierrecht als Schuldrecht, Funktionsverlust von Effektenurkunden im internationalen Rechtsverkehr, Tübingen 1995 (Zitiert: Einsele, Wertpapierrecht)
Einsele, Dorothee
Wertpapiere im elektronischen Bankgeschäft, in: WM 2001, S. 7-16
Eilenberger, Guido
Bankbetriebswirtschaftslehre, Grundlagen-Internationale Bankleistungen-Bank-Management, 4. Aufl., München 1990 (Zitiert: Eilenberger 1990)
Eilenberger, Guido
Betriebliche Finanzwirtschaft, 7. Aufl., München 2003
Ehricke, Ulrich
Finanztermingeschäfte im Insolvenzverfahren, in: ZIP 2003, S. 273-282
Emmerich, Volker/Habersack, Mathias
Aktien- und GmbH-Konzernrecht Kommentar, 2. Aufl., München 2001

Esser, Josef u.a.
Schuldrecht Bd. II Besonderer Teil 1, 6. Aufl., Heiderberg 1984
Esser, Josef/Schmidt, Eike
Schuldrecht Bd. I Allgemeiner Teil, Teilband 1, 7. Aufl., Heidelberg 1992
Fahr, Ulrich u.a.
Versicherungsaufsichtsgesetz, 3. Aufl., München 2003
Fleischer, Holger
Directors' Dealings, in: ZIP 2002, S. 1217-1229
Fikentscher, Wolfgang
Schuldrecht, 8. Aufl., Berlin; New York 1992
Fleischmann, Michael
Auswirkungen des Zusammenschlusses von Daimler Benz AG und Chrysler Corp. auf Wertpapierleihgeschäfte mit Daimler-Aktien, in: DB 1998, S. 2297-2299
Freytag, Stefan/ Riekeberg, Marcus
Bondlending im Euromarkt, in: Die Bank 1988, S. 673-676
Fu, Qilin(Hrsg.)
Untersuchung der Rechtsordnung im chinesischen Wertpapierhandel, „Zhong Guo Zheng Quan Jiao Yi Fa Lü Zhi Du", Beijing 2000 (chinesisch)
Fülbier, Andreas
Swap-Verträge: Internationale Standardisierung, in: ZIP 1990, S. 680-689
Fürer, Guido
Risk Management im internationalen Bankgeschäft, Bern; Stuttgart 1990
Geibel, Stephan/Schäfer, Frank A.
Wertpapierhandelsgesetz, Börsengesetz mit BörsZulV, Verkaufsprospektgesetz mit VerkProspV: Kommentar, Stuttgart; Berlin; Köln 1999
Glanegger, Peter u.a.
Heidelberger Kommentar zum Handelsgesetzbuch: 6.Aufl., Heidelberger 2002 (Zitiert: Heidelberger Kommentar zum HGB-Bearbeiter)
Gerke, Wolfgang (Hrsg.)
Handwörterbuch des Bank- und Finanzwesens 2.Aufl., Stuttgart 1995
Gesell, Harald
Wertpapierleihe und Repurchase Agreement im deutschen Recht, Köln 1994
Geßler, Ernst u.a.
Aktiengesetz. Kommentar, Bd. IV §§ 291-410 AktG, München 1991
Gießelbach, Axel
Strategien mit Aktienkursindex-Instrumenten, Berlin 1989
Gitter, Wolfgang
Gebrauchsüberlassungsverträge, Tübingen 1988

Gossen, Rolf /Acker, Georg
Wertpapierleihe in Deutschland: in einem Jahrzehnt zum voll entwickelten Markt, in: Zfkw 1999, S. 1392-1395
Göhler, Erich u.a.
Gesetz über Ordnungswidrigkeiten, 11. Aufl., München 1995
Grimm, Detlef
Das Vertragsrecht des Wertpapierdarlehens, Frankfurt am Main 1996
Grundmann, Wolfgang
Die Einlagensicherungssysteme, in: Zfkw 1992, S.1134-1138
Gursky, Karl-Heinz
Wertpapierrecht, Heidelberg 1989
Gu, Xiaorong
Lehrbuch des Wertpapierrechts, „Zheng Quan Fa Jiao Cheng“, 2. Aufl., Beijing 1999 (chinesisch)
Haas, Lothar u.a.
Das neue Schuldrecht, München 2002
Hadding, Walther(Hrsg.)
Rechtsproblem der Auslandsüberweisung, Berlin 1992
Hagenmeister, Hans-Otto
Die neue Bundesanstalt für Finanzdienstleistungsaufsicht, in: WM 2002, S. 1773-1812
Hagen, Jürgen (Hrsg.)
Geld-, Bank- und Börsenwesen, Handbuch, 40.Aufl., Stuttgart, 2000
Hagenmüller, Karl/Jakob, Adolf-Friedrich
Der Bankbetrieb, Bd. II: Kredit und Kreditsurrogate, Dienstleistungsgeschäft, 5. Aufl., Wiesbaden 1987
Hamacher, Rolf-Josef
Geschäfte an der DTB steuerlich(III): Die Wertpapierleihe in: Die Bank 1990, S. 34-40
Hartmann-Wendels, Thomas
Bankbetriebslehre, 2. Aufl., Berlin 2000
Hartung, Werner
Wertpapierleihe und Bankbilanz, in: BB 1993, S. 1175-1177
Häuselmann, Holger/Wiesenbart, Thomas
Die Bilanzierung und Besteuerung von Wertpapier-Leihgeschäften, in: DB 1990, S. 2129-2134
Häuselmann, Holger
Wertpapier-Leihgeschäfte: Fragen der rechtlichen, bilanziellen und steuerlichen Behandlung, Frankfurt am Main 1991
ders.
Die Verlagerung von Einkunftsquellen beim Kapitalvermögen-Nießbrauch-Pensionsgeschäft-Wertpapierleihe, in: NWB 1993 Fach 3, S. 8707- 8712

Häuselmann, Holger
Repo-Geschäfte in der Steuerbilanz, in: BB 2000, S. 1289-1293
ders.
Wertpapier-Darlehen in der Steuerbilanz, in: BB 2000, S. 495-497
ders.
Das richtige „Timing“ bei der Kapitaleinkünftebesteuerung, in: DStR 2001, S. 597-604
Heemann, Manfred/Nägele, Peter
Die Reduzierung des Ausfallrisikos bei Finanz-Derivaten durch Netting, in: Zfkw 1996, S. 841ff.
Heinrich, Gregor
Zunehmendes Interesse für die Wertpapierleihe, in: Zfkw 1999, S. 1396-1398
Heinsius, Theodor u.a.
Depotgesetz, Berlin New York 1975
Hellner, Thorwald/ Steuer, Stephan (Hrsg.)
Bankrecht und Bankpraxis, 44. Lieferung Köln 2000 (Losebl) (Zitiert: BuB- Bearbeiter)
Herrmann, Carl u.a.
EstG und KStG. Kommentar, 21. Aufl., Köln 2002
Hess, Harald
Kommentar zur InsO, mit EG InsO, Bd.1 Heiderberg 1999 (Zitiert: Hess, InsO)
Heymann, Ernst (Hrsg.)
Handelsgesetzbuch, Kommentar, Berlin New York 1989
Hinz, Michael
Bilanzierung von Pensionsgeschäften, in: BB 1991, S. 1153-1160
Holzhammer, Richard
Allgemeines Handelsrecht und Wertpapierrecht, 8. Aufl., Wien, New York 1998
Hopt, Klaus
Europäisches und deutsches Insiderrecht, in: ZGR 1991 S. 18-47
Hopt, Klaus (Hrsg.)
Vertrags- und Formularbuch, 2. Aufl., München 2000
Horn, Nobert
Börsentermingeschäfte nach neuem Recht, in: ZIP 1990, S. 2-18
ders.
Entwicklungslinien des europäischen Bank- und Finanzdienstleistungsrechts, in: ZBB 1994, S. 130-141

Horn, Nobert
Die Erfüllung von Wertpapiergeschäften unter Einbeziehung eines Zentralen Kontrahenten an der Börse-Sachenrechtliche Aspekte-, in: WM Sonderbeilage Nr. 2/2002, S. 3-23

ders.
Europäisches Finanzmarktrecht, Entwicklungsstand und rechtspolitische Aufgaben, München 2003 (Zitiert: Horn, Europäisches Finanzmarktrecht)

Huang, Chidong/Gao, Shengping(Hrsg.)
Das Wertpapiergesetz und ergänzende Bestimmungen mit neuen Erläuterungen, „ Zheng Quan Fa Ji Pei Tao Gui Ding Xin Yi Xin Jie", Beijing 2000 (chinesisch) (Zitiert: Huang, Chidong/Gao, Shengping, Wertpapeirgesetz)

ders.
Das Gesellschaftsgesetz und ergänzende Bestimmungen mit neuen Erläuterungen, „Gong Si Fa Ji Pei Tao Gui Ding Xin Yi", Beijing 2000 (chinesisch)

Hübschmann, Walter u.a.
Kommentar zur Abgaben- und zur Finanzgerichtsordnung, Köln 2000 (Zitiert: Hübschmann-Bearbeiter)

Hübner, Heinz
Allgemeiner Teil des Bürgerlichen Gesetzbuches, 2. Aufl., Berlin 1996

Hüffer, Uwe
Aktiengesetz, Kommentar, 3. Aufl., München 1997

Hueck, Alfred;/Canaris, Claus-Wilhelm
Recht der Wertpapiere, 12. Aufl., München 1986

Jaeger, Ernst
Konkursordnung mit Einführungsgesetzen, 8.Aufl. Berlin, New York 1973 (Zitiert: Jaeger, KO)

Jin, Jiandong u.a.
Enzyklopädie der Aktien und Schuldverschreibungen, „Gu Piao Zheng Quan Quan Shu", Beijing 1992 (chinesisch)

Jiang, Zhaoping/ Zheng, Hanjie
Analysieren über Future- und Optionsgeschäften, „Pao Xi Qi Huo Qi Quan" 2. Aufl., HongKong 2002 (chinesisch)

Johannsen-Roth, Tim
Der Erwerb eigener Aktien, Regelungsprobleme im Spannungsfeld gesellschaftsrechtlicher Normbefehle und kapitalmarktrechtlich implizierter Verhaltensanforderungen, Köln 2001

Immenga, Frank
Das neue Insiderrecht im Wertpapierhandelsgesetz, in: ZBB 1995, S. 197-206

Kallmeyer, Harald u.a.
Umwandlungsgesetz, Kommentar, 2. Aufl., Köln 2001
Kessler, Jörg-Ronald/Appel, Klaus
Das Wertpapiergeschäft in Recht und Praxis , Frankfurt am Main 1996
Kilger, Joachim/Schmidt, Karsten
Insolvenzgesetze, KO, VerglO, GesO,17. Aufl. München 1997 (Zitiert: Kilger/Schmidt: KO)
Knauth, Klaus-Wilhelm/Krüger, Ulrich Jürgen
Wertpapier-Leihe aus der Sicht der Versicherungswirtschaft, in: Schwebler/Knauth/Simmert, Einsatz von Finanzinnovation in der Versicherungswirtschaft, Karlsuhr 1993
Koller, Ingo/Roth, Wulf-Henning/Morck, Winfried
Handelsgesetzbuch, Kommentar, 4. Aufl., München 2003
Kölner Schrift zur Insolvenzordnung
Das neue Insolvenzrecht in der Praxis, 2. Aufl., Köln 2000
Knobbe-Keuk, Brigitte (Hrsg.)
Handelsrecht und Steuerrecht, Düsseldorf 1988
Krannich, Lutz
Risiken der Wertpapierleihe und Wertpapierpensionsgeschäfte in: Eller, Roland, Handbuch Derivativer Instrumente, 2 Aufl., Stuttgart 1999
Krumnow, Jürgen u.a.
Rechnungslegung der Kreditinstitute, München 1994 (Zitiert: Krumnow-Bearbeiter)
Kübler, Bruno/Prütting, Hanns(Hrsg.)
Das neue Insolvenzrecht, Kommentar Köln 1994
Kübler, Bruno M./Prütting, Hanns(Hrsg.)
Kommentar zur Insolvenzordnung, 5. Lieferung <Losebl> (Stand: November 1999)
Kümpel, Siegfried
Die Internationalisierung der deutschen Girosammelverwahrung, in: WM 1976, S. 942-956
ders.
Die Grundstruktur der Wertpapierleihe und ihre rechtlichen Aspekte, in: WM 1990, S.909-916
ders.
Investmentfonds als Wertpapierverleiher im Rahmen des geltenden Rechts, in: WM-Festgabe Heinsius (1991), S.31-41
Kümpel, Siegfried
Zur Neugestaltung des Termin-, Differenz- und Spieleinwandes für den Bereich der Derivate, in WM 1997, S.49-58
ders.
WpHG Kommentar, Berlin 1996

Kümpel, Siegfried
Wertpapierhandelsgesetz, eine systematische Darstellung, Berlin 1996
ders.
Bank- und Kapitalmarktrecht, 3. Aufl., Köln 2004
ders.
Die Internationalisierung der deutschen Girosammelverwahrung in: WM 1976, S. 942-956.
Kümpel, Siegfried/Hammen/Ekenga
Kapitalmarktrecht, Berlin 2000 <Losebl>
Kümpel, Siegfried/Peters, Martin
Aktuelle Rechtsfragen der Wertpapierleihe, in: AG 1994, S.525-531
Lange, Oliver
Aktuelle Rechtsfragen der kapitalmarktrechtlichen Zurechnung, in: ZBB 2004, S. 22-28
Larenz, Karl
Allgemeiner Teil des Deutschen Bürgerlichen Rechts, 8. Aufl., München 1997
Lenenbach, Markus
Kapitalmarkt- und Börsenrecht, 2002 Köln
Lehnhoff, Jochen
Die internationale Entwicklung zu einem einheitlichen Eigenkapitalbegriff, in: WM-Festgabe für Theodor Heinsius vom 25.September 1991, S.42-48
Li, Guoguang
Auslegung und Anwendung des Vertragsgesetzes, „He Tong Fa Jie Shi Yu Shi Yong“, Beijing 1999 (chinesisch)
Limmert, Michael
Die Wertpapierleihe, Nürnberg 1994
Li, Yining/Jiang, Ping
Komplettwerk über die Praxis mit Wertpapieren, „Zheng Quan Shi Wu Da Quan“, Beijing 1992 (Chinesisch)
Li, Yining
16 Punkte-Vorschlag zur Entwicklung des Wertpapiermarktes in: Caijing, Nr. 37, April 2001, S. 66ff (chinesisch)
Liang, Huixing
Das chinesische Zivil- und Wirtschaftsrecht, Bd. II, Hong Kong 2000
Lütticke, Kluas-Eberb
Elektronische Verbriefung von Effektenrechten? Bankrechtliche Sonderveröffentlichung des Instituts für Bankwirtschaft und Bankrecht an der Universität zu Köln, 26. Band 1980
LZB Hessen
Wertpapierleihe: ein weiteres Segment des bisherigen Finanzmarktes in: Frankfurt Finanzmarktbericht, 5/1991

Melzer, Philipp
Zum Begriff des Finanztermingeschäfts, in: BKR 2003, S. 366-372
Mc Dougall
Smoothing the continental schelf, in: The Banker, 5/1990
Mielk, Holger
Die wesentlichen Neuregelungen der 6. KWG-Novelle, Teil 1, in: WM 1997, S.2200-2210, Teil II, in: WM 1997, S.2237-2244
Monetti, Thomas
Securities Lending und Repurchase Agreements: Vom „Added Value“ zum „core-product“ im institutionellen Anlagemanagement, Bern; Stuttgart; Wien; 2001
Moxter, Adolf
Bilanzrechtsprechung, 2 .Aufl., Tübingen 1985
ders.
Zur wirtschaftlichen Betrachtungsweise im Bilanzrecht, in: StuW 1989, S.232-241
Mu, Shengqing
Erklärung der chinesischen Allgemeinen Grundsätze des Zivilrechts, „Zhong Guo Min Fa Jie Shi“, Tian Jin 1986
Münzel, Frank
Übersetzung von Chinarecht , abrufbar unter http://www.mpipriv-hh.mpg.de
Nirk, Rudolf
Das Kreditwesengesetz (KWG): Einführung und Kommentar, 11. Aufl. Frankfurt am Main, 1999
Nottmeier, Horst/ Schäfer, Holger
Praktische fragen im Zusammenhang mit §§ 21, 22 WpHG, in: AG 1997, S. 87-96
Obermüller, Manfred/ Hess, Harald
Insolvenzordnung, eine systematische Darstellung des neuen Insolvenzrechts, 3. Aufl. Heidelberg 1999 (Zitiert: Obermüller/Hess, InsO)
Obermüller, Manfred
Insolvenzrecht in der Bankpraxis, 5. Aufl., Köln 1999
Oechler, Eckhard
Wertpapierleihe und Repo-Geschäfte in bankaufsichtlicher Perspektive, in: Die Bank 1992, S.567-574
Oetker, Hartmut/Maulzsch, Felix
Vertragliche Schuldverhältnisse, Berlin; Heidelberg 2002
Oho, Wolfgang/von Hülst, Rüdler
Steuerliche Aspekte der Wertpapierleihe und des Repo-Geschäfts, in: DB 1992, S. 2582-2587

Opitz, Georg
Depotgesetz, Gesetz über die Verwahrung und Anschaffung von Wertpapieren vom 04.Februar 1937, 2. Aufl., Berlin 1955
Palandt, Otto(Begr.)
Bürgerliches Gesetzbuch, 54. Aufl., München 1995 (a.F.)
Palandt, Otto (Begr.)
Bürgerliches Gesetzbuch, 64. Aufl., München 2005
Patrikis, Ernest/ Cook, Debra
Finanzielle Risiken und rechtliche Probleme internationaler Netting-Verfahren aus der Perspektive der Vereinigten Staaten von Amerika, in: Hadding, Rechtsprobleme der Auslandsüberweisung, Berlin 1992
Paul, Thomas/Päsler, Rüdiger
Das deutsche Investmentrecht, Frankfurt am Main 1999
Pißler, Knut
Chinesisches Kapitalmarktrecht- Eine Einführung in die rechtliche Regulierung der Emission und des Handels von Aktien in China, Newsletter in Deutsch-Chinesische Juristenvereinigung e.V. 3/2001, S. 96-125
Pißler, Knut
Chinesisches Kapitalmarktrecht, Tübingen 2004
Pötzsch, Thorsten
Das Dritte Finanzmarktförderungsgesetz in: WM 1998, S.949-996
Prahl, Reinhard
Die neuen Vorschriften des HGB für Kreditinstitute (Teil 1 und 2), in: WPg 1991, S.401-409, 438-445
Prölss, Erich u.a.
Versicherungsaufsichtsgesetz, 11 Aufl., München 1997
Rasmus, Friedrich
Das Selbsteintrittsrecht des Effektenkommissionärs, Köln 1968
Raupach, Arndt (Hrsg.)
Werte und Wertermittlung im Steuerrecht, Köln 1984
Rebmann, Kurt (Hrsg.)
Münchener Kommentar zum Bürgerlichen Gesetzbuch, Bd. 1 AT, §§1-240. 4. Aufl., 2001; Bd. 3, §§433-610 4. Aufl.; Bd. 6 §§ 854-1296, 4. Aufl., München 2004 (Zitiert: Münchener Kommentar zum BGB-Bearbeiter)
Rettberg, Udo/Zwätz, Dietrich
Das kleine Terminhandelslexikon, Düsseldorf 1992
Reuschle, Fabian
Viertes Finanzmarktförderungsgesetz, Bech'sche Gesetzesdokumentationen, München 2002

Rixen, Hans-Hermann
Neuer Grundsatz II: Liquiditätsäquanz nach dynamischem Maß, in: Die Bank 1999, S. 248-251

Ruland, Hans-Wilhelm
Effekten: Geschäft und Technik, 2. Aufl., Stuttgart 2001

Rundschreiben der BAFin
zu den Mitteilungs- und Veröffentlichungspflichten gemäß §15a WpHG, in: AG Report10/2002, R386-R388

Rundschreiben 29/2002 (VA) vom 12.12.2002
unter http://www.bafin.de/rundschreiben/92-2002/021212.htm

Samtleben, Jürgen
Das Börsentermingeschäft ist tot- es lebe das Finanztermingeschäft? In: ZBB 2003, S. 69-78

Schäfer, Frank/ Lang, Volker
Zur Reform des Rechts der Börsentermingeschäfte, in: BKR 2002, S. 197-202

Scharpf, Paul/ Sohler, Armin
Leitfaden zum Jahresabschluss nach dem Bankbilanzrichtlinie-Gesetz, Düsseldorf 1992

Scharpf, Paul
Handbuch Bankbilanz, Düsseldorf 2002

Scheil, Jörg-Michael
Das neue chinesische Vertragsgesetz (Teil 2), in: Newsletter der Deutsch-Chinesischen Juristenvereinigungen e.V. 1999 Nr. 2, S. 34-44

Scheil, Jörg-Michael u.a.
Vertragsgesetz der VR China, Mitteilungen des Instituts für Asienkunde Nr. 309, Hamburg 1999

Scheurle, Florian
Investmentfonds: Änderungen durch das Dritte Finanzmarktförderungsgesetz, in: DB 1998, S. 1099-1107

Schierenbeck, Henner(Hrsg.)
Bank- und Versicherungslexikon, München; Wien 1990

Schlegelberger, Franz (Begr.)
Handelsgesetzbuch, Kommentar, 5. Aufl., München 1973

Schimansky, Herbert u.a.
Bankrechts-Handbuch Bd.3 1. Aufl., München 1997

Schimansky, Herbert u.a.
Bankrechts-Handbuch Bd.3 2. Aufl., München 2001

Schmid, Hubert /Mühlhäus, Felix
Wirtschaftliches Eigentum und Gewinnrealisierung bei der Wertpapierleihe, in: BB 2001, S.2609-2618

Schmidt, Karsten
Handelsrecht, 5. Aufl., Köln 1999
Schmidt, Karsten
Münchener Kommentar zum Handelsgesetzbuch, Bd. 6 §§ 373-406, München 2004
Schmidt, Ludwig
Einkommensteuergesetz, Kommentar, 22. Aufl., München 2003
Schmidt, Peter
Deutscher Kassenverein, in: Zfkw1990, S.121-122
Schmidt-Rimpler, Walter
Das Kommissionsgeschäft, in: Ehrenbergs Handbuch des gesamten Handelsrechts, Fünfter Band, 1. Abteilung, 1. Hälfte, S.477ff, Leipzig 1928 (Zitiert: Schmidt-Rimpler, Das Kommissionsgeschäft)
Schimmel, Roland/Buhlmann, Dirk
Frankfurter Handbuch zum neuen Schuldrecht
Schmittmann, Peter/Schäffeler, Ursula
Kompensationszahlungen bei der Aktienleihe nach der Steuerreform, in: Finanz Betrieb 2002, S. 530-537
Schneider, Uwe
Der pflichtenauslösende Sachverhalt bei „Directors' Dealings", der sachliche Anwendungsbereich des § 15a WpHG, in: BB 2002, S. 1817-1821
Schneider, Uwe
Meldepflichtige Wertpapiergeschäfte von Organmitgliedern (Directors' Dealings) in Konzernen, zum Verhältnis zwischen Konzernrecht und Konzern- Kapitalmarktrecht, in: AG 2002, S. 473-477
Schneider, Uwe
Anwendungsprobleme bei den kapitalmarktrechtlichen Vorschriften zur Offenlegung von wesentlichen Beteiligungen an börsen-notierten Aktiengesellschaften (§§ 21ff. WpHG), in: AG 1997, S. 81-96
Schulte-Kulkmann, Nicole
Der Einfluß westlicher Rechtsberatung auf die Rechtsreformen in der VR China: Zur Rolle von Akteuren und Interessen in der chinesisch-westlichen Rechtsberatung, China Analysis No. 13 (July 2002), http://www.chinapolitik.de
Schulte-Mattler, Hermann
Ausfallrisiko und bilaterales Netting von OTC-Finanzderivaten, in: Die Bank 1994, S. 302-307

Schwark, Eberhard (Hrsg.)
Kapitalmarktrechtskommentar, Börsengesetz mit Börsenzulassungsverordnung, Verkaufsprospektgesetz mit Verkaufsprospektverordnung, Wertpapierhandelsgesetz, Wertpapiererwerbs- und Übernahmegesetz, 3. Aufl., München 2004

Schwintowski, Hans-Peter/Schäfer, Frank A.
Bankrecht: Commercial Banking-Investment Banking, 2. Aufl., Köln 2003

Schreiber, Klaus
Vertretungsrecht, Offenkundigkeit und Vertretungsmacht, in: Jura 1998, S. 606-609.

Shen, Pei u.a.
Forschung für Wertpapierkredit sowie Wertpapierdarlehen beim Wertpapierhandelsgeschäft, „Zheng Quan Xin Yong Jiao Yi Zhi Du Yan Jiu", 1. Aufl. Beijing 2002 (chinesisch)

Smid, Stefan(Hrsg.) u.a.
Insolvenzordnung, mit Insolvenzrechtlicher Vergütungsverordnung (InsVV) Kommentar, 2. Aufl., Stuttgart 2001 (Zitiert: Smid-Bearbeiter, InsO)

Soergel, Thomas(Hrsg.)
Bürgerliches Gesetzbuch, Bd.1 §§1-103, 13. Aufl., Stuttgart; Berlin; Köln 2000

Soergel, Thomas (Hrsg.)
Bürgerliches Gesetzbuch, Bd. 6 Sachenrecht, 12. Aufl., Stuttgart; Berlin; Köln 1989

Sonnenberg, Thomas
Rahmenvertrag für Wertpapierleihe, in: Die Bank 1994, S.357-363

Staudinger, J. (Hrsg.)
Kommentar zum Bürgerlichen Gesetzbuch mit Einführungsgesetz und Nebengesetzen, Zweites Buch Recht der Schuldverhältnisse, 12. Aufl., Berlin 1989 (Zitiert: Staudinger-Bearbeiter, Kommentar zum BGB)

Staub, Hermann
Großkommentar zum Handelsgesetzbuch, 4. Aufl., 6. Lieferung: §§ 383-406, Berlin; New York 1985 (Zitiert: Staub-Bearbeiter)

Steuer, Stephan/Baur, Georg
Erwerbsgeschäfte im Grenzbereich bedeutender Beteiligungen nach dem Wertpapierhandelsgesetz, in: WM 1996, S. 1477-1484

Steiner, Manfred/ Bruns, Christoph
Wertpapiermanagement: Professionelle Wertpapieranalyse und Portfoliostrukturierung, 8. Aufl., Stuttgart 2002

Sun, Min
Funktionen, Entwicklungspotentiale und Gestaltungskonzepte der Wertpapiermärkte in der VR China, Mannheim 1994

Süßmann, Rainer
Meldepflichten nach § 9 Wertpapierhandelsgesetz-Zugleich eine Erläuterung der Meldeverordnung und des Meldebogens-, in: WM 1996 S. 937-948
Tipke, Klaus/Kruse, Heinrich Wilhelm
Abgabenordnung, 25. Aufl., München 2001
Treuberg, Hubert Graf/Schapf, Paul
Pensionsgeschäfte und deren Behandlung im Jahresabschluß von Kapitalgesellschaften, in: DB 1991,S. 1233-1238
Vollrath, Hans-Joachim
Die Endgültigkeit bargeldloser Zahlungen, Berlin New York 1997
Waschbusch, Gerd
Rechnungslegung der Kreditinstitute bei Pensionsgeschäften: zur Rechtslage nach § 340b HGB, in: BB 1993, S. 172-180
Waschbusch, Gerd
Bankaufsicht: die Überwachung der Kreditinstitute und Finanzdienstleistungsinstitute nach dem Gesetz über das Kreditwesen, München 2000
Weber-Rey, Daniela u.a.
Aufsichtsrechtliche Regelungen für Vermittler von Finanzanlagen und Vermögensverwalter nach der 6. KWG-Novelle, in: WM 1997, S. 2288-2296
Weisgerber, Thomas
Bankrelevante Gesetzgebung der 12. Legislaturperiode, in: Die Bank 1994, S. 554-559
Weißmann, Hartmut
Die Wertpapierleihe in der Bundesrepublik Deutschland: Chancen und Risiken auf dem Deutschen Kapitalmarkt, Frankfurt am Main, 1991
Westermann, Harm (Hrsg.)
Bürgerliches Gesetzbuch, Handkommentar mit AGBG, EGBGB, ErbbauVO, HausratsVO, HausTWG, ProdHaftG, SachenRBerG, SchuldRAnpG, VerbrKrG, 10.Aufl., Münster; Köln 2000 (Zitiert, Westermann-Bearbeiter, BGB)
Wimmer, Klaus
Frankfurt Kommentar zur Insolvenzordnung, 3. Aufl. Neuwied; Kriftel; 2002
Wu, Heqing in
ZGZQB von 7.4.2001
Wu, Zhenhan/Chen, Xuerong
Aktionärsrechte, „Gu Min Quan Li Shu“, Beijing 2000 (chinesisch)
Würdinger, Hans u.a.
Aktiengesetz: Großkommentar, Bd. 4 §§ 291-410, Berlin 1975

Yu, Jinyun
Rechtliche Bedeutung der Geschäftsabwicklung und Registrierung des Kontoübertrages im Aktienhandel in: Wirtschaft und Recht 1992, Nr. 9
Zaß, Manfred
Die Wertpapierleihe-Geschäftliche Möglichkeiten für institutionelle Anleger, in: Brandt, Gerold(u.a.) Aktuelle Probleme des Wertpapiergeschäftes, Stuttgart 1993, S.27-46
Zeitler, Franz-Christoph
Internationale Entwicklungslinien der Bankenaufsicht, in: WM 2001, S.1397-1407
Zimmer, Daniel
Das neue Recht der Leistungsstörungen, in: NJW 2002, S.1-12
Zhang, Xinbao u.a.
Die Untersuchung der neuen chinesischen Allgemeinen Grundsätze des Zivilrechts, „Zhong Guo Xin Min Fa Yan Jiu“, 1990 Beijing (chinesisch)
Zhou, Xiaochuan
Die Struktur des chinesischen Kapitalmarkts, http:// www.csrc.gov.cn/CSRCSite/search/searchnews85.html
Zhou, Xiaochuan
Die zwei getrennt bestehenden Clearingssystem vereinheitlicht werden sollen in: ZGZQB v. 31.03.2001
Zimmermann, Walter
Insolvenzrecht, 5. Aufl., Heiderberg 2003
Zobl, Dieter/Werlen, Thomas
Rechtsprobleme des bilateralen Netting, Zürich 1994
Zöllner, Wolfgang (Hrsg.)
Kölner Kommentar zum Aktiengesetz, Bd. 3
§§ 291-410 AktG, Köln; Berlin; Bonn; Münch 1985
o.V.
Bericht des Ausschusses für Interbank-Netting-Systeme der Zentralbanken der Länder der Zehnergruppe(Lamfalussy-Report), Basel November 1990 (Zitiert: BIZ, Bericht Ausschuß)
o.V.
Technical Committee of The International Organization of Securities Commissions (IOSCO) and Committee on Payment and Settlement Systems (CPSS), 1999, abrufbar unter: http://www.iosco.org (Zitiert: IOSCO Report)
o.V.
Der neue Markt für die Wertpapierleihe wächst rapide, FAZ 1992 v. 11.07.1992, Seite 16

o.V.
Flexiblere Preise für die Wertpapierleihe: Clearstream bietet Fondsgesellschaften umfangreicheren Verleih an, **FAZ v.** 15.08.2001, Nr. 188, Seite 27

o.V.
Börsen-Zeitung (BRD) vom 7.08.1990, Wertpapierleihe in Festverzinslichen, Nr. 149.5

o.V.
Begründung des GI des Bundesaufsichtsamts für das Kreditwesen vom 10.05.1996 http://www.bd.de/print.asp?channel=175110&art=924

o.V.
http://www.bdb.de/print.asp?channel=175110&art=928

o.V.
http://www.bdb.de/print.asp?channel=175110&art=937.

o.V
http://212.3.246.149/4/HKJLJCHCJFHLOHFGKHOBEAOFBYHTY98OHT878DU3PDBK9DP1A39DW3571KM/EBF/docs/DLS/01erlauterungen-2004-02537-01-E.pdf.

o.V.
http://www.bafin.de

o.V.
http://www.mpipriv-hh.mpg.de.

o.V.
http://finance.tom.com/Archive/1015/1017/2003/3/10-51974.html

o.V.
http://www.chinabond.com.cn/chinabond/cjxw/content.jsp.osId=2426

o.V.
http://cn.biz.yahoo.com/040226/2/1nba_2.html

o.V.
http://www.fsi.com.cn/policy200/explain203/203_0302/203_03022701.htm

o.V.
http://www.dzdaily.com.cn/luzhongchenbao/luzhongxinwengailan/200310040443.htm.

o.V.
http://www.ifpc.org.cn/lobbx/tzgjg/glll.htm

o.V.
http://www.china.org.cn/chinese/FI-c/652689.htm;

o.V.
http://www.beinet.net.cn/economic/eco_detail.jsp?cid=39347

o.V.
China Securities Jounrnal von. 21.03.2002

o.V.
China Securities Journal, von. 15.11.2001

o.V.
CSRC-Amtsblatt 2000, Nr.4, S.42f.

o.V.
CSRC-Amtsblatt 2000, Nr.5, S.34

o.V.
Wertpapierleihe kommt in Mode, in: Handelsblatt 01.12.2003, Seite 19
ZGZQB v. 19.11.2001

FSC
www.fsc.org
MIX
Papier | Fördert
gute Waldnutzung
FSC® C083411

Kolibri 360 GmbH
Ferdinand-Jühlke-Straße 7
99095 Erfurt, Deutschland
produktsicherheit@kolibri360.de

Druck:
CPI Druckdienstleistungen GmbH
im Auftrag der
Kolibri 360 GmbH
Ferdinand-Jühlke-Str. 7
99095 Erfurt